| 일러두기 |

- 인명은 국문과 영문명(한문명) 및 생몰연도를 함께 표기하였다. 해당 꼭지에서는 영문명(한문명)을 중복표기하지 않는 것을 원칙으로 했다. 이후 항목을 달리하는 꼭지에 재등장할 경우 중복표기했다. [예: 존 로$^{John\ Law\ 1671\sim1729}$, 마에노 료타쿠$^{前野良沢\ 1723\sim1803}$]
- 인명의 생몰연도는 생존자의 경우 표기하지 않았다. [예: 토마 피케티$^{Thomas\ Piketty}$]
- 책, 저널, 영화, 명화 등은 〈 〉로 묶었다. [예: 〈위대한 개츠비〉]
  단편소설이나 시는 ' '로 묶었다. [예: '접는 도시', '망할 놈의 남해회사']
- 외래명의 한글표기는 가급적 국립국어원의 외래어 표기법에 따랐다.

NOVELNOMICS

개츠비의 위험한 경제학

문학의 숲에서
경제사를
산책하다

신현호 지음

어바웃어북

| 머 리 말 |

소설을 읽으며
경제학을 공부하는 즐거움

대학에서 경제학을 공부하던 1980년대 말에 '경제와 소설의 거리는 메워질 수 없을 만큼 멀구나'라고 생각했던 적이 있습니다.

저는 어린 시절 대개의 또래 아이들처럼 세계명작소설집 속의 고전 뿐 아니라 애거서 크리스티Agatha Christie, 1890~1976와 코넌 도일Arthur Conan Doyle, 1859~1930의 추리소설, 황석영이 연재하던 〈장길산〉, 김홍신의 〈인간시장〉 같은 야한(!?) 소설까지 닥치는 대로 읽었습니다. 그런데 대학에 들어와서 경제학과 친구들에게 소설 이야기를 하면 대부분 시큰둥했습니다. 어떤 아이들은 경제학에만 집중해서 소설을 무가치하다고 생각했고, 또 다른 아이들은 혁명과 투쟁에 몰두해서 소설을 사치스러운 것으로 취급했습니다.

교수님들은 경제학의 수리적 엄격성에 깊은 자부심을 갖고 계셨고, 데이터를 이용한 통계적 검증을 강조했습니다. 문학에 대해서는 '경제학 공부가 힘겨울 테니, 가끔 그런 것도 접하면서 좀 쉬어' 이상의 의미는 없었습니다. 법대에 소설을 통해 법적 원리를 탐구하는 '법과 문학'이라는 과목이 개설되어 있었던 것을 생각하면 당시 경제학과의 분위기는 좀 유별났던 것 같습니다.

경제학의 정의는 다양합니다. 고전파 경제학의 시대에 애덤 스미스 Adam Smith, 1723~1790는 '국부의 성질과 원인에 관한 탐구'로, 카를 마르크스 Karl Marx, 1818~1883는 '자본주의적 생산양식의 모순을 폭로하는 것'으로 생각했습니다. 현대로 오면서 경제학자들은 수학적·통계적 엄격성을 강조하고, 개인은 비용과 편익을 계산하여 이익을 극대화하는 것에 집중했습니다. 이것을 집약한 표현이 '호모 이코노미쿠스(Homo Economicus, 경제적 인간)'입니다. 합리적 선택이론으로 인간의 본성을 드러낼 수 있다고 생각한 것입니다.

인간의 이해에 도달하려고 한다는 점에서 소설가들도 궁극적으로는 경제학자들과 다르지 않습니다. 하지만 소설가들은 경제학자들과는 달리 인간을 '호모 이코노미쿠스'라는 추상적 존재로 규정하지 않고 여러 경험에 기초해 다양한 방식으로 서로 다르게 행동하는 인물들로 그려냅니다. 소설 속 인간은 생생하지만 일반적인 법칙을 도출하기는 어렵습니다. 그래서 경제학자들이 소설에 별 매력을 느끼지 않았던 것 같습니다. 반면에 소설가들은 인간에 대한 일반 법칙을 발견하려는 시도를 어이없어 할지도 모릅니다.

이런 경제학의 분위기에 젖어가면서 저 역시 소설을 멀리하기 시작했고, 졸업 후 컨설팅 회사와 국회, 행정부에서 이코노미스트로 활동할 때는 통계와 데이터에 집중했습니다. 그 결과가 2019년 출간한 〈나는 감이 아니라 데이터로 말한다〉(한겨레출판)입니다. 다행히 이 책이 화제가 되고 제법 많이 팔리면서 글쓰기와 강연을 이어갔습니다.

그러던 어느 날 복잡한 차트를 동원해서 자산 불평등에 관해 설명을 하는데, 청중 한 분이 "토마 피케티Thomas Piketty가 발자크Honore de Balzac, 1799~1850의 〈고리오 영감〉이나 제인 오스틴Jane Austen, 1775~1817의 〈오만과 편견〉을 읽으면 부의 상속과 세습 자본주의를 이해하는 데 큰 도움이 된다고 했는데 어떻게 생각하세요?"라고 질문을 했습니다.

순간 꽤 당황했습니다. 두 소설 모두 다 읽었지만 너무 어렸을 때 읽어서 기억이 가물가물했고, 무엇보다 지난 10여 년간 큰 관심 사안이었던 자산 불평등의 맥락에서 이 책이 어떤 의미가 있는지 선뜻 떠오르지 않았기 때문입니다. 집에 돌아와 〈고리오 영감〉을 다시 읽으며 깜짝 놀랐습니다. 발자크는 프랑스혁명과 왕정복고의 격변기에 귀족과 신흥자본가 계급, 경제적 지위 결정의 메커니즘인 결혼과 상속에 대해 생생하게 묘사하고 있었습니다. 당시 유행했던 국채 투자의 다양한 방법에 대한 묘사는 연금의 현재가치 계산이나, 위험에 대한 계리학적 분석을 소개하기에 매우 적합해 보였습니다.

이를 계기로 강연을 하거나 글을 쓸 때 몇 번 소설을 인용했는데, 사람들은 데이터와 차트를 이용했을 때와는 다른 차원의 관심을 보였습니다. '명작 소설로 읽는 경제학'이라는 북클럽을 조직하고 글을 쓰게 된 까닭입니다. 본격적으로 경제학을 설명하는 데 도움이 되는 소설들을 찾아 읽기 시작했고,

그 대상이 무궁무진하다는 것을 알게 되었습니다. 고전적인 투기의 대명사인 네덜란드의 '튤립 버블', 영국의 '남해 버블', 프랑스의 '미시시피 버블'이 모두 장편 소설로 재현되어 있었습니다. 현대의 금융위기, 미래의 불평등, 미·중 사이의 패권경쟁, 여성의 경제적 지위, 부동산 투기, 노동과 자본의 갈등, 근대화 시기 조선의 선물 투기와 골드러시도 소설을 통해 접할 수 있었습니다.

과학소설(Science Fiction)을 줄여서 Sci-Fi라고 하듯, 서구에는 Fi-Fi라고 불리는 금융소설(Finance Fiction)이라는 장르가 있고, 일본에는 기업과 금융을 전문적으로 다루는 경제소설이라는 장르가 있습니다. 한국에서는 20세기 초반 사실주의 소설들이 경제적 현실을 충실하게 재현했지만 한동안 경제소설이라고 부를 만한 작품이 거의 없었습니다. 다행히 요즈음 금융, 부동산, 노동 등을 본격적으로 다룬 소설이 늘고 있습니다.

독자들이 소설을 통해 경제학을 이해하는데 제 책이 작은 도움이 되길 바랍니다. 그리고 경제소설의 영역을 개척하는 국내의 젊은 작가들에게 응원의 말을 전합니다.

2025년 여름의 문턱에서
신현호

CONTENTS

004 머 리 말 __ 소설을 읽으며 경제학을 공부하는 즐거움

Chapter 1 : 버블 껌을 삼킨 자들의 세상 [17세기~19세기]

016
'악마의 오줌'과 파생상품의 탄생
〈암스테르담의 커피상인〉_ 데이비드 리스

026
'버블'이라는 꽃말의 의미
〈튤립 피버〉_ 데보라 모가치

034
방크 대신 크레디트?
은행이 발행한 불신의 잔혹사
〈거대한 도박〉_ 클로드 쿠에니

044
거품과 함께 사라진
종이에 적힌 약속들
〈종이의 음모〉_ 데이비드 리스

054
유리세공을 둘러싼
'기술전쟁'의 기원
〈무라노 유리직공〉_ 마리나 피오라토

062
양극화의 터널에 갇힌
산업혁명이란 이름의 전차
〈북과 남〉_ 엘리자베스 개스켈

070
경제학자의 19세기
영국 리얼리즘 문학 독법[讀法]
〈오만과 편견〉_ 제인 오스틴

076
쇄국을 건너 쇄신으로?
제국주의로 가는 다리?
〈야코프의 천 번의 가을〉_ 데이비드 미첼

086
혁명시민은 어떻게 연금시민이 되었나
〈고리오 영감〉_ 오노레 드 발자크

094
누가 그들의 감자를 삼켰나
〈슬픈 아일랜드〉_ 마리타 콘론-맥케너

102
일확천금의 지경학
〈시스터스 브라더스〉_ 패트릭 드윗

110
나는 고발한다, 부패한 돈과 그 탐욕자들을
〈돈〉_ 에밀 졸라

118
추악한 '전류 전쟁'과
에디슨의 '이유 있는 연패'
〈밤의 마지막 날들〉_ 그레이엄 무어

126
중앙은행을 꿈꿨던
조선의 상인들
〈뱅크〉_ 김탁환

Chapter 2 : 위험한 개츠비들의 시대 [20세기]

136
어느 위대한 경제학자의
논쟁적 삶에 관한 우화
〈케인스씨의 혁명〉_ E.J. 반스

144
몽상가들이 일군
초록색 유토피아란 허상
〈위대한 개츠비〉_ F. 스콧 피츠제럴드

152
자본의 본성에 관한
다층적 관찰자 시점
〈트러스트〉_ 에르난 디아스

160
100년 전 한국에서는
쌀로 선물거래를 했다
〈재생〉_ 이광수

168
'주광야작'으로 써내려간 금맥 찾아 삼천리
〈금의 정열〉_ 채만식

176
야만적 충동에 공매도를 친 경제학자
〈하버드 경제학 교수〉_ 존 케네스 갤브레이스

184
보이지 않는 손의 오독자들,
애덤 스미스의 모독자들
〈누가 스미스씨를 모함했나〉_ 조나단 B. 와이트

192
'가방끈 긴' 사람들은
어떻게 강남 아파트를 샀나
'낙토의 아이들'_ 박완서

200
30년을 잃어버린
일본의 추한 자화상
〈금융부식열도〉_ 다카스기 료

208
일본의 버블경제 상공에서
먹잇감을 사냥한 독수리들
〈하게타카〉_ 마야마 진

216
알프스에 숨겨진 검은돈을 찾아서
〈차명계좌〉_ 크리스토퍼 라이히

Chapter 3 : 유토피아 혹은 디스토피아 [21세기 그리고 미래]

226
모럴 해저드로 쌓아올린
보스턴 금융제국의 신기루
〈유니언 애틀랜틱〉_ 애덤 해즐릿

234
그때 사람들은 집 이야기밖에
하지 않았다 [1]
〈캐피탈〉_ 존 란체스터

242
악마와 거래한 카이로스의 비애
〈데빌스〉_ 구이도 마리아 브레라

250
21세기판 그리스 비극의 공모자들
〈조직된 한패〉_ 플로르 바쉐르

258
당신이 만든 알고리듬이 당신을 공격한다
〈어느 물리학자의 비행〉_ 로버트 해리스

268
세계는 넓고 할 일은 없다
〈왕을 위한 홀로그램〉_ 데이브 에거스

274
그때 사람들은 집 이야기밖에
하지 않았다 [2]
〈서영동 이야기〉_ 조남주

282
아이를 담보로 강남을
소비하는 사람들
〈잠실동 사람들〉_ 정아은

290
압구정을 욕망하는 성수,
성수를 시기하는 압구정
〈위대한 그의 빛〉_ 심윤경

298
과연 엄마와 딸은
연대할 수 없는가
〈소유에 관한 아주 짧은 관심〉_ 엘레나 메델

306
그레이트 아메리카 어게인?,
그레이트 디프레션 어게인!
〈맨디블 가족〉_ 라이오넬 슈라이버

316
영국의 교육은 어떻게
소득 불균형을 초래하는가
〈능력주의〉_ 마이클 영

324
정치적 극단주의가 몰고 온
아메리칸 나이트메어
〈원더풀 랜드〉_ 더글러스 케네디

332
불평등에 무기력한 경제학,
빈곤의 도피처가 된 문학
'접는 도시'_ 하오징팡

340
휴머로이드가 존재의 존엄성을 깨닫는다면
〈디 임플로이〉_ 올가 라븐

348 _ 인명 찾아보기

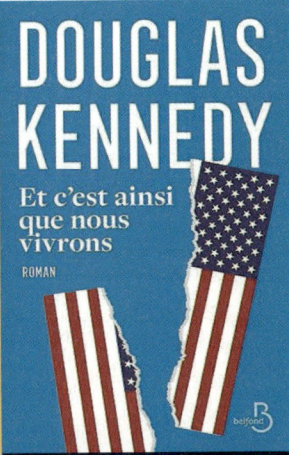

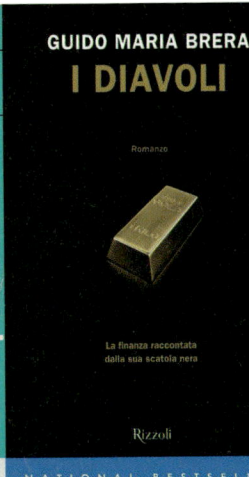

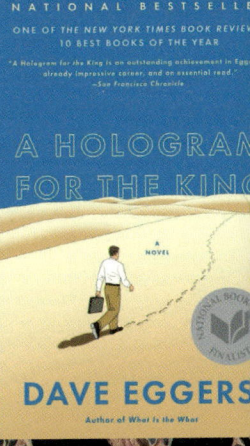
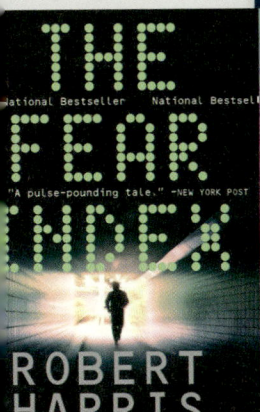
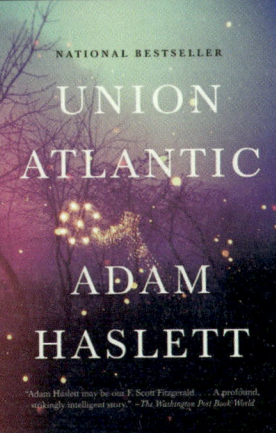
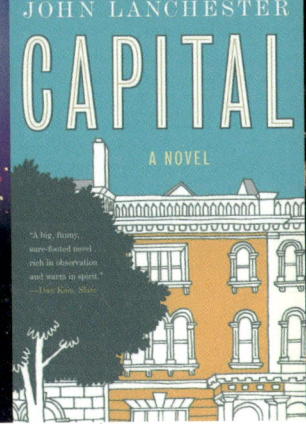

NOVELNOMICS

Chapter 1

버블 껌을
삼킨 자들의 세상
[17~19세기]

'악마의 오줌'과
파생상품의 탄생

〈암스테르담의 커피상인〉: 데이비드 리스

17세기 세계 무역과 금융의 중심지 네덜란드 암스테르담의 한복판 담(Dam) 광장에 웅장한 거래소 건물이 자리잡고 있었다. 런던 왕립거래소와 경쟁하는 세계 최초의 본격 상품거래소 중 하나다. 빨간 벽돌로 쌓아 올린 육각형 모양의 거대한 3층 건물로, 구역별로 거래하는 상품이 나뉘어 있었다. 벽 쪽의 실내는 보석, 부동산, 양모, 고래기름, 담배 등을 거래하는 상인들이 차지했다. 천장이 없는 중정에서는 향료, 와인, 염료, 약재 등이 거래됐다.

거래인들이 요란스럽게 떠들면서 숨 가쁘게 매도·매수 주문을 냈다. 네덜란드인이 가장 많았지만 여러 나라에서 온 외국인들도 이곳에서 거래했다. 스페인·독일·프랑스·영국 상인은 아예 상주했고, 때때로 튀르크인과 인도인도 보였다.

벼락부자가 되거나 하루 만에 파산하거나

상품거래소는 일반인이 흔히 머리에 떠올리는 도·소매 시장이 아니었다. 이곳에서는 거래하는 상품을 거의 볼 수 없었다. 상인들은 향료나 소금을 자신의 창고에 보관한 채, 거래소에서는 매매 계약만 체결했다. 저 멀리 인도네시아에서 바다 건너온 향료를 사고팔았고, 브라질에서 아직 수확조차 안 한 사탕수수 속 설탕도 거래했다. 현물거래도 있었지만 오늘날 사람들도 어려워하는 금융 종목인 선물·옵션 거래가 더 많았다. 선물은 상품을 미래 정해진 날짜에 미리 정한 가격으로 사고팔기로 약속한 계약이다. 옵션(Option)은 선물과 비슷하지만 조금 다르다. 미리 정한 가격으로 미래에 사거나(Call) 팔(Put) 수 있는 권리다.

당시 상품거래소에서는 허위 소문을 퍼트리거나 팀을 이뤄 짜고 하는 거래도 빈번했고, 음모와 배신도 만연했다. 요즘에는 허위사실 유포와 통정매매, 시세조정, 내부자거래 등으로 처벌받겠지만, 당시에는 그러려니 하고 넘어가는 행위였다. 거래소에서는 순식간에 거부(巨富)가 되거나 하루아침에 파산하는 일이 특별하지 않았다. 거래소 바로 옆에 위엄스레 서 있는 암스테르담 왕궁(당시엔 시청으로 쓰였다)에는 은행이 있어, 거래인들은 현금을 주고받지 않고 은행 계좌 간 이체로 결제했다.

거래소가 문을 열지 않는 시간에는 인근 운하나 교회 앞에 모여 정보를 교환했다. 담 광장으로 이어지는 바르무스 거리의 술집들은 인기가 많아, 상인들은 이곳에서 술에 취해 허세를 떨며 무용담을 나누거나 자신의 불운을 한탄했다.

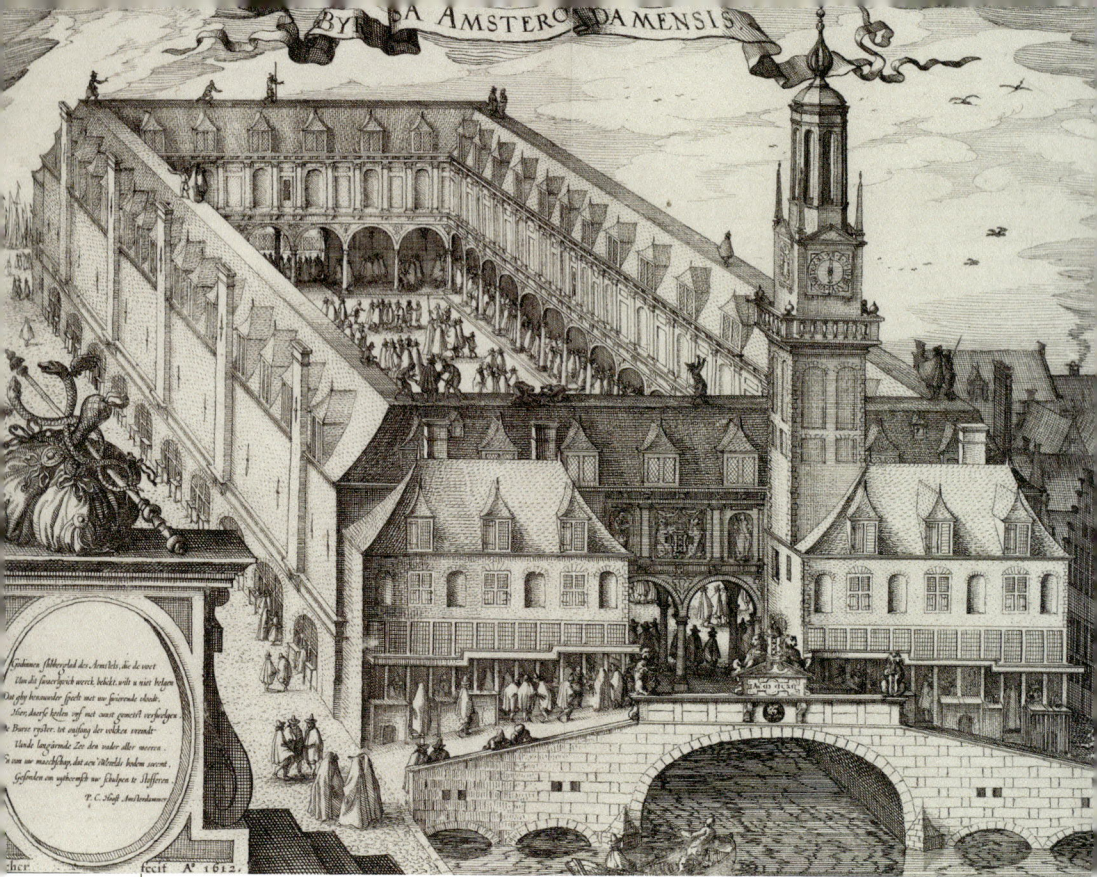

클라에스 얀츠 비셔르(Claes Jansz Visscher, 1587~1652), 〈암스테르담 상품거래소〉, 1612년, 판화

암스테르담 상품거래소는 동인도회사가 발행한 주식이 거래되면서 세계 최초의 증권거래소가 됐다. 당시 투자는 현물이 아닌 선물, 곧 파생상품이 주를 이뤘다. 선물이나 옵션 같은 복잡한 금융기법들이 암스테르담 상품거래소 시절부터 횡행했다는 사실이 놀랍다. 암스테르담 상품거래소에서 현물을 담보로 하지 않는 선물거래는 불법이었다. 그럼에도 불구하고 상인들은 현물 없이 자신들의 신용을 바탕으로 선물거래를 계속했다. 유대인 출신 상인 조셉 드 라 베가Joseph de la Vega, 1650~1692가 1688년에 집필한 <Confusion de Confusiones>*이라는 책에는 "아직 잡지도 않은 생선과 수확하지 않은 곡물을 팔았다"라는 구절이 나온다.

---

* 이 책은 2023년에 조성숙의 번역과 김영익 서강대 경제대학원 교수의 감수로 <혼돈 속의 혼돈>이라는 제호로 스마트비즈니스에서 출간됐다.

"악마의 오줌 같은 이 음료로 엄청난 돈을 벌 거예요"

소설 〈암스테르담의 커피상인 : The Coffee Trader〉의 배경은 암스테르담의 거래소다. 포르투갈 리스본에서 이주한 미후엘 리엔조는 거래소를 주름잡고 모두가 질투할 정도로 성공한 거래인이었지만, 1659년 대규모로 투자한 설탕가격이 폭락하는 바람에 전 재산을 날리고 동생 다니엘의 집 지하실에 빌붙어 사는 신세다. 재기를 위해 여기저기서 빚을 내어 브랜디 위스키 선물에 투자했는데 이것도 가격이 시원찮다. 일주일 뒤 선물결제일이 닥치면 다시 한 번 큰 타격을 입을 절체절명의 상황에 처했다.

그때 부유하고 매혹적인 30대 중반의 미망인 헤이트라위트 담하위스가 음료를 내밀며 유혹한다. 미후엘은 처음 보는 시커멓고 뜨거운 액체의 향을 맡고 '악마의 오줌' 같다며 거절한다. 헤이트라위트는 "악마의 오줌 같은 이 음료로 엄청난 돈을 벌 거예요"라며 거듭 마셔보라고 권한다. 커피다. 튀르크인을 통해 16세기 중반 유럽에 전래됐지만 아직 영국을 제외하면 유럽인 사이에 널리 알려지지 않은 식품이다. 미후엘은 과연 어떤 선택을 할까?

본래 리엔조 집안은 리스본에서 거주하던 유대인 가문이었다. 아라곤 왕 페르난도 2세 Fernando II, 1452~1516와 카스티야 여왕 이사벨 1세 Isabel I, 1451~1504가 1492년 이슬람 왕국 그라나다를 정복하고 이베리아 반도에 통일된 가톨릭 왕국을 세웠다. 이때부터 가톨릭 이외의 종교에 대한 탄압이 강화됐다. 유대교와 이슬람을 믿는 사람들은 가톨릭으로 개종하든가 왕국을 떠나든가 둘 중 하나를 강요받았다.

유대교에서 가톨릭으로 개종한 사람을 '콘베르소(Converso)'라고 하는데, 겉으로는 가톨릭 신도인 척했지만 몰래 유대교 전례에 참석하는 이들도 꽤 있었다. 주인공 미후엘이 그런 인물이다. 반면 미후엘의 아버지는 추방될 것이 두려워 유대교를 완전히 버렸는데, 어이없게도 모함을 받아 가톨릭 종교재판관들의 고문에 못 이겨 사망했다. 그 뒤 미후엘과 동생 다니엘은 종교적 관용을 찾아 암스테르담에 정착한 것이다. 이들처럼 스페인과 포르투갈에서 온 유대인을 '세파르디(Sefardi)'라고 한다. 반면 독일에서 이주한 가난한 유대인은 '투제스쿠(Tudesco)'라고 하여 구분했다.

미후엘은 암스테르담에서 유대교 예배와 공부 모임에 참석하면서 모처럼 종교적 자유를 만끽한다. 하지만 마아마드(Ma'amad)의 압박을 느끼기 시작한다. 유대교 원로 지도자인 파르나스(Parnas)로 구성된 마아마드는 암스테르담 세파르디 공동체 내에서 막강한 권력을 휘두르는 조직이다. 부유한 상인이자 파르나스인 솔로몬 파리도는 유대인 공동체에서 가장 힘 있는 존재다. 그는 안식일을 지키지 않거나 금지된 음식을 먹는 것을 적발하는 일을 넘어서, 사적 이익과 감정에 따라 마아마드의 권력을 휘둘렀다.

알론조 알페론다 역시 리스본 출신의 유대인 상인으로 미후엘의 가까운 친구다. 그는 투제스쿠 유대인에게 적선했다는 이유로 파문당한다. 마아마드는 가난한 투제스쿠가 세파르디와 함께 유대인으로 묶이면 불리할 것이라 생각하고 이들을 배척했다. 하지만 이는 표면적인 이유일

뿐이다. 실제로는 파리도가 한때 소금 선물거래에서 알페론다로부터 큰 손해를 본 적이 있어 앙갚음한 것이다. 알페론다는 유대인 공동체에서 쫓겨난 뒤 악명 높은 대부업자로 활동하며 복수를 모색한다.

연거푸 수익을 올리는 커피 풋옵션 계획

미후엘 역시 파리도의 눈 밖에 나 있다. 미후엘은 암스테르담에 도착한 직후 파리도와 매우 가까웠고, 파리도의 외동딸 안토니아와 약혼했다. 하지만 곧 파경에 이르렀다. 미후엘이 자기 하녀와 정사를 나누는 모습을 안토니아가 목격했기 때문이다. 안토니아는 먼 나라의 평범한 상인과 결혼했고, 이후 파리도는 미후엘과 사사건건 대립한다. 늘 미후엘에게 열등감을 느끼던 동생 다니엘은 파리도에게 굽신거리며 미후엘을 박해한다. 다니엘의 아내 한나는 미후엘을 짝사랑하면서 남편을 증오한다.

궁지에 몰린 미후엘은 외국의 커피시장 동향을 살피며 궁리를 거듭한다. 그리고 신비한 향과 맛, 정신을 더욱 또렷하게 하는 각성 효과 등 커피의 상품가치를 간파한다. 그는 평범한 거래인이 아니었다. 그저 '커피 수요가 늘 테니 미리 사두자'는 단순한 생각을 뛰어넘는다.

미후엘의 계획은 이렇다. 커피를 대규모로 수입한 다음 소문을 퍼트려 암스테르담 커피가격을 폭락시키는 것이다. 그 전에 커피 풋옵션을 대량으로 사들여 가격을 떨어트려 짭짤한 이익을 낸다. 암스테르담에 커피 공급이 급증해 가격이 폭락했다는 소문이 유럽 각지에 퍼지면 런던·함부르크·리스본·마르세유 등의 거래소에서도 가격이 하락하게 된다. 그때 미후엘과 작당한 각 거래소의 대리인들이 헐값에 커피를 사들인다.

이렇게 하면 미후엘은 전 유럽의 커피를 사실상 독점할 수 있다. 이후 커피 공급이 부족해지면 영국에서부터 가격이 오를 것이고 전 유럽에 확산될 것이다. 물론 이런 상황이 영원할 수는 없다. 동남아시아와 아프리카에서 더 많은 커피가 재배돼 수입되겠지만 그동안 미후엘은 독점력을 이용해 큰 이익을 실현하고 빠지면 그만이다.

미후엘의 천재적인 계획에 감탄한 헤이트라위트는 자본을 대겠다고 나서고 둘은 거대한 '작전'에 돌입한다. 하지만 시간이 갈수록 미후엘은 이상한 징후를 느낀다. 자신의 숙적 파리도와 동생 다니엘이 계속 의심하면서 커피거래에서 빠지라고 촉구한다. 친구 알페론다의 행동도 어딘지 이상하다. 게다가 유일한 동업자 헤이트라위트 역시 미후엘에게 뭔가를 감추고 있다. 운명의 시간은 다가오고 미후엘은 다시 한 번 혼란에 빠진다. 이후의 상세한 내용은 책을 읽을 독자들을 위해 아껴두어야겠다. 분명한 건 소설의 전개가 더욱 흥미로워진다는 사실이다.

스피노자가 유대교에서 파문당한 이유

네덜란드에 세파르디 유대인이 대규모로 정착한 이래 암스테르담은 전 세계 유대인의 역사에서 중심지가 됐다. 역으로 17세기 네덜란드 황금기를 견인한 무역과 금융에서 유대인의 활약은 결정적이었다. 〈암스테르담의 커피상인〉은 이를 정교하게 재현하는 데 성공했다.

미후엘이 커피 거래에 뛰어들기 3년 전 암스테르담의 위대한 유대인 철학자 바뤼흐 스피노자$^{\text{Baruch de Spinoza, 1632~1677}}$는 마아마드에 의해 유대교에서 파문당했다. 그의 종교적 견해가 유대교 정통에 맞지 않았다는 것이 가장 큰 이유였지만, 스피노자가 동인도회사의 아시아 무역 독점을 비판한 것도 중요한 요인이었다. 그만큼 암스테르담의 유대인들은 무역과 금융에 필사적이었다.

이 책에서 묘사된 각종 거래 기법이 너무 전문적이라는 평도 있지만, 이 분야에 경험과 관심이 있는 사람들에게는 이것이 오히려 매력으로 다가갈 수도 있겠다. 설령 선물과 옵션에 완전히 문외한이라 하더라도 소설을 즐기는 데는 별 지장이 없다. 책을 읽다보면 17세기 암스테르담의 거래소와 유대교 회당, 골목골목의 술집과 커피하우스의 주변을 걷는 느낌이 들 정도로 생동감 있게 내용이 펼쳐진다. 이 글에서는 특별히 강조하지 않았지만 연애소설의 맛도 훌륭하다. 미후엘이 헤이트라위트와 맺어질지, 한나와는 어떻게 될지 흥미진진하게 따라갈 수밖에 없다.

작자 미상, 〈17세기 런던의 커피하우스〉, 1700년 추정, 14.7×20.2cm, 종이에 색연필, 브리티시 뮤지엄, 런던

커피의 상품가치를 간파한 미후엘의 예측은 틀리지 않았다. 미후엘이 커피를 대량 매매하는 선물 작전에 돌입한 뒤 머지않아 (실제로) 커피 수요가 유럽을 휩쓸었다. 유럽의 대도시에서 수많은 커피하우스가 문을 열었는데, 가장 성행한 곳은 런던이었다. 1700년경 런던에만 2,000곳이 넘은 커피하우스가 영업을 했다는 기록이 전해진다. 흥미로운 건 런던의 왕립거래소 뒷골목(Change Alley)의 한 커피하우스가 런던 증권거래소의 모태라는 사실이다. 1696년 왕립거래소가 온갖 허위 정보를 퍼트려 시장을 혼탁하게 한다는 이유로 주식 중개인들의 출입을 제한하자, 거래소 주변 커피하우스에 중개인들이 모여들었다. 존 캐스팅John Casting이라는 중개인은 '조나단 커피하우스(Jonathan's Coffee House)'라는 곳에서 주식과 상품의 가격을 칠판에 적으며 큰 화제를 모았는데, 이는 최초의 주가 현황판이었다. 중개인들은 아예 조나단 커피하우스를 독점 사용하는 계약을 맺었다. 시간이 흘러 런던에 재개발이 일어나면서 철거된 조나단 커피하우스 자리에 건물을 짓고 런던 증권거래소라는 명칭을 붙였다. 역사적으로 커피와 증시가 함께 성장했다고 해도 과언이 아닌 까닭이다.

<암스테르담의 커피상인> 한국어판

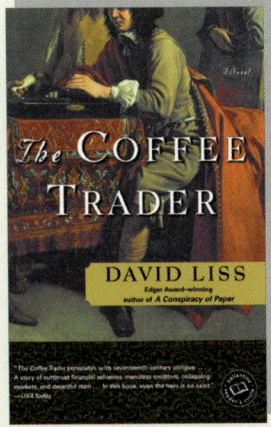

<암스테르담의 커피상인> 영어판

데이비드 리스David Liss는 열네 편의 소설을 발표한 미국의 중견 작가다. 18세기 영국 남해회사 거품을 소재로 한 <종이의 음모>로 소설가로 데뷔했다(53쪽). <암스테르담의 커피상인>은 그의 두 번째 작품으로 2003년 출판돼 <뉴욕타임스 : The New York Times> '주목할 책'과 뉴욕 공립도서관 '올해 기억할 책'에 선정됐다. 한국어판은 2006년 서현정의 번역으로 대교베텔스만에서 출간됐다.

데이비드 리스

'버블'이라는
꽃말의 의미

〈튤립 피버〉 : 데보라 모가치

네덜란드는 1588년부터 1672년까지 80여 년간 역사상 최고의 전성기를 누렸다. 정치적으로 합스부르크 황실의 오랜 통치에서 벗어나 독립 공화국을 수립했고, 경제에서는 세계 최초의 증권거래소를 설립하고 동인도회사를 앞세워 세계 해상무역을 주도했다. 칼뱅주의가 국교였지만 여타 프로테스탄트 분파뿐 아니라 가톨릭과 유대교에도 폭넓게 관용을 베풀었다.

그 시절 유럽 전역의 과학자와 철학자들이 자유로운 네덜란드로 이주해 학문의 발전을 이끌었다. 포르투갈에서 이주한 유대인 스피노자 Baruch de Spinoza, 1632~1677 와 프랑스 출신 데카르트 René Descartes, 1596~1650 가 모두 학문의 절정기를 암스테르담에서 보낸 것은 우연이 아니다. 오늘날까지 명성을 날리는 렘브란트 Harmensz van Rijn Rembrandt, 1606~1669 와 할스 Frans Hals, 1581~1666, 페르

메이르Jan Vermeer, 1632~1675는 모두 이 시기를 대표하는 플랑드르(Flandre)* 출신 미술가들이다. 그리고 이 황금기의 한복판에서 네덜란드는 튤립 투기의 광풍에 휩싸인다.

아름다움에 대한 두 가지 시선

데보라 모가치Deborah Moggach는 역사소설 〈튤립 피버 : Tulip Fever〉에서 암스테르담을 배경으로 튤립 투기의 열풍 속에서 사랑과 배신의 음모를 그려냈다. 아울러 황금기 시대 경제와 무역의 발전, 상인 계층의 부상, 미술품의 인기 등 시대적 현상을 탁월하게 묘사했다.

코르넬리스 산드보르트는 자수성가한 무역상으로 예순이 넘은 노인이지만, 그의 아름다운 아내 소피아는 겨우 스물넷이다. 위트레흐트에서 인쇄업을 하던 아버지가 사업에 실패한 뒤 술에 빠져 살다 산더미같은 빚만 남기고 죽자, 소피아는 부유한 노인과의 결혼을 가난의 탈출구로 삼는다. 어느 날 코르넬리스는 유행에 따라 자신과 아내의 초상화를 의뢰하는데, 젊은 화가 얀 판 로스와 소피아는 처음 만나는 순간 열정적인 사랑에 빠진다.

코르넬리스와 얀은 나이와 직업의 차이만큼 인생과 사랑, 그리고 튤립에 대한 태도도 판이하다. 늙은 사업가는 아름다운 아내를 사랑하지

---

* 네덜란드 서부를 시작으로 벨기에와 프랑스 북부에 걸쳐 있는 지방. 11세기 이래 모직물업이 발달했고, 르네상스 시대를 거치며 미술(회화)의 중심지가 됐다.

만 그 못지않게 대를 이어줄 아들을 절실히 원한다. 또 튤립의 아름다움에 감탄하고, 튤립 투기로 큰돈을 벌었음에도 마음 한구석에 회의감이 있다. 초상화에 튤립을 포함해 달라 요청하면서, "아름다운 꽃도 언젠가는 시든다는 점에서 아름다움의 무상함을 상기해주지 않느냐"며 얀에게 묻는다.

젊은 화가의 대답은 단순하다. "그러니 그 아름다움을 손에 넣을 수 있을 때 즐겨야 하는 거겠지요." 얀에게 소피아를 향한 사랑은 욕정과 구분되지 않는 것이다. 소피아와 얀은 다른 사람의 눈을 피해 불륜을 이어가다 하녀 마리아에게 꼬리가 밟힌다. 이때부터 소피아는 마리아의 옷을 빌려 입고 하녀인 척 외출해 얀의 화실을 드나들다 그만 마리아의 연인 생선장수 빌럼의 눈에 띈다. 빌럼은 튤립 투기로 큰돈을 벌 희망에 부풀어 있었다. 하지만 마리아가 얀과 바람피운 것으로 오해해 술을 퍼마시다 전 재산을 도둑맞고 낙담해 사라진다.

튤립 한 뿌리가 축구장 7개 면적 토지 값

빌럼의 아이를 밴 마리아는 위기에 몰려 자신을 돕지 않으면 불륜을 폭로하겠다고 소피아를 위협한다. 소피아는 마리아의 임신을 은폐하고 자신이 코르넬리스의 아이를 가졌다고 거짓말한다. 마리아가 아이를 낳으면 자신이 낳은 것처럼 코르넬리스에게 남기고 얀과 함께 동인도회사의 거점인 바타비아(지금의 인도네시아 자카르타)로 도망쳐 새 출발을 할 생

튤립의 가치가 상상을 초월할 정도로 치솟으면서 상인들은 고급 품종에다 알렉산더 대왕 같은 역사상 위인의 이름을 붙였다. 당시 최고가를 기록한 구근은 '셈페르 아우구스투스'로 불렸다. 로마제국 1대 황제 Augustus에 '항상'을 뜻하는 라틴어 Sempre가 만나 '영원한 황제'라는 의미가 담겼다. 이 품종은 한때 구근 하나가 토지 12에이커(대략 축구장 7개 면적) 가격과 맞먹었지만, 버블이 순식간에 꺼지면서 Sempre란 수식어를 무색케 했다.

작자 미상, 〈셈페르 아우구스투스의 정물〉, 1640년경 추정, 30.8×20cm, 패널에 유채, 노튼 사이먼 뮤지엄, 패서디나(캘리포니아)

각이다. 이런 엽기적인 행동에 필요한 돈을 마련하기 위해 얀과 소피아는 본격적으로 튤립 투기에 뛰어든다.

얀은 당시 최고 인기 품종인 '셈페르 아우구스투스(Sempre Augustus)'로 승부를 보려 한다. 그는 이 구근을 훔치려다 실패한 뒤 소피아와 자신의 전 재산을 털어 넣고 여기저기서 빌린 돈에 자신의 그림까지 얹어 겨우 한 뿌리를 사는 계약을 맺는다.

범죄에 공모한 산부인과 의사는 마리아의 출산을 돕고, 코르넬리스에게는 소피아가 아이를 낳다가 전염병으로 죽었다고 거짓말한다. 이제 얀은 최고급 튤립을 비싼 값에 처분하고 빚을 갚은 뒤 소피아와 바타비아로 떠나는 배에 올라타기만 하면 된다. 하지만 돈을 빌려준 채권자들과 잔금을 받아야 하는 산부인과 의사는 얀이 도망칠 것을 우려해 그를 인질로 잡고 대신 하인 헤리트를 튤립 판매자에게 보낸다. 아둔할 뿐 아니라 책임감도 없는 헤리트는 돌아오는 길에 주인의 신신당부를 무시한 채 술을 퍼마신다. 그리고 만취해서 그 비싼 튤립의 구근을 양파로 착각하고 껍질을 하나씩 벗겨 안주로 먹어버리는 황당한 일을 저지른다.

결국 소피아와 얀의 계획은 틀어져 소피아는 자신의 망토를 암스테르담의 운하에 떨군 채 조용히 사라진다. 소피아가 낙담해 운하에 뛰어들어 죽었다고 생각한 얀은 인생의 덧없음을 강조하며 모래시계와 해골을 먹다 남긴 양파(!)와 함께 그린다. 당시 유행하던 바니타스(Vanitas) 양식의 정물화다. 바니타스는 라틴어로 '인생무상'을 뜻한다.

음모를 뒤늦게 알게 된 코르넬리스는 이들을 잡으러 바타비아로 떠나지만 거기에 소피아와 얀은 없다. 이듬해 튤립시장이 붕괴해 수많은 사람이 비관에 빠지고, 법원은 튤립계약을 동결한 뒤 진상 조사에 나선다. 수많은 이들이 순식간에 알거지가 되고 자살한 사람들의 주검이 운하에 떠오른다. 대중의 어리석음에 교회는 회개하라고 목소리를 높여 설교하고, 화가들은 이를 조롱하는 그림을 남긴다.

역사상 가장 사치스러운 안주

소설을 읽다보면 독자는 튤립 한 뿌리에 전 재산이 오가는 것에 황당해지고 터무니없는 과장이라고 생각하게 된다. 하지만 작가 모가치는 기록을 충실히 취재하고 최대한 사실에 가깝게 묘사하려 노력했다. 특히 스코틀랜드 출신의 저널리스트 찰스 맥케이Charles Mackay, 1814~1889가 1841년 출판한 〈대중의 미망과 광기〉*에 소개된 튤립 투기를 비중있게 참조한 것으로 보인다. 매케이에 따르면 1634년 시작된 투기 열풍으로 튤립가격이 치솟았고, 최고 품종 셈페르 아우구스투스는 토지 12에이커(대략 축구장 7개 면적) 가격에 이를 정도였다.

고가의 튤립 운반 심부름을 하던 헤리트가 양파로 오인해 먹어치운 것 역시 실제 사건을 모티브로 했다. 암스테르담의 부유한 상인에게 소식을 전하러 간 한 선원이 셈페르 아우구스투스를 양파로 오인해 무심코 집어가서 청어를 곁들여 먹은 사건이 기록돼 있다. 당시 그 가격이 무역선 한 척의 모든 선원 1년 급여에 해당했다니, 맛이야 어떻든 역사상 가장 사치스러운 안주였음이 틀림없다.

근래 일부 경제학자는 찰스 맥케이 스타일의 튤립 투기 묘사가 과장됐다고 주장한다. 저널리스트와 소설가의 묘사가 학자의 논문만큼 엄밀하지 못하고 일부 과장도 없지 않을 것이다. 하지만 당시 튤립 투기에 대한 수많은 역사 기록은 인간의 탐욕과 광기에 대한 생생한 증언이다. 투기에 대한 최고 역사가인 찰스 킨들버거Charles Kindleberger, 1910~2003는 튤립 투기를 10대 금융 거품의 첫 사례로 꼽았다.

---

* 이 책의 원제는 'Memoirs of Extraordinary Popular Delusions and the Madness of Crowds'로 국내에서는 2018년에 출판사 필맥에서 축약본 형태로 출간됐다.

얀 브뤼헐 2세, 〈튤립 버블〉, 1640년, 31×49cm, 패널에 유채, 프란츠 할스 뮤지엄, 하를럼(네덜란드)

플랑드르 출신 화가 얀 브뤼헐 2세Jan Brueghel The Younger, 1601~1678는 튤립 투기에 빠진 사람들을 원숭이로 묘사해 풍자했다. 화면의 왼쪽부터 원숭이들은 구근(알뿌리)의 무게를 재며 튤립가격을 흥정하지만, 오른쪽 끝에 이르면 값이 폭락한 튤립에 소변을 본다. 튤립거래로 한몫 잡고자 했던 사람들은 이듬해 수확할 구근의 선물거래까지 서슴지 않았다. 하지만 비정상적으로 가격만 높게 책정됐을 뿐 실제 거래가 없다는 인식이 확산되었고, 이윽고 튤립의 재산적 가치를 인정할 수 없다는 법원의 판결이 나오자 순식간에 가격이 폭락했다.
<삼총사 : Les Trois Mousquetaires>의 저자 알렉산드르 뒤마Alexandre Dumas, 1802~1870는 튤립 버블 시대를 배경으로 <검은 튤립 : La Tulipe Noire>(1850년)이라는 소설을 썼다. 검은 색은 모든 가시광선의 파장을 흡수하기 때문에 자연에서는 검은 튤립이 존재할 수 없다. 검은 튤립은 실현불가능한 목표 혹은 현실에 존재하지 않으면서도 지나치게 높은 가치수단을 의미한다. 근래에는 <블랙 스완 : Black Swan>의 저자 이코노미스트 나심 탈레브Nassim Taleb가 비트코인을 검은 튤립에 빗대어 저격했다.

〈튤립 피버〉 영어판

〈튤립 피버〉 한국어판

데보라 모가치는 영국 런던 출신으로 스무 편이 넘는 소설과 영화 시나리오를 발표했다. 영국 작가협회 회장을 역임했고, 영국문학 발전에 기여한 공로로 2018년 훈장을 받았다. 〈튤립 피버〉는 그의 첫 역사소설로 1999년 발표돼, 국내에서는 2002년 유혜경의 번역으로 아침나라에서 출간됐다. 소설은 2017년 저스틴 채드윅Justin Chadwick의 연출로 동명의 영화로 제작되기도 했다.

데보라 모가치

방크 대신 크레디트?
은행이 발행한 불신의 잔혹사

〈거대한 도박〉 : 클로드 쿠에니

귀족과 건달, 숙련공과 하녀 그리고 창녀까지 수많은 군중이 존 로^{John Law,} ^{1671~1729}의 저택에 발을 들여놓으려 안달이다. 미시시피회사의 주식을 사고 싶다는 욕망으로 몰려든 인파다. 근위병들은 이들을 힘겹게 밀쳐내고 있다. 주가가 석 달 만에 490리브르(Livre)에서 3,500리브르까지 치솟으면서 다들 몸이 달아올랐다. 용케 집 안을 뚫고 들어간 귀부인들은 젖가슴을 드러내고 "당신 마음에 드는 일이라면 뭐든 하겠어요"라며 존을 유혹한다. 프랑스의 실질적 통치자 오를레앙 공작 필리프 2세^{Philippe II,} ^{1674~1723}는 벌써 큰돈을 벌었고, 그의 어머니 엘리자베스 공녀^{Elizabeth Charlotte} ^{von der Pfalz, 1652~1722}도 투자에 끼려 한다.

작가 대니얼 디포^{Daniel Defoe, 1660~1731}는 주식을 사기 위해 베스트셀러 〈로빈슨 크루소 : Robinson Crusoe〉의 인세를 들고 존을 찾아 나선다. 심지

미시시피 버블이 유럽을 휩쓸던 1720년 당시 존 로의 저택이 위치한 파리 퀸캄푸아 거리에 모여든 군중들을 묘사한 삽화(작자 미상).

어 존의 세례에 참여한 수녀까지 주식을 받기 위해 존과 몸을 섞는다.

18세기 유럽을 뒤흔든 프랑스 '미시시피 버블'의 한 장면이다. 네덜란드 '튤립 버블', 잉글랜드 '남해 버블'과 함께 자본주의 초기 3대 금융투기로 꼽힌다. 미시시피 버블은 튤립 버블보다 덜 알려졌지만 규모와 영향은 훨씬 더 컸고, 남해 버블의 전조 구실을 했다.

수학에 능통한 이코노미스트 혹은 갬블러?

버블의 주역 존 로는 스코틀랜드 주화감별사이자 조폐청 고문 윌리엄의 맏아들로 태어났다. 클로드 쿠에니Claude Cueni의 소설 〈거대한 도박 : Das Grosse Spiel〉은 외과수술을 받기 위해 병상에 누워 있는 윌리엄의 모습에서 시작한다. 윌리엄은 어린 아이답지 않게 수학적 사고력이 탁월한 아들 존에게서 확률에 근거해 위험을 감수할지 피해야 할지 결정해야 한다는 것을 배웠다. 윌리엄은 의사에게 '수술 뒤 생존 확률'을 묻는다. 의사는 "생사는 오직 신만이 결정하며, 베르누이 형제Jakob Bernoulli : 1654~1705, Johann Bernoulli : 1667~1748가 전파한 통계학은 어리석은 짓이며 확률론은 카드 도박사에게나 필요한 것으로 페스트만큼 해롭다"며 불쾌감을 감추지 않는다. 확률과 통계의 신봉자, 희대의 도박사, 위험 계산을 도입한 경제이론가 존의 미래를 예고하는 장면이다. 먼 훗날 그가 주도한 국립은행과 미시시피회사의 파산은 프랑스 경제에 페스트만큼이나 깊은 상처를 남겼다. 과연 이 모든 것은 존의 잘못일까?

어린 존은 아버지가 수술 실패로 사망하자 "무의미하지도 사소하지도 않다(Non obscura nec ima)"는 가문의 좌우명을 새긴 산책용 지팡이와 함께 유산 2만5,000파운드를 어머니와 절반씩 상속받는다. 숙련노동

알렉시스 S. 벨(Alexis S. Belle, 1674~1734), 〈존 로의 초상〉, 1715년, 81.3×63.5cm, 내셔널 포트레이트 갤러리, 런던

자 700년 연봉에 해당하는 거금이다. 존은 기숙학교에서 수학과 펜싱 재능을 인정받았고 카드게임에서 상대할 이가 없었다. 기고만장한 존은 술에 취한 채 '17세기의 유클리드'라고 불리는 앙투안 아르노Antoine Arnauld, 1612~1694와 카드게임을 하다 하룻밤에 유산을 모두 날린다. 아르노는 존이 "엄청난 수학 재능을 잘 활용하지 못한다"며 자신이 쓴 책 〈논리 또는 사유의 기술 : La logique ou l'art de penser〉을 선물한다. 존은 이 책을 통해 위대한 수학자 지롤라모 카르다노Girolamo Cardano, 1501~1576, 갈릴레오 갈릴레이Galileo Galilei, 1564~1642, 슈발리에 드 메레Chevalier de Mere, 1607~1684, 베르누이 형제를 접하게 된다. 그는 통계학의 기본 원리인 대수의 법칙과 위험률 계산 공식을 흡수하고, 1년 뒤 카드 승부에서 아르노에게 설욕한다.

수학 공식으로 화폐를 만든 사나이

런던으로 옮긴 존은 커피숍에서 망명 중인 프랑스 수학자 아브라함 드 무아브르Abraham de Moivre, 1667~1754와 논쟁을 벌인다. 손실 확률로 위험을 정의하는 문제와 사후 확률에 대한 베이즈의 정리를 거쳐, 귀금속이 부족한 상태에서 화폐를 공급하는 방법에 이르게 된다. 존은 "토지의 유동화를 이용한 토지은행 설립"을 제시한다. 〈확률의 원리 : The Doctrine of Chances〉를 집필한 수학자 드 무아브르는 존의 생각을 꿰뚫어보고, "신뢰가 가장 중요하며, 존의 아이디어를 실험할 왕이 있느냐가 핵심 문제"라고 지적한다.

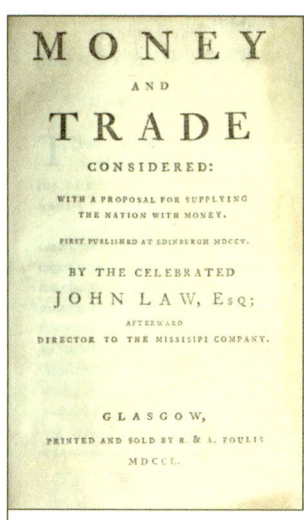

존 로가 1705년에 발간한 〈화폐와 무역〉의 1730년 인쇄본. 그의 스코틀랜드 의회 연설문 제목인 '국가에 자금을 조달하기 위한 제안'이 부제로 표기되어 있다.

존은 잉글랜드 왕 윌리엄 3세^{William III, 1650~1702}를 설득해 자기 뜻을 펴려고 동분서주한다. 왕에게 다가가기 위해 왕의 정부 베티 빌리어스^{Betty Villiers, 1657~1733, 본명: Elizabeth Hamilton} 그리고 왕의 동성애 상대 '멋쟁이' 윌슨^{Edward Wilson}과도 만난다. 존은 두 사람의 갈등에 휩쓸리면서, 윌슨과 블룸스버리 광장에서 법으로 금지된 결투를 벌인다. 윌슨은 죽고 존은 감옥에 갇힌다. 나중에 존의 아내가 된 캐서린과 디포의 도움으로 탈출에 성공한 존은 파리를 거쳐 이탈리아 베네치아에 도착한다.

존은 〈화폐와 무역 : Money and Trade〉을 집필하면서 놀라운 도박 솜씨를 발휘해 베네치아 사람들에게 화제가 된다. 또한 국채와 복권을 혼합한 초유의 방식으로 정부가 비용을 들이지 않고 재정을 확충할 수 있도록 한다. 개인적으로도 2만 파운드의 수익을 남겼는데 당시 장관 연봉의 1,000배에 해당하는 거액이다. 존은 "중요한 것은 금이 아니라 시스템과 취급 방법, 아이디어"라며, "돈을 생산하는 기계를 고안"했다고 자부심을 표한다. 유럽은 '수학 공식으로 화폐를 만들어낸' 존에게 매혹된다.

존은 에든버러로 돌아와 스코틀랜드 의회에서 연설한다. '국가에 자금을 조달하기 위한 제안'이라는 제목의 전단이 (투자자들이 모여 있는)

커피하우스에 미리 배포되면서 시민들 사이에 그의 연설에 대한 기대감이 고조된다. 그는 연설에서 스코틀랜드가 침체하는 동안 네덜란드는 금속 주화가 돈이라는 고정관념에서 벗어나 발전했다고 주장한다. 국민경제의 능력이 금과 은의 양으로 결정된다는 생각을 버려야 한다고, 종이돈을 보증해주는 것은 금속이 아니라 미래에 기대되는 업적이라며 열변을 토한다. 하지만 찬반 격론 속에 존이 내놓은 스코틀랜드 국립은행 설립안은 기각된다.

"시대를 앞서는 것? 우스꽝스럽거나 비극적인 일"

존은 프랑스로 건너와 다시 한 번 국립은행 설립을 시도한다. 하지만 '태양왕' 루이 14세$^{\text{Louis XIV, 1638~1715}}$는 "프랑스 왕국과 같은 군주제에는 국립은행이 적합하지 않다"라는 은행가 사무엘 베르나르$^{\text{Samuel Bernard, 1651~1739}}$의 충고에 따라 존의 제안을 물리친다. 결국 존은 루이 14세 사망 뒤 섭정이 된 오를레앙 공작을 설득해 1716년 방크 제네랄(Banque Générale)을 설립한다.

방크 제네랄의 겉모습은 민간은행이었지만 섭정이 100만 리브르를 예치해 사실상 섭정의 은행이라는 소문이 파다했다. 게다가 은행권 발행과 신용대출이 가능했고, 세금을 은행권으로 납부하게 하는 특권을 누렸다. 방크 제네랄은 당시 유럽에서 화폐를 발행할 수 있었던 여섯 은행 중 하나였을 정도로 권위를 누렸다. 은행권은 은화로 교환할 수 있다고 약속했지만 존은 확률 계산으로 은은 일부만 보유했다. 현대 은행의 '부분지급준비제'와 유사했다.

존은 이어서 미국 루이지애나 개발권을 가진 동인도회사를 매입했다. 방크 제네랄이 방크 로얄(Banque Royale)로 국유화되면서, 은행권 발행은 국왕(실제로는 섭정) 소관이 됐다. 1719년 동인도회사와 여러 무역회사가 합병하면서 주가가 폭등해 1만 리브르에 이르렀다. 존은 이듬해 1월 재무장관에 취임한 뒤 방크 로얄과 미시시피회사를 합병했다. 한편 존의 행보가 달갑지 않았던 이들은 대규모로 은화 교환을 요구하면서 부분지급준비제의 약점을 공격했다.

존의 입지는 오래가지 못했다. 물가가 급등했고 루이지애나 탐사대는 성과 없이 귀국했다. 주가는 결국 5월이 되면서 폭락했고 성난 민심은 폭동으로 이어졌다. 재무장관을 그만둔 존은 섭정이 수십억 리브르

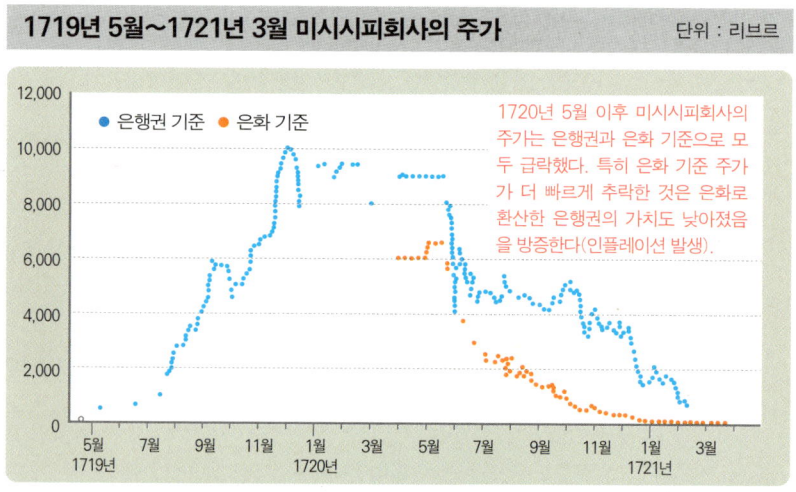

1719년 5월~1721년 3월 미시시피회사의 주가   단위 : 리브르

1720년 5월 이후 미시시피회사의 주가는 은행권과 은화 기준으로 모두 급락했다. 특히 은화 기준 주가가 더 빠르게 추락한 것은 은화로 환산한 은행권의 가치도 낮아졌음을 방증한다(인플레이션 발생).

자료 : 시카고 연준

를 몰래 찍은 것이 극심한 인플레이션의 원인임을 깨달았다. 섭정은 존을 국외에 나가도록 조처했는데, 이는 자신의 은행권 남발이 세상에 드러날까 두려웠기 때문이었다.

미시시피 버블이 터진 뒤 여러 차례 조사가 이어졌다. 의회는 무려 800명의 수사관을 투입했다. 모든 조사의 결론은 존에게 책임이 없다는 것이었다. 돌이켜보건대 미시시피 버블의 책임이 존에게 있었는지 아니면 군주에게 있었는지는 구분해서 살펴볼 필요가 있다. 어쩌면 무책임하게 은행권을 남발하는 군주제의 속성을 예측하지 못한 존의 잘못이라 해야 할지도 모르겠다.

소설에서 디포가 "시대를 앞서고 있어요"라고 하자, 존은 "시대를 앞서는 것은 영예로운 것이 아니에요. 우스꽝스럽고 대개는 비극적이죠"라며 답답함을 토로하는 대목이 나온다. 중앙은행, 종이화폐, 부분지급준비제 등 존의 생각은 현재 당연하게 받아들여지고 있다. 그가 개척한 위험의 확률적 계산은 은행과 보험에서 널리 쓰인다. 존에 대한 평가와 무관하게 그가 시대를 앞선 것은 분명해 보인다. 경제학자 조지프 슘페터 Joseph Schumpeter, 1883~1950는 "존 로는 자신이 추진한 프로젝트를 통해 경제학을 탁월하고 심오하게 발전시켰으며, 역대 최고 화폐이론가의 반열에 올랐다"고 평가했다.

방크 로얄이 1720년에 최초로 발행한 100리브르 은행권. 국립 미국사 박물관(워싱턴 D.C) 소장.

존은 은행을 설립해 발행한 은행권(지폐)을 섭정에 빌려줬고, 이로써 국가는 재정이 윤택해졌다. 그러자 섭정은 은행권 발행을 더욱 늘릴 것을 요구했고, 은행은 결국 발행한 돈만큼 금을 보유해야 하는 '적정한 비율'을 지킬 수 없었다. 존은 통화 건전성을 유지하려면 금준비금을 늘려야 했다. 그는 신대륙 루이지애나 미시시피강 유역에 막대한 양의 금이 매장되어 있다는 소식을 접한 뒤 여기서 금을 캐서 지급준비금으로 사용하기 위해 미시시피회사를 설립했다.

소문이 퍼지자 미시시피회사 주가가 크게 올랐다. 하지만 존은 주가 급등으로 번 자금을 금 채굴에 쓰지 않고 정부 대출에 사용했다. 이로써 시중에 유동성이 풍부해지자 민간으로 유입된 돈은 다시 미시시피회사의 주식에 투자됐다. 하지만 미시시피회사가 금을 캐지 않았을 뿐 아니라 은행의 지급준비금이 부족하다는 사실이 알려지자 주가는 순식간에 급락했고, 존의 명성도 곤두박질 쳤다.

〈거대한 도박〉 한국어판 　　　　〈거대한 도박〉 독일어판

클로드 쿠에니는 1956년 스위스 바젤에서 태어났다. 소설 외에 연극, 영화, TV물 대본을 썼고 게임 개발에도 참여했다. 그는 젊은 시절 유럽을 떠돌며 식당 종업원, 총기 상인, 철도 인부, 법원 서기 등 여러 일을 했고 이것이 작품 활동에 큰 도움이 됐다고 밝혔다. 대표작 〈거대한 도박〉은 '금융투기의 경제사' 또는 '존 로의 전기'에 가까운 책이다. 한글판 분량이 500쪽을 넘는다. 하지만 18세기 프랑스 왕실의 사치와 방탕함, 생시몽·볼테르·디포·아르노·드 무아브르 같은 지식인들의 생각, 데마르테·노아이유(공작)·아르장송(후작) 같은 경제 관료들의 행동, 유럽 대도시의 커피하우스와 신문의 유행 등 당시의 문화사가 생생하게 살아 있어 중도에 내려놓기 어려운 책이다. 2006년 독일어로 출판된 뒤 13개 언어로 번역됐고, 국내에는 두행숙의 번역으로 2008년 출판사 추수밭에서 출간됐다.

클로드 쿠에니

거품과 함께 사라진
종이에 적힌 약속들

〈종이의 음모〉 : 데이비드 리스

앞서 자본주의 초기 3대 금융버블 중 둘을 살펴봤다. 네덜란드 튤립 마니아를 소재로 한 〈튤립 피버〉와 프랑스 미시시피 버블을 무대로 한 〈거대한 도박〉이다. 데이비드 리스David Liss의 〈종이의 음모 : A Conspiracy of Paper〉는 나머지 하나, 1720년 영국 런던에서 벌어진 남해회사(South Sea Company) 버블의 광기와 음모를 그렸다.

주인공 벤자민 위버는 보호자, 감시인, 법집행관, 고용치안관, 도둑잡이를 자처하는 이십 대 후반의 유대인이다. 그중 도둑잡이가 가장 수지맞는 직업이다. 런던에 정식 경찰이 도입된 것은 100년도 더 지난 1829년이었다. 치안이 불안한 상황에서 피해자가 물건을 되찾거나 복수하려면 민간 도둑잡이에게 의존할 수밖에 없었다. 벤자민은 한때 '유다의 사자'로 불리며 명성을 날리던 권투선수 출신으로, 밀수와 도둑 심지어 강도짓까지 서슴지 않던 인물이다. 아마도 그 시절 영국인들은 그보다 더 흉악범을 상대하기 좋은 적임자를 찾기 어려웠을 것이다.

버블에 거려진 음모

1719년 10월 벤자민에게 두 명의 의뢰인이 각각 찾아온다. 이십 대 초반의 청년 윌리엄 벨포는 유산자인 젠틀맨 계급 출신이다. 자신의 아버지 마이클이 얼마 전 살해당했는데, 범인들이 자살로 꾸몄다고 한다. 아버지가 영란은행(영국의 중앙은행)과 남해회사의 경쟁을 이용해 투자로 번 돈을 가로채기 위해 누군가가 벌인 짓이라고 의심한다. 더 나아가 비슷한 시기에 교통사고로 죽은 벤자민의 아버지 사무엘도 같은 범인에게 살해당한 것이라고 주장하면서 벤자민에게 수사에 나서달라고 독촉한다. 사무엘은 런던의 공인 주식중개인이었다.

벨포에게 벤자민을 소개한 오웬 네틀턴 경은 도박과 매춘을 즐기는 사십 대 귀족이다. 그는 벨포보다 이틀 앞서 다른 사건을 들고 벤자민을 방문한다. 술에 취해 게이트 콜이라는 성매매 여성과 성관계를 맺었는데 콜이 시계, 구두, 가방, 현금, 검, 수첩 등 모든 것을 갖고 사라졌다고 한다. 네틀턴 경은 통상적인 보수의 두 배를 주겠다며 수첩을 꼭 되찾아 달라고 부탁한다. 독자들은 수첩에 불륜이 기록되어 있으리라 예상하지만, 사실 금융계의 비밀을 담고 있었다.

벤자민은 죽은 아버지를 대신해서 가문을 이끄는 숙부 미구엘의 도움으로 (의뢰받은 사건들의) 배경이 되는 금융에 대한 이해를 넓혀간다. 그의 수사(!)가 본격화하자 런던 금융계에 미묘한 파장이 일어난다. 독일 함부르크 출신의 네이션 에이들먼은 사무엘과 마찬가지로 공식적으로 주식 중개를 하는 유대인이다. 남해회사 투자자인 그는 벤자민에게 사건에서 손을 떼라고 위협한다. 영란은행 이사 퍼시벌 블로스웨이트는 남해회사가 사악한 짓을 할 수 있다고 암시하고, 관련 정보를 가져오면 영란은행이 섭섭지 않게 보답할 거라고 회유한다.

노예무역으로 한몫 잡으려는 투자자들

18세기 중·후반 경 런던은 산업혁명의 영향으로 대영제국의 심장부로 급성장했다. 1716년 인구 63만 명으로 유럽 대륙 최대 도시 프랑스 파리와 비슷했고, 곧 이를 추월했다. 정치적으로는 명예혁명에 대한 찬성과 반대, 가톨릭과 개신교의 대립이 극렬했고 계급 관계는 요동쳤다. 신문과 소식지가 넘쳐났고 카페와 술집은 번성했다. 범죄와 폭력도 늘었다. 소설은 경제와 금융을 축으로 하면서도 당시 사회의 다양한 측면을 생생하게 다뤄 흥미를 더한다. 인물들의 대화를 따라가다 보면 독자는 자연스럽게 당시 영국이 처한 경제 상황을 이해할 수 있다.

1701년 영국과 프랑스 등 여러 나라는 유럽의 패권을 둘러싸고 '에스파냐 왕위계승전쟁*'에 돌입했다. 영국 왕 제임스 3세$^{\text{James III}}$는 막대한 전비를 조달하느라 빚더미에 올랐다(프랑스 국왕 루이 14세Louis XIV, 1638~1715 역시 마찬가지다). 당시 영국에서 유일하게 은행권을 발행하던 영란은행은 영국 국채 중개를 독점해 수익을 올렸다. 1711년 재무장관 로버트 할리Robert Harley, 1661~1724가 남아메리카 무역을 독점하는 남해회사를 설립하고 초대 총재로 취임했다. 당시 남해는 남아메리카 일대 바다를 지칭하는 용어였다. 할리는 내심으로는 이 회사에 영국 국채 관리를 맡기려 했다.

남해회사는 영국 의회의 승인을 받아 국채 투자자들이 국채를 남해회사 주식으로 전환하도록 유도했다. 오늘날 '부채의 지분으로의 전환(Debt-to-Equity Swap)'이라고 알려진 금융 기법의 원조라 할 수 있다. 투자자들이 자발적으로 참여하게 하려면 남해회사가 수익성이 좋은 회사라는 인식을 심어줘야 했다.

1713년 위트레흐트조약으로 남아메리카에 아프리카 흑인 노예를 공급할 수 있게 된 영국 왕실은 남해회사가 독점적으로 이 사업을 수행할 수 있도록 했다. 1718년부터는 국왕이 직접 남해회사 총재를 겸해 힘을 실어줬다. 결국 1720년 대규모로 증권 전환이 이뤄지고 남해회사는 영란은행과 함께 영국 국가부채를 관리하는 핵심 기관으로 부상했다.

• 에스파냐(스페인) 왕정에서 합스부르크 출신 펠리페 4세의 뒤를 이어 카를로스 2세(Carlos II, 1661~1700)가 자손 없이 사망하자 프랑스 루이 14세는 자신의 손자를 에스파냐 국왕에 즉위시켜 펠리페 5세(Felipe V, 1683~1746)로 칭하며 다시 부르봉 혈통의 권세를 확장했다. 이로써 프랑스와 에스파냐는 자연스럽게 해상무역 및 신대륙 개척에 연합세력을 형성했다. 이에 프랑스 왕실의 에스파냐 왕위 계승을 반대해온 영국과 네덜란드 그리고 합스부르크가의 본령인 오스트리아가 동맹을 맺어 프랑스-에스파냐 연합에 선전포고를 했다. 전쟁은 영국-네덜란드-오스트리아 동맹의 우세로 1714년까지 이어지다 위트레흐트조약으로 일단락됐다. 프랑스-에스파냐는 펠리페 5세의 왕위 계승은 인정받았지만, 그 대가로 영국에 식민지 영토 일부와 신대륙으로의 노예무역 독점권 등을 내줬다.

그러나 흑인 노예무역은 수지가 맞지 않았다.* 남해회사는 한 번도 제대로 이익을 내지 못했다. 그럼에도 적극적인 주가 부양 정책으로 1720년 상반기 주가는 폭등했다. 하지만 실적이 없는 회사의 주가가 계속 오를 수는 없었다. 결국 같은 해 9월 들어 급락하고 말았다. 영국 정부는 국채의 80%를 남해회사 주식으로 전환해 채무 부담을 대폭 줄였으니 최고의 승자인 셈이다. 벤자민은 격랑의 시기에 숨겨진 음모를 하나씩 밝혀내고, 이 모든 것이 서로 얽히고설키면서 소설은 반전을 거듭한다.

한편 당시 주식거래는 왕립거래소(Royal Exchange)에서 이뤄지지 않았다. 1698년 "증권 브로커들이 주가를 조작하기 위해 정치와 외교에 대한 거짓 소문을 유포하고 무고한 사람들을 파멸하게 한다"는 이유로 거래소에서 쫓겨난 것이다. 브로커들은 거래소 인근 몇몇 커피하우스에 모여 주식거래를 재개했다(24쪽). 이 거리는 훗날 '증권거래 골목(Change Alley)'으로 불린다. 조너선 커피하우스가 가장 유명했는데, 〈종이의 음모〉 속 여러 사건도 이곳에서 일어났다.

---

* 위트레흐트조약에서 영국이 에스파냐에 요구하여 얻어낸 노예무역 독점권을 에스파냐어로 '아시엔토(Asiento)'라고 부른다. 영국은 1713년에 체결한 아시엔토 협정으로 30년 동안 매년 5,000명가량의 노예를 에스파냐 식민지로 공급하는 특권을 얻었다. 영국 정부는 아시엔토를 남해회사에 양도했고, 이것이 투기열풍을 조장해 버블로 악화된 것이다. 하지만 아시엔토 투자 효과는 남해회사의 주식을 사들인 이들의 기대에 크게 못 미쳤다. 에스파냐는 영국 무역선의 수를 엄격히 제한했고, 심지어 노예무역에 대해 적지 않은 세금을 부과했다.

에드워드 M. 워드(Edward M. Ward, 1816~1879), 〈1720년대 런던 증권거래 골목(Change Alley)〉, 1847년, 129.5×188cm, 캔버스에 유채, 내셔널 갤러리, 런던

뉴턴과 헨델의 상반된 투자 행보

남해회사 버블은 금융계 외부 저명인사들의 투자로도 유명했다. 가장 잘 알려진 인물은 아이작 뉴턴 경^{Sir. Isaac Newton, 1642~1727}이다. 뉴턴은 만유인력의 법칙으로도 유명하지만 죽기 전 30년 동안 왕립조폐청장으로 근무하면서 화폐위조범과 싸웠다. 뉴턴은 악화가 양화를 구축하는 현상을 막기 위해 화폐를 정상화하는 주화 대개주 작업의 책임자였다.

소설에도 나오는 테두리가 갈려져 나간 은화가 바로 악화다. 남해회사 주식을 일찍부터 매입했던 뉴턴은 1720년 4~5월에 충분히 올랐다고 생각해 전량 매각했다. 이로써 투자금의 몇 배에 이르는 이익을 냈다. 하지만 왕립조폐청장 뉴턴조차 대중의 광기를 넘어서지 못했다. 그 후로도 주가가 계속 오르자 6월부터 팔았던 가격의 두 배로 많은 주식을 사들였다. 결국 주가가 폭락해 큰 손실(현재 화폐가치로 2,000만 달러가 넘는 것으로 추정)을 입고, "나는 천체의 움직임은 예측할 수 있지만, 인간의 광기는 예측할 수 없다"고 한탄했다고 한다. 아래 남해회사 주가 추이 그래프에서 뉴턴의 거래 시점을 짚어보면 아찔할 정도다.

한편 작곡가 게오르크 프리드리히 헨델Georg Friedrich Händel, 1685~1759은 보유한 남해회사 주식을 버블이 터지기 몇 달 전에 대부분 매각했고, 그 후

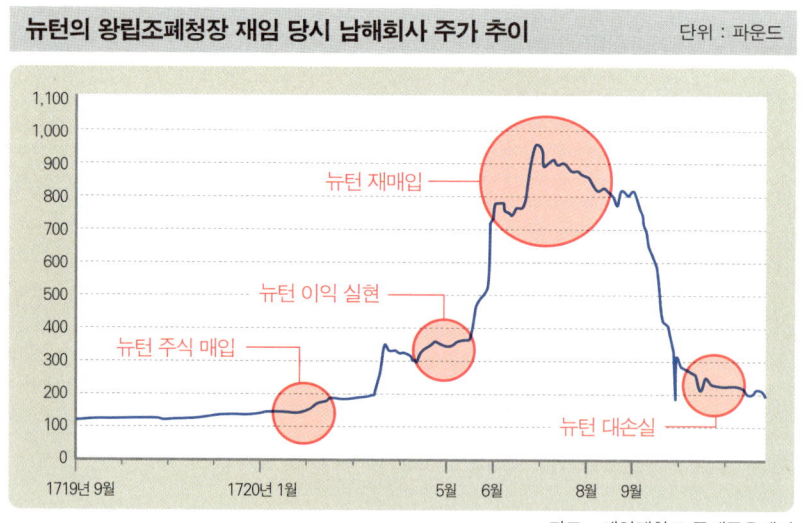

뉴턴의 왕립조폐청장 재임 당시 남해회사 주가 추이 (단위 : 파운드)

자료 : 예일대학교 국제금융센터

재매입하지 않아 상당한 이익을 남겼다. 지금도 영란은행 박물관에는 헨델의 당시 거래내역을 담은 통장이 전시돼 있다.

영국의 저명한 출판인 토머스 가이Thomas Guy, 1644~1724는 남해회사 투자로 번 막대한 자금을 출연해 가이병원(Guy's Hospital)을 설립했다. 가이병원은 영국 최고 병원 중 하나로 지금도 운영 중이다.

문인들은 투자와 저술 양방향에서 활약했다. 대니얼 디포Daniel Defoe, 1660~1731는 〈로빈슨 크루소 : Robinson Crusoe〉의 작가로 유명하지만 동시에 적극적인 투자자였으며 금융계 현안에 대해 많은 기사를 썼다. '증권 딜러의 사악함 탐사'(1701)나 '증권거래 골목 해부'(1719)와 같은 글들이다. 디포는 1719년에는 프랑스의 미시시피회사 계획에 대해 결점과 불안정성을 고발하는 글을 쓴 동시에 남해회사에 대해서는 옹호하는 모순된 글을 쓰기도 했다.

영국의 대표적인 고전주의 시인 알렉산더 포프Alexander Pope, 1688~1744는 남해회사의 주식이 정점에 이르렀을 때 주식을 사들이고 동료 시인 레이디 몬터규Lady Mary Wortley Montagu, 1689~1762에게도 매입을 권하는 편지를 썼다. 주식이 폭락하자 그는 '망할 놈의 남해회사(The Damn'd South Sea)'라는 시를 써서 울분을 토했다.

〈걸리버 여행기 : Travels into Several Remote Nations of the World〉의 작가 조너선 스위프트Jonathan Swift, 1667~1745도 예외는 아니었다. 그 역시 막대한 투자 손실을 본 뒤 '남해회사'라는 스탠자(Stanza, 4행 이상의 각운이 있는 시구)를 썼다. 마지막 연은 다음과 같다.

온 나라가 너무나 너무나 늦게 알게 되었네.
그 모든 비용과 고통이라니.
경영자들의 약속은 바람처럼 가벼운 것이었네.
남해회사 그 강력한 버블이라니.

소설의 제목에서 '종이'가 무엇일까 생각해봤다. 영국 정부의 국채, 영란은행이 발행한 은행권 그리고 남해회사의 주식을 모두 지칭하는 것 같다. 소설에서 미구엘은 벤자민에게 이렇게 말했다. "현재 영국에서는 돈을 주겠다는 약속이 돈의 역할을 대체하고 있다." 여기에서 돈은 금과 은 같은 귀금속 화폐다. 소설의 배경이 된 18세기 초 영국에는 각종 금융 약정을 담은 문서가 본격적으로 등장했지만, 버블은 문서가 금과 은을 담보하는 약속이 지켜지도록 허락하지 않았다.

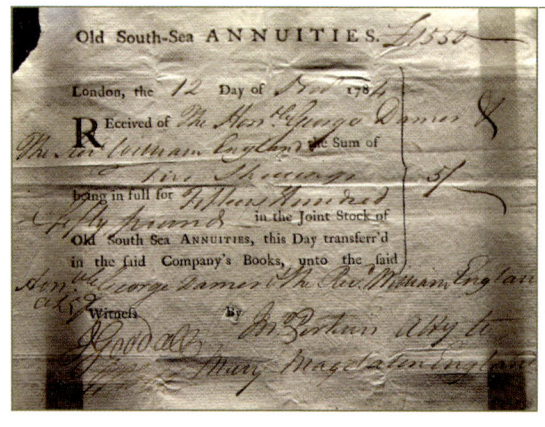

남해회사 버블 당시 지급을 약속한 돈의 액수가 문서에 새겨졌지만 약속은 지켜지지 않았다. 애초에 지킬 수 없는 약속이었다면, 문서는 사기의 음모를 가장한 종이 조각에 불과했던 셈이다. 이미지는 남해회사가 발행한 연금증서(브리티시 뮤지엄 소장).

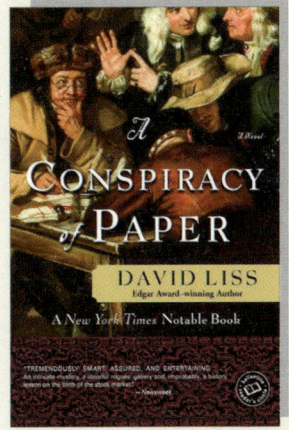

〈종이의 음모〉 한국어판　　　　〈종이의 음모〉 영어판

데이비드 리스는 1966년에 태어난 미국 작가다. 리스는 컬럼비아 대학에서 18세기 영국인들의 돈의 인식에 대한 영문학 박사 논문을 쓰기 위해 당시의 문헌들을 샅샅이 뒤졌지만 속 시원한 자료를 찾지 못했다. 그래서 '남해회사 버블'이 일어날 수밖에 없었던 폭발적 광기와 불안을 묘사하기 위해 스스로 소설 〈종이의 음모〉 집필에 나섰다고 한다. 소설은 2000년 출간과 동시에 언론의 호평을 받았고, 스릴러 분야의 권위 있는 시상인 에드거상 신인 소설상을 받았다. 이후 "소설가로 실패하면

데이비드 리쓰

다시 공부해서 교수가 되지 뭐!"라는 생각으로 대학원을 중단하고 전업작가로 변신했다. 〈암스테르담의 커피상인 : The Coffee Trader〉 〈부패의 풍경 : A Spectacle of Corruption〉 등 여러 편의 역사소설이 계속 성공하여 다행히(?) 아직 학교로 돌아가지 않고 있다. 한국어판은 2006년 서현정의 번역으로 대교베텔스만에서 두 권으로 나눠 출간됐다.

유리세공을 둘러싼 '기술전쟁'의 기원

〈무라노 유리직공〉 : 마리나 피오라토

이탈리아 반도 북부에 있는 베네치아는 아드리아해의 126개 섬과 운하, 이들을 연결하는 다리들로 이뤄진 아름다운 도시다. 5만 명이 거주하는 이곳에 매년 2,000만 명 이상의 관광객이 방문하는 오버투어리즘을 막기 위해 얼마 전부터 시 당국은 방문객에게 5유로의 입장료를 부과하기 시작했다. 하지만 중세에서 르네상스에 이르기까지 교역과 금융의 중심지였던 베네치아가 유럽과 세계를 이끌면서 축적한 풍부한 역사에 매료된 관광객은 줄어들 기미가 보이지 않는다.

  은행을 지칭하는 영어 단어 '뱅크(Bank)'는 중세 북부 이탈리아 도시들에서 활동하던 금융인들의 고정식 탁자 방코(Banco)에서 유래했고, 오늘날 전 세계 기업의 회계 원칙인 복식부기는 15세기 베네치아의 수학자 루카 파치올리 Luca Pacioli, 1446~1517가 고안한 것이다. 유럽을 아랍 세계 및 인도와 연결하는 무역은 대항해 시대 이전까지 베네치아의 상인이 독점했다. 또 베네치아의 작은 섬 무라노는 13세기 이래 유리 공예의 중심지였다. 고작 유리 따위라고 생각할지 모르겠으나 당시 유리와 거울은 유럽 왕실과 귀족을 사로잡은 사치품 중의 사치품이었다. 이번에 소개할 〈무라노 유리직공 : The Glassblower of Murano〉은 17세기 베네치아의 유리와 거울의 제조를 둘러싼 목숨을 건 싸움에 관한 이야기다.

엄청난 부가가치를 창출했던 유리와 거울

주인공은 영국 런던에 거주하는 삼십 대 여성 노라 마닌이다. 노라의 어머니 엘리너는 런던 킹스칼리지의 미술사학자인데 1970년대에 베네치아의 카포스카리대학에서 교환교수로 근무했다. 그 시절 뱃사람 브루노 마닌과 사랑에 빠져 딸 레오노라 마닌을 낳았다. 베네치아의 위대한 유리 마에스트로 코라도 마닌의 후손임에 자부심을 가진 브루노는 런던에 함께 가자는 엘리너의 제안을 거절한다. 엘리너는 얼마 뒤 브루노가 사고로 죽었다는 소식을 전해 듣고 런던에서 딸의 이름을 영어식인 노라로 바꾸고 홀로 키웠다. 미술을 전공하고 유리 공예에 흥미를 느끼던 노라는 남편의 외도로 결혼이 파경에 이르자 런던 생활을 접고 본격적으로 유리 공예 일을 하기 위해 베네치아로 떠난다. 노라의 목에는 마닌 집안에서 대대로 전해진 브루노가 엘리너에게 선물한 하트 모양의 유리 목걸이가 걸려 있다.

소설의 공간적 무대는 베네치아로 단순하지만 시간적 배경은 이중적이다. 한편은 21세기 노라가 "유리의 진정한 본질도 모르고 광고 효과만 좋은 예쁜 여성"이라는 편견과 맞서 싸우며 유리공예가로 성장하는 이야기다. 다른 한편은 17세기 코라도 마닌에 의해 절정에 달한 베네치아 유리 예술과 유리 사업의 독점에 관한 이야기다. 400년의 시차를 두고 펼쳐진 이야기들은 노라가 자신의 뿌리를 찾아가는 과정에서 서로 교차하며 서서히 실체를 드러낸다.

베네치아 귀족 집안의 코라도 마닌은 어린 시절 부모가 정치적 음모에 휩쓸려 살해당했을 때 무라노 유리 제작 책임자 자코모 델 피에로의 보호로 겨우 목숨을 구할 수 있었다. 자코모의 문하생이 된 코라도는 젊은 나이에 최고의 유리 마에스트로에 등극한다. 그가 만든 유리 샹들리에, 화병과 액세서리도 매우 인기가 높았지만, 가장 귀한 것은 대형 거울이다. 지금이야 거울이 흔하지만 17세기에 티 없는 거울 제작은 매우 어려운 일이었다. 특히 대형 거울은 전 세계에서 유일하게 무라노 공방에서만 제작이 가능했다.

"서두르지 않으면 유리의 독점을 잃게 될 것입니다."

태양왕으로 불렸던 루이 14세$^{\text{Louis XIV, 1638~1715}}$는 번영하는 프랑스의 영광과 절대왕정의 권위를 드러내기 위해 베르사유궁전을 대대적으로 개축했다. 총공사비는 오늘날의 화폐가치로 무려 2조 원가량이 들었다고 한

거대한 경제적 이윤을 창출하는 신기술을 둘러싼 국가 간 대립과 갈등은 예나 지금이나 치열했다. 21세기 기술전쟁의 중심에 반도체와 AI가 있다면, 17세기에는 유리와 거울이 있었다. 이탈리아 반도 북부에 위치한 도시국가 베네치아 공화국은 유리와 거울의 독보적인 제조 기술을 보유하고 있었다. 화려한 크리스털 공예와 거대한 거울에 매혹되었던 유럽의 왕실과 귀족들은 호시탐탐 베네치아의 유리직공들을 노렸고, 베네치아 정부는 그들을 지키기 위해 안간힘을 썼다. 이미지는 프랑스 판화가 쥘 페라(Jules Férat, 1829~1906)가 그린 〈유리공장을 방문한 도제〉(1873). 페라는 빅토르 위고, 쥘 베른 등 프랑스 문호들의 소설에 삽화를 그려 유명세를 탔던 인물이다.

다. 가장 역점을 둔 것은 17개의 아치로 구성된 73미터 길이의 '거울의 방'이었다. 프랑스 왕실은 이곳을 장식할 357개의 최상급 거울을 베네치아에서 조달해야 했는데, 천문학적인 비용을 감당하기 어려워지자 재무장관 장-바티스트 콜베르Jean-Baptiste Colbert, 1619~1683는 베네치아에 비밀요원을 파견해 유리직공을 프랑스로 빼올 계획을 세운다.

베네치아에서 유리직공의 삶은 녹록지 않았다. 일찍이 1291년 베네치아 정부는 화재 위험을 이유로 모든 유리를 무라노섬에서만 제조하도록 강제했다. 유리 용해로에서 번진 불길이 여러 차례 베네치아를 삼킬 뻔했기 때문이다. 하지만 그보다 더 중요한 이유는 모든 유럽이 탐내는 유리 제조 기술의 비밀을 지키기 위해서였다. 유리직공들은 마에스트로부터 수습공까지 모두 무라노섬에 갇혀 평생 유리를 제작해야 했고, 특별 허가를 받아야만 섬 밖으로 외출할 수 있었다. 그때마다 베네치아 정부의 비밀요원들이 유리직공을 감시했다. 유리직공 입장에서 무라노는 사실상 감옥과 다를 바 없었다.

코라도는 프랑스 왕실이 제안한 돈과 화려한 생활에는 넘어가지 않았지만, 베네치아 보육원에서 자라는 어린 딸과 함께 파리에서 살게 해주겠다는 유혹에는 무너지고 만다. 프랑스의 비밀작전을 통해 파리에 도착한 코라도는 열정적인 제자 자크 쇼비르에게 비법을 전수하면서 거울의 방을 채울 거울을 제작하기 시작한다. 첫 시제품을 설치하던 날 예정에 없이 루이 14세가 일행을 이끌고 직접 현장을 방문한다. 모두가 빛나는 거울에 찬사를 보내지만 단 한 명은 몹시 마음이 언짢다. 파리 주재 베네치아 대사 발다사르 길리니다. 길리니는 무라노 출신 유리공이 프랑스를 돕고 있는 것이 분명하다며 도제*에게 다급하게 밀서를 보낸다. 편지의 마지막 문장은 "부디 서두르십시오, 그렇지 않으면 유리의 독점을 잃게 될 것입니다"라는 경고다.

베네치아의 비밀요원들은 죽은 줄 알았던 코라도의 시신이 사라진 것을 발견하고 곧 코라도가 베르사유에서 비밀리에 거울 작업을 하고 있

---

* Doge, 베네치아 공화국의 최고 권력자

다는 것을 알게 된다. 길리니 대사는 코라도를 조용히 만나 베네치아로 돌아오지 않으면 딸이 무사하지 않을 것이라고 위협한다. 결국 코라도는 다시 한 번 베네치아행 배에 오른다. 21세기 노라의 목에 걸린 하트 모양의 유리 목걸이는 코라도가 딸에게 선물로 준 것이다. 베네치아인들은 더 나아가 유리와 거울 제조의 비법이 확산되는 것을 막기 위해 코라도의 프랑스인 제자 자크 쇼비르를 암살한다.

1600년경에 무라노의 유리직공이 만든 것으로 추정되는 유리 공예. 상트페테르부르크 예르미타시 뮤지엄 소장.

마리나 피오라토Marina Fiorato의 〈무라노 유리직공〉은 소설이고 세부 사항은 당연히 작가 상상의 산물이다. 하지만 베네치아 최고의 상품이 유리와 거울이었다는 것, 그 제조 기밀을 지키기 위해 베네치아 정부가 극단적인 수단까지 동원했다는 것, 프랑스 왕실이 무라노의 유리 전문가들을 몰래 빼왔고, 베네치아의 암살자들이 이들을 추적해서 살해했다는 것은 모두 역사적 사실이다. 작가의 문학적 상상력과 역사적 사실이 씨줄과 날줄로 엮이며 근사한 서사를 이룬다.

안톤 폰 베르너, 〈베르사유궁전에서의 빌헬름 1세 황제즉위식〉, 1885년, 200×250cm, 캔버스에 유채, 비스마르크 뮤지엄, 프리드리히루(독일)

베르사유궁전의 '거울의 방'. 길이 70미터, 폭 10미터를 웃도는 거대한 실내에 크리스털 샹들리에가 번쩍거린다. 창문 반대편 벽에 500장이 넘는 거울들은 부르봉 왕조가 과시했던 무소불위의 권력을 비춘다. 이 방의 거울들은 치욕의 역사도 함께 지켜봤다. 1871년 보불전쟁에서 프랑스에 승리한 프로이센은 빌헬름 1세Wilhelm I, 1797~1888의 황제즉위식을 거울의 방에서 열었다. 독일 출신 역사화가 안톤 폰 베르너Anton von Werner, 1843~1915는 창문을 비추는 거울을 배경으로 빌헬름 1세의 황제즉위식 장면을 그렸다. 그로부터 반세기가 흐른 1919년 이 방의 거울이 비춘 건 패전국 독일이었다. 거울의 방에서 체결된 베르사유조약으로 제1차 세계대전은 끝났고, 독일은 프랑스 등 연합군에 항복하고 엄청난 전쟁배상금까지 물어야 했다.

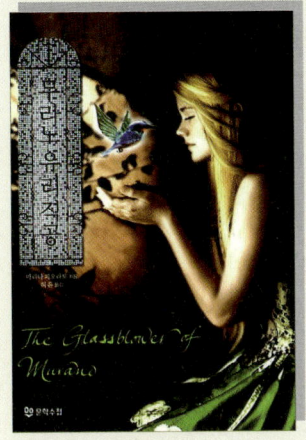 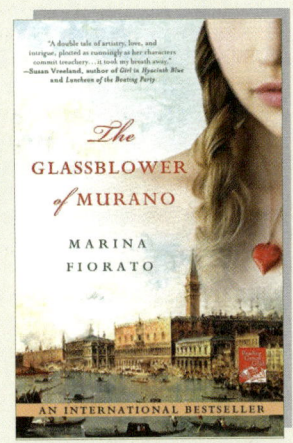

〈무라노 유리직공〉 한국어판　　〈무라노 유리직공〉 영어판

마리나 피오라토는 1973년 영국 맨체스터에서 영국인 어머니와 베네치아인 아버지 사이에서 태어났다. 영국과 베네치아의 대학에서 역사와 문학을 전공했다. 2003년 런던의 단칸방에서 남편과 아이와 함께 살던 피오라토는 카페에서 데뷔작 <무라노 유리직공>을 쓰기 시작했다. 가난한 싱글맘이었던 조안 K. 롤링Joan K. Rowling이 <해리 포터 : Harry Porter> 시리즈를 카페에서 써서 세계적인 밀리언셀러 작가가 된 것에서 용기를 얻었다고 한다. <무라노

마리나 피오라토

유리직공>은 수없이 퇴짜를 맞은 후에야 2008년 어렵사리 독립출판사 뷰티풀북스를 통해 세상에 나올 수 있었다. 출간 직후 (<해리 포터>만큼은 아니지만) 베스트셀러가 됐고 18개국에 번역돼 출간됐다. 이후에도 피오라토는 이탈리아를 배경으로 한 역사소설을 여섯 편 더 썼고, 영화 비평 및 U2와 롤링스톤스 등 록 밴드 투어 그래픽 디자인에도 참여하면서 활발하게 활동하고 있다.

양극화의 터널에 갇힌
산업혁명이란 이름의 전차

〈북과 남〉 : 엘리자베스 개스켈

엘리자베스 개스켈Elizabeth Gaskell, 1810~1865의 소설 〈북과 남 : North and South〉의 주인공은 마거릿 헤일이다. 18살의 마거릿은 매사에 당당하면서도 아름다운 여성이다. 작가의 모습을 많이 반영한 캐릭터라 개스켈은 소설의 제목을 '마거릿 헤일'로 하고 싶었다. 하지만 집필을 의뢰했던 찰스 디킨스Charles Dickens, 1812~1870는 전통적인 잉글랜드를 상징하는 남부와 산업혁명 이후 급속히 발전한 공업도시들이 있는 북부의 가치관을 대조하기 위해 '북과 남'이라는 제목을 권했고 최종적으로 채택됐다. 이 소설의 첫 주제이기도 하다.

남부⋯⋯ 문화적 자부심의 이면, 구태에 찌든 가난

마거릿의 고향은 잉글랜드 남부 햄프셔의 헬스톤이다. 마거릿의 '품위 있는 소박함'에 끌린 런던의 변호사 헨리 레녹스가 고향에 대해 궁금해하자, 마거릿은 "사실 마을이라고 부를 수도 없는, 교회가 있고 그 근처 공유지에 장미꽃으로 뒤덮인 오두막 몇 채가 있을 뿐인 테니슨*의 시에 나올 만한 동네"라고 답한다. 마거릿의 아버지 리처드 헤일은 이곳에서 잉글랜드 국교회 목사로 봉직 중이다. 딸을 런던 사교계에 진출시키고 싶어 하는 어머니 마리아의 뜻에 따라 마거릿은 런던의 이모 집에서 10년 동안 살았다.

어머니와 이모는 존 베리스포드 경의 아름다운 딸들로 유명했는데 선택은 달랐다. 이모는 나이가 많고 부유한 쇼 장군의 조건을 보고 결혼한 뒤 런던에서 유복하게 살았다. 반면 어머니는 비록 가난하지만 성품이 온화하고 유쾌하며 잘생긴 헤일 목사와 사랑에 빠져 결혼했다. 나이 차이도 얼마 나지 않는다. 이모는 "마리아 언니는 사랑으로 결혼했으니 뭘 더 원하겠어?"라면서 부러워하지만 마리아의 생각은 다르다. 조카의 결혼식에 사정이 있어 참석을 못한다고 했지만, 진짜 이유는 결혼식에 입고 갈 드레스를 살 형편이 안 되기 때문이다.

교구 목사의 완벽한 모범이었던 마거릿의 아버지는 가난한 교구민들을 도우며 검소하게 살면서 작은 서재에서 고전을 읽는 것이 유일한 취

---

* Alfred Tennyson, 1809~1892. 빅토리아 시대 계관시인(桂冠詩人)으로, 아름다운 조사와 운율을 담은 작품들을 남겼다.

미다. 그러던 어느 날 아버지는 가족에게 폭탄선언을 한다. 교회의 모습에 실망했다면서 양심에 따라 더 이상 성직을 수행할 수 없다는 것이다. 아버지의 고민을 들은 옥스퍼드 폴리머스대학의 학자 벨은 밀턴시의 개인교사 자리를 주선해준다. 이모네 가족이 사는 런던은 정치와 사교의 도시이고, 헬스톤은 가난한 농촌이며, 옥스퍼드는 고전과 학문의 전당으로 서로 다른 곳이지만 모두 남부 잉글랜드로 전통을 지키는 지역이다.

북부······ 눈부신 산업혁명의 이면, 참혹한 노동자의 삶

반면 헤일 가족이 새롭게 자리 잡은 북부의 밀턴은 산업혁명의 중심지로 세계에서 가장 빠르게 성장하는 도시다. 헤일에게서 개인 강습을 받는 독신의 존 손턴은 어려서 아버지를 잃고 학교를 중도에 포기했다. 직물점에서 일을 하여 어머니와 여동생을 부양하면서도 가난에 굴하지 않고 노력해 밀턴의 영향력 있고 카리스마 넘치는 직물업자로 성장했다.

손턴과 마거릿은 처음 만나는 자리에서부터 서로 날카롭게 대립한다. 손턴은 증기 해머의 거대한 힘과 섬세한 조절력을 설명하는 등 밀턴이 배출한 위대한 발명가와 사업가에 대한 자부심을 드러내면서 남부는 낡고 오래된 틀에서 지루하고 부유한 삶을 누리는 귀족 사회라고 비난한다. 그리고 자신은 땀 흘리고 고생하는 북부를 선택하겠다고 강조한다. 사랑하는 남부를 비방하는 것에 발끈한 마거릿은 남부가 모험과 진보에서 뒤떨어질지 모르지만 북부와 같은 고통과 증오, 절망적인 불평

J. M. 윌리엄 터너, 〈비, 증기 그리고 속도 : 그레이트 웨스턴 철도〉, 1844년, 91×121.8cm, 캔버스에 유채, 내셔널 갤러리, 런던

산업혁명기에 활동했던 영국 화가 J. M. 윌리엄 터너 J. M. William Turner, 1775~1851는 비 오는 날 템스강 다리 위를 달리는 증기기관차를 그렸다. 기차는 어디가 다리이고 어디가 강인지 구분하기조차 힘든 풍경을 뚫고 빠르게 질주하고 있다. 그런데 증기기관차의 속도감이 주는 긴장감과는 달리 왼편 강 위에 떠 있는 작은 배는 평화롭기만 하다. 소설 속 산업혁명의 진원지 밀턴을 증기기관차가 상징한다면, 작은 배는 런던을 은유하는 것 같다. 터너의 그림처럼 머지않아 런던에도 산업혁명의 폭풍이 휘몰아칠 것이다.

소설 속 가상 도시 밀턴은 산업혁명의 중심지 맨체스터를 모델로 했다. 맨체스터의 상징은 일벌(Worker Bee)이다. 제조업으로 부를 일군 자본가는 일벌의 근면함을 상찬했지만, 평생 일만 하다 생을 마감하는 노동자의 운명과 다르지 않다. 이미지는 맨체스터 올드햄 거리의 카페 Koffee Pot 벽에 그려진 그래피티.

등 그리고 매연은 없다고 항변한다.

마거릿이 언급한 북부에 팽배한 적대감은 손턴이 자랑스러워하는 산업혁명의 이면이다. 거대한 공장의 등장으로 대규모 노동자 집단이 밀턴에 밀집했고 노동자와 자본가 사이의 적대감은 계속 커졌다. 이것이 이 소설의 두 번째 주제다. 마거릿이 손턴을 만나 북부 제조업자들의 야망을 이해했다면, 히긴스 가족과의 교류를 통해 노동자가 처한 현실을 발견할 수 있었다.

히긴스는 거칠지만 비굴하지 않은 노동조합 활동가들 가운데 하나다. 이들은 임금을 삭감하려는 밀턴의 제조업자에 맞서 파업을 진행한다. 노동운동의 기반은 지금과 비교할 수 없을 정도로 열악하다. 파업 노동자들을 자유롭게 해고할 수 있고 경찰을 포함한 공권력은 자본가의 의중에 따라 움직인다. 아동 노동과 산업재해에 대한 아무런 규제도 없다. 히긴스의 어린 딸 베시도 면직 공장의 솜먼지가 폐에 가득 찬 면폐증(綿肺症)에 시달리다 목숨을 잃었다.

사회 갈등을 다룬 선구적 산업소설

노동자들의 투쟁에 대해 손턴은 "1824년까지 존재하던 노동조합 금지법이 다시 시행되어야 한다"고 하면서, 노동자들의 요구를 "무식하고 고집 센 바보들이 잘 돌아가지도 않는 멍청한 머리들을 모아서 지혜를 갖춘 사람들의 운명을 지배하려 한다"고 비난한다. 그는 노동자들이 파업에 돌입하자 협상에 나서는 대신 모두 해고하고 아일랜드에서 노동자들을 데려와 작업장에 투입한다. 이에 격분한 일부 노동자들은 손턴의 공장으로 몰려가고 일촉즉발의 위기감이 고조된다. 이때 마거릿이 폭력 사태를 막기 위해 나선다.

개스켈은 치밀한 취재를 통해서 노동자와 자본가 사이의 갈등을 묘사하는데, 양쪽 모두의 입장을 충실히 전달하면서 일방적으로 비판하지도 또 일방적으로 미화하지도 않는다. 그래서 독자들은 산업혁명의 한복판에서 벌어진 계급투쟁을 균형 있는 시각에서 생생하게 접할 수 있다.

〈북과 남〉은 사회성 강한 소설이지만 동시에 섬세한 심리묘사도 일품인 작품이다. 갈등하면서 서로에 대한 호감을 키워나가는 마거릿과 손턴의 관계는 한 세대 전에 나온 제인 오스틴[Jane Austen, 1775~1817]의 소설 〈오만과 편견 : Pride and Prejudice〉의 엘리자베스 베넷과 미스터 다아시를 연상시킬 만큼 흥미롭다.

작자 미상, 〈러다이트의 지도자〉, 1812년, 32.5×22.5cm, 동판화에 채색, 브리티시 뮤지엄, 런던

이 그림은 18세기 말에서 19세기 초에 영국 노동자들이 부당노동에 맞서 기계 파괴로 대항한 러다이트(Luddite) 운동을 지휘한 가상의 상징적 존재 Ned Ludd를 묘사한 것이다. 당시 노동자들은 "Ned Ludd의 이름으로!"라는 구호를 외치며 노동 착취에 맞서 단체행동에 나섰다.

〈북과 남〉 한국어판   〈북과 남〉 영어판

엘리자베스 개스켈은 1810년 런던에서 태어난 소설가다. 태어난 다음해에 어머니가 세상을 떠난 뒤 개스켈은 너츠퍼드의 이모 집에서 자랐다. 이 시기 학교에 다니며 예술과 고전을 공부했다. 1832년 비국교도 교회의 목사로 재직 중이던 윌리엄 개스켈William Gaskell, 1805~1884과 결혼한 뒤 맨체스터에 정착했다. 남편은 가난한 사람들에 대한 지원과 노동자 교육 등 사회사업에 적극적이었다. 개스켈이 1848년 발표한 첫 소설 <메리 바턴 : Mary Barton>이 베스트셀러가 됐고, 이후 찰스 디킨스가 발행하던 주간지 <하우스홀드 워즈 : Household Words>에 여러 편의 소설을 연재했다.

엘리자베스 개스켈

대표작인 <크랜포드 : Cranford>(1853)는 어린 시절 살았던 너츠퍼드를 배경으로 한 것이고, <북과 남>(1855)의 무대인 가상의 밀턴시는 맨체스터시를 모델로 한 것이다. 그녀의 작품은 빅토리아 시대 영국의 산업과 노동을 다룬 탁월한 작품이었음에도 오랫동안 무시됐다. 당대의 비평가들은 "여성은 아무리 노력해도 노사문제를 이해할 수 없다"며 노골적으로 깎아내렸다. 하지만 1950년대 이후 그의 작품은 복잡한 사회적 갈등을 묘사한 선구적인 산업소설로 재평가됐다. 영국의 BBC는 <북과 남>을 포함해 그의 세 작품을 드라마로 만들어 방영했다. <북과 남> 한국어판은 여러 판본이 있는데 가장 최근에는 2023년 민승남이 번역해 문학동네에서 출간됐다.

경제학자의 19세기 영국 리얼리즘 문학 독법[讀法]

〈오만과 편견〉: 제인 오스틴

제인 오스틴Jane Austen, 1775~1817의 〈오만과 편견 : Pride and Prejudice〉은 200여 년간 전 세계에서 반복 출간됐고 한 번도 절판된 적이 없는, 말 그대로 '불멸의 인기'를 누려온 소설이다. 영화와 TV 드라마로 수없이 반복 제작돼 모든 로맨틱 스토리의 원형이 된 작품이기도 하다. 하지만 작가 제인 오스틴은 18세기 후반 이래 영국에서 유행했던 감상주의 소설에 비판적이었다. 오히려 인물을 일상 속에서 정확하게 묘사했기 때문에 풍속극 또는 19세기 사실주의 문학의 선구로 평가받고 있다. 덕택에 우리는 이 소설을 통해 200년 전 영국의 계급, 사회관계, 결혼과 상속 등에 대해 생생하게 접할 수 있다.

부와 신분을 거머쥐는 가장 경제적인 방법?!

소설의 배경은 조지 3세^{George III, 1738~1820}가 왕위에 있고 그의 아들 섭정공(Prince Regent)이 실질적으로 통치하던 19세기 초 영국이다. 베넷 부부는 잉글랜드 남부 하트퍼드셔의 농장이 딸린 주택에서 다섯 딸과 함께 살고 있다. 큰딸 제인은 소문난 미인으로 착한 심성의 소유자이고, 막내 리디아는 허영기 가득한 철부지다. 주인공인 둘째 엘리자베스는 제인만큼 미인도 아니고 리디아만큼 애교가 넘치지도 않지만 그 시대에 드물게 자립적이고 자존심 강한 여인이다. 이 마을에 북부 잉글랜드 출신의 부유한 총각 빙리가 이사를 온다. 이후 빙리와 제인, 빙리의 친구 다아시와 엘리자베스 사이에 오해와 갈등이 반복되면서 사랑이 싹트는 이야기다.

소설의 첫 대목은 이렇게 시작한다. "재산깨나 있는 독신 남자에게 아내가 꼭 필요하다는 것은 누구나 인정하는 진리다. 이런 남자가 이사 오면 다들 그를 자기네 딸 가운데 하나가 차지해야 할 재산으로 여기게 마련이다." 빙리와 다아시가 큰 부자라고 소문이 난 터라 딸만 다섯을 둔 베넷 부인은 벌써 마음이 앞서간다.

소설에 묘사된 빙리의 재산은 10만 파운드이고 연 소득은 5,000파운드다. 베넷과 다아시의 연 소득은 각각 2,000파운드와 1만 파운드다. 토지에서 나오는 임대수익의 비율이 빙리의 경우와 같다고 가정하면 이들의 재산은 각각 4만 파운드와 20만 파운드다. 이 금액은 현재 가치로 어느 정도일까? 경제학자들이 시점 간 금액을 비교하는 가장 단순한 방법은 소비자물가지수 상승률을 이용해 계산하는 것이다. 다만 200년 전까지 거슬러 올라가는 물가지수는 존재하지 않기 때문에 환산은 매우 어렵다.

하지만 상대적 지위는 파악할 수 있다. 역사학자들은 당시 상위 1% 가구의 평균 재산을 10만 파운드로 추정하고 있다. 재산이 20만 파운드인 다아시는 상위 0.025%에 속하고 그보다 더 부유한 가구는 약 5,000가구뿐이었을 것이라고 한다. 빙리는 상위 1%이고 베넷 역시 이들만큼은 아니지만 상당히 넉넉한 재산을 보유하고 있다. 하지만 베넷의 토지와 주택은 베넷이 사망하면 아내와 딸이 아닌 먼 친척 조카인 윌리엄 콜린스 목사에게 상속되도록 '한정'돼 있다. 그래서 베넷 부인은 딸들을 부유한 집안에 시집보내는 데 더 혈안이다.

결혼……계급과 성별의 불평등이 만든 일생일대의 과업

한정상속*은 장자상속과 관련되지만 동일한 것은 아니다. 장자상속은 적법하게 태어난 맏아들에게 우선적으로 상속하는 것으로 중세 영국의 제도이고 〈오만과 편견〉이 쓰인 시대에는 법적 강제 사항이 아니었다. 하지만 이 시기에도 관행적으로 장자상속은 널리 퍼져 있었고, 유언을 통해 딸과 아들에게 유산을 고르게 상속하는 경우는 매우 드물었다. 이

• 한정상속은 재산을 물려줄 때 피상속인의 의사와 상관없이 다음 세대의 상속인을 미리 지정해놓는 것으로 몇 대가 내려가도 재산을 집안에 묶어두기 위한 조처다. 소설의 배경인 19세기 영국에는 '엔테일먼트(Entailment)'라 하여 남자만이 재산 상속을 받도록 하는 관행이 존재했다.

시기 영국에서 지위와 권력을 결정하는 가장 중요한 재산은 토지였다. 이 토지를 자손들에게 거듭해서 균등 상속하다보면 결국 작은 조각만 남게 되고, 대규모 토지 소유자의 지위를 상실하게 된다.

한정상속은 좀더 복잡하다. 당시에 모든 토지를 가장 가까운 남성 친척에게 물려줘야 하는 것도 아니었다. 다만 베넷이 소유한 토지는 선대에 그렇게 하도록 한정되었던 것이다. 베넷은 살아생전에 토지에서 나오는 수익을 마음대로 쓸 수 있지만 토지 자체는 매매하거나 상속할 수 없었다. 베넷 부부는 한정상속이 있더라도 아들을 낳으면 토지를 그 아들이 상속받기 때문에, 그 아들이 누이들을 돌볼 것으로 생각했다. 실제 그런 관행이 있었다. 하지만 아들 없이 딸만 낳았기 때문에 차질이 생긴 것이다.

이 소설을 좀더 즐기려면 당시 영국의 사회 계급구조에 대한 약간의 이해가 필요하다. 왕족 다음의 최상위 계급인 귀족은 공작에서 남작까지의 호칭을 부여받는다. 호칭은 장자에게 상속됐고, 아들이 없을 경우 이 호칭은 더는 쓸 수 없고 사라지게 된다. 귀족 아래에 젠트리(Gentry) 계층이 있었는데, 이들은 귀족과 마찬가지로 토지로부터 나오는 임대 수익에 의존해서 살았고 상업이나 노동에 종사하지 않는 계층이었다.

소설 속 베넷, 빙리, 다아시 가족은 비록 재산 규모는 천차만별이지만 모두 젠트리 계층이다. 엘리자베스를 못 마땅해 하는 다아시의 이모는 백작의 딸이다. 빙리의 여동생은 제인과 엘리자베스의 외가가 상업과 변호사 일에 종사한다는 것을 알고 멸시하는 마음을 감추지 않는다. 작가인 제인 오스틴은 부모가 모두 젠트리였기 때문에 이 계층의 삶에 익숙했고 주인공으로 삼았으리라 생각된다.

윌리엄 호가스, 〈계약 결혼〉, 1743년, 70×91cm, 캔버스에 유채, 내셔널 갤러리, 런던

18세기 영국의 풍속화가 윌리엄 호가스William Hogarth, 1697~1764는 결혼에 앞서 계약 조건을 협의하는 장면을 그렸다. 그림 왼쪽 푸른색 겉옷을 입은 남성이 신랑이고 그 옆의 여성이 신부다. 서로 무심하게 돌아앉아 있는 모습이 계약 결혼을 앞두고 있음을 암시한다. 신랑은 백작이지만 가난하고, 신부는 신분은 낮지만 부유한 상인의 여식이다. 결혼을 통해 돈과 신분을 거래하는 것이다. 신부에게 뭔가 조근 조근 설명하는 남자는 변호사다. 계약 결혼이 탈 없이 성립하려면 (성직자 보다는) 변호사의 도움이 중요했다. 오른쪽 테이블에 앉은 양가 집안사람들은 (백작의) 가계도가 그려진 그림과 계약서를 검토하고 있다. 시쳇말로 결혼으로 팔자를 고치려는 욕망은 오스틴 시대 영국에서 흔한 세태였지만, 지금도 크게 달라진 건 없다. 부유한 집안과 사돈을 맺고 싶은 소설 속 베넷 부인의 모습은 동서고금을 초월한다.

친언니 카산드라 오스틴
(Cassandra Austen, 1773~1845)이
1810년경에 그린 제인 오스틴의 초상화.
런던 내셔널 갤러리 소장.

<오만과 편견> 59장 중 아버지 베넷과 딸 엘리자베스가 등장하는 장면을 그린 삽화로, '제인 오스틴'이라는 저자명을 정식으로 새긴 초판본에 수록. 1833년 출판사 Pickering & Greatbatch에서 출간.

제인 오스틴은 1775년 영국 남부 햄프셔에서 태어난 소설가다. 그의 아버지 조지는 영국 국교회 목사였고, 어머니는 목사의 딸이었다. <오만과 편견>은 1797년 완성되어 제인의 아버지가 런던의 출판사에 보냈으나 거절당했고, 1811년 첫 발표작 <이성과 감성 : Sense and Sensibility>이 성공한 뒤 1813년이 돼서야 세상에 나올 수 있었다. 생전에 네 편의 소설을 익명으로 출간했고 사후에 두 권이 더 출간됐다. 제인 오스틴의 작품은 생전에도 인기가 높아 당시 영국 왕 조지 3세를 대신해 사실상 왕권을 행사한 섭정공의 초대를 받을 정도였다. 그의 작품은 시간이 갈수록 더욱 인기가 높아져 전 세계에 셀 수 없을 정도로 많이 팔렸고, 영화와 TV 드라마로 수없이 제작됐다. 국내에도 수십 종의 번역서가 나와 있다.

쇄국을 건너 쇄신으로?
제국주의로 가는 다리?

〈야코프의 천 번의 가을〉 : 데이비드 미첼

데이비드 미첼^{David Mitchell}의 소설 〈야코프의 천 번의 가을 : The Thousand Autumns of Jacob de Zoet〉(이하 〈가을〉)의 배경은 1799년 일본 나가사키 앞 작은 인공섬 데지마(出島)다. 데지마는 '바깥으로 향한 섬'이란 뜻으로, 당시 일본이 서양과 교역하던 유일한 접점인 네덜란드 동인도회사의 상관(商館)이었다. 무역선 셰년도어호를 타고 신임 상관장 위니코 포르스텐보스와 함께 온 야코프 더주트가 주인공이다. 더주트는 직무에 충실하고 꼼꼼하며 지적인 젊은 사무원으로 시작해서 상관장으로 승진해 5년간 예정됐던 임무를 훨씬 넘겨 18년간 일한다. 소설은 당시 실제 상관장이던 헨드릭 두프^{Hendrik Doeff, 1777~1835}를 모델로 했다.

포르투갈이 떠난 자리에 찾아온 네덜란드

이 소설은 상관에 근무하는 네덜란드인, 동인도회사와 거래하는 일본 상인, 양쪽을 연결하는 통역관, 배후에서 이들을 감시하고 통제하는 막부 권력자, 변화에 촉각을 곤두세우는 일본 지식인과 비밀 종교집단의 행보로 구성됐다. 무엇보다 이 책을 통해 쇄국 시기 일본이 네덜란드와의 교류로 어떻게 서양 세계로 나아갔는지를 생생하게 느낄 수 있다.

1497년 리스본에서 출발한 바스쿠 다 가마Vasco da Gama, 1469~1524가 아프리카 남단 희망봉을 돌아 인도 항로를 개척한 이래, 유라시아 대륙 남쪽의 해양 항로를 지배한 것은 포르투갈이었다. 이들은 함포를 앞세워 아프리카, 중동, 인도, 동남아 연안 항구를 정복하고 교역을 독점했다. 하지만 중앙집권화 국가인 중국과 일본에서는 이런 방식이 통하지 않자 현지 정부와 협력해 교역을 가능하게 했다. 데지마는 1579년부터 포르투갈인들과의 교역 창구로 출발했다. 하지만 포르투갈 선박에 실려 온 것은 물건만이 아니었다.

이베리아 반도의 가톨릭 선교사들은 일본에 들어와 적극적으로 포교 활동을 벌였다. 일본 내 가톨릭 신자가 급증하자 긴장한 막부 정권은 탄압에 나섰다. 1637년 가톨릭 교도를

소설의 주인공 야코프 더주트의 실제 모델인 동인도회사 상관장 헨드릭 두프. 이미지는 영국 출신 화가 찰스 H. 호지스(Charles H. Hodges, 1764~1837)가 그린 초상화의 흑백 인쇄물.

중심으로 일본 역사상 최초의 대규모 봉기인 '시마바라의 난'*이 벌어지자, 도쿠가와 막부는 기독교를 완전히 금지했다. 이 여파로 1639년 포르투갈인들은 추방됐고 교역도 금지됐다.

이 틈을 파고든 것이 네덜란드다. 16세기 말부터 종교에 대한 관용, 과학기술과 상거래 진흥을 추진한 저지대인들은 스페인으로부터의 독립과 공화국 수립을 선언한 뒤 급속히 부를 일궜다. 이들은 1602년 세계 최초의 주식회사로 평가받는 동인도회사를 설립하고 유라시아 해양 전체에서 포르투갈 및 스페인과 경쟁했다. 네덜란드인들은 '선교 없는' 교역을 내세워 막부를 설득했고 1641년 포르투갈이 떠난 데지마에 네덜란드 상관을 차렸다. 이후 일본의 유럽과의 교역은 네덜란드가 독점했다.

두 세계를 잇는 다리

데지마는 9,000제곱미터의 작은 인공섬으로 축구장보다 조금 더 큰 면적에 불과했다. 나가사키와는 짧은 '홀란드다리'로 연결됐다. 하지만 이 다리로 일본은 해외로 상품을 교역할 뿐 아니라 시대를 앞선 학문과 정보를 접하면서 그 중요성은 이루 말할 수 없을 정도였다. 〈가을〉의 주인

---

* 일본 규슈 북부 시마바라의 성주가 과도한 세금을 부과하고 혹독한 탄압을 일삼자 고통에 시달려온 농민들 가운데 가톨릭 교도들을 중심으로 일어난 봉기.

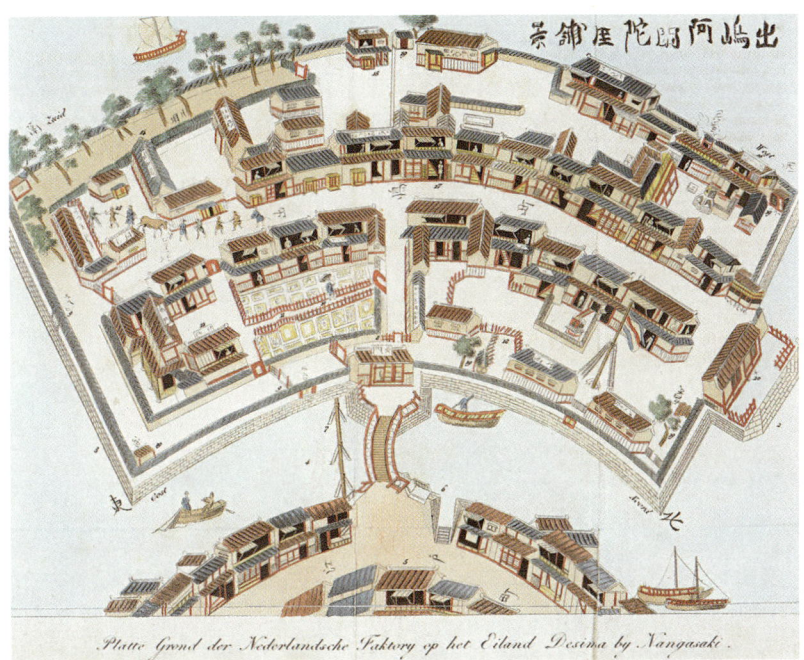

18세기경 일본에 주재했던 네덜란드 외교관 이삭 티칭(Issac Titsingh, 1745~1812)이 제작한 〈데지마섬 지도〉. 홀란드다리가 데지마섬과 나가사키를 연결하고 있다. 이미지 : 네덜란드 왕립도서관

  공 중 한 명인 통역관 오가와 우자에몬은 처음 데지마에 올 때 스승이 "이 다리는 두 세계 사이에 걸쳐 있으니 네가 건넌 것 중에서 가장 긴 다리다"라고 했던 가르침을 깊이 새겼다.

  네덜란드인들은 유럽의 신물품, 중국의 실크, 인도의 면직물 등을 일본에 수출했다. 그 대가로 일본인들로부터 칠기와 자기, 구리와 은 등을 샀다. 일본과의 교역은 수익성이 높아, 한때 동인도회사 총이익의 70% 이상이 일본과의 거래에서 나왔다고 한다. 특히 구리는 일본이 전 세계에 대량 공급할 수 있는 유일한 국가였기에 애덤 스미스[Adam Smith, 1723~1790]가 〈국부론 : The Wealth of Nations〉에서 일본산 구리의 영향을

와타나베 슈세키(渡辺秀石, 1639~1707), 〈데지마섬에서 네덜란드 상관의 일상〉, 133×406cm, 브리티시 뮤지엄, 런던

기술할 정도로 중요한 물품이었다. 구리의 주요 수입국은 상거래에서 구리 주화를 사용한 아시아 국가들이었는데, 네덜란드 동인도회사는 유럽-아시아 무역뿐 아니라 아시아 역내 무역에도 적극 참여했다.

도쿠가와 막부가 1715년 구리 수출을 제한하면서 구리 확보는 사활이 걸린 문제가 됐다. 〈가을〉은 일본으로부터 구리 수입량이 1790년 8,000피컬(Picul,* 약 480톤)에서 10년 만에 3,200피컬로 곤두박질친 상황에서, 신임 상관장 포르스텐보스가 나가사키 부교(행정을 담당하는 최고위직 중

---

* 중국이나 타이(태국) 등에서 쓰는 무게의 단위. 1피컬은 60킬로그램에 해당한다.

하나) 시로야마와의 대담한 담판을 통해 9,600피컬로 할당량을 늘리는 장면을 실감나게 묘사한다. 하지만 그는 본사에 이를 2,600피컬로 줄여서 보고하고 7,000피컬을 횡령한다. 부상관장으로 승진할 예정이던 더 주트는 이에 항의하다 승진이 취소된다.

실제로 각국의 동인도회사 직원들은 적은 봉급을 보충하거나 큰 재산을 형성하기 위해 회사 물품을 횡령하거나 회사에 손해를 끼치는 개인 거래를 거리낌 없이 했다. 1609년부터 동인도회사 공식 보고서에는 "선장, 선원 그리고 회사에 근무하는 모든 사람이 고용계약 조항을 위반하고 도자기와 칠기, 그 밖의 귀중품을 운반해서 매각하고 있다"는 경고가 등장하기도 했다.

'오랑캐 학문'에서 '홀란드 학문'이 되다

데지마와 나가사키를 연결하는 다리로 상품만 오간 것은 아니었다. 네덜란드인들이 선교를 내세우지 않았기에 막부는 데지마를 통해 발달한 서양 학문을 수입하더라도 위험한 기독교 사상이 유입되지 않으리라 기대했다. 에도 막부의 8대 쇼군 도쿠가와 요시무네德川吉宗, 1684~1751가 서양 서적의 수입 금지를 완화하면서 다양한 학문 분야의 도서들이 데지마를 통해 폭발적으로 전해졌다. 그 이유로 서양 학문을 가리키는 말이 '남만학'(南蠻學, 남쪽 오랑캐의 학문)에서 '난학'(蘭學, 홀란드 학문)으로 바뀌었고, 이를 연구하는 학자들은 '지란당'(芝蘭堂)이라는 학술 모임을 중심으로 정보를 교류했다.

난학 도입 초기에 특히 중요한 것은 의학이었다. 교역이 허용된 네덜란드인이라 해도 상관장과 부상관장이 아니면 데지마를 벗어나 일본에 발 딛는 일이 드물었다. 일본인 역시 통역사와 성노동자 등 제한된 인원만 데지마에 들어갈 수 있었다. 하지만 예외적으로 네덜란드 의사는 때때로 홀란드다리를 건너 일본 고위층의 진료에 참여했고, 일본인 의사도 데지마에 와서 의학을 배웠다. 〈가을〉의 여주인공 아이바가와 오리토는 산파로 정기적으로 데지마에 들어와 동인도회사 소속 의사 뤼카스 마리뉴스로부터 의학을 배웠다. (더주트, 오가와, 아이바가와 사이의 엇갈리는 애틋한 사랑 이야기는 지면 사정으로 아쉽지만 생략한다.)

소설에는 더주트가 마리뉴스를 따라 지란당 모임에 참석해 당대 최고의 난학자이자 해부학자 스기타 겐파쿠杉田玄白, 1733~1817의 회고를 듣는 장면이 있다. 스기타는 30년 전 어렵게 구한 네덜란드어로 쓰인 해부학 책 〈타펠 아나토미아 : Tafel Anatomia〉를 실제 인체와 대조해보고 싶었다. 그는 또 한 명의 난학자인 의사 마에노 료타쿠前野良沢, 1723~1803와 함께 막부의 허락을 받아 사형수를 직접 해부한다(마에노는 소설 속 오리토의 스승이기도 하다). 스기타는 인

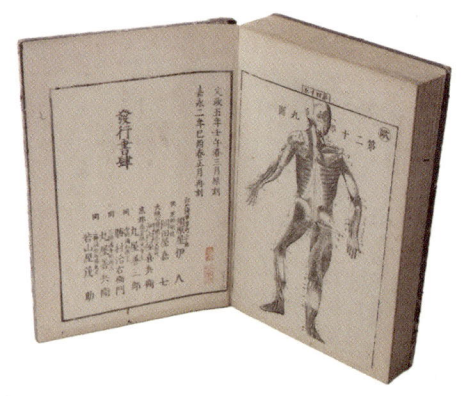

데지마와 나가사키를 연결하는 홀란드다리로 상품만 오간 것은 아니었다. 네덜란드인이 전파한 신학문을 일컫는 난학, 그 중에서도 특히 의학의 보급이 두드러졌다. 이미지는 당시 전파된 네덜란드어판 인체해부서 〈타펠 아나토미아〉를 근간으로 스기타 겐파쿠 등이 집필한 일본 최초의 해부학 서적 〈해체신서〉.

간의 육체가 음양오행설에 기반한 동양의학과는 전혀 다르고 〈타펠 아나토미아〉와 정확하게 일치하는 것에 적지 않은 충격을 받는다. 그리고 난학자들을 모아 번역에 착수해 일본 최초의 해부학서인 〈해체신서 : 解體新書〉를 발간한다.

막부 역시 데지마를 무역 창구로만 쓰지 않았다. 그들은 네덜란드에 교역을 허용하면서 매년 서양 정세를 집대성한 〈풍설서 : 風說書〉*를 작성해 보고하도록 요구했다. 1641년 처음 작성한 〈풍설서〉는 유럽 각국뿐 아니라 인도, 청나라, 미국의 정보도 기재돼 쇄국 기간 중 막부가 국외 사정을 파악하는 데 중요한 구실을 했다. 〈가을〉에는 〈풍설서〉를 소개하는 장면이 몇 차례 나오는데, 젊은 난학자 요시다 하야토는 지란당

---

* 사료편찬학자 마쓰카타 후유코(松方冬子)가 집필한 〈네덜란드 풍설서〉가 이새봄의 번역으로 출판사 빈서재에서 2023년 출간됐다.

강연에서 〈풍설서〉 정보를 인용해 "새로운 힘을 가진 기계들이 세계를 변화시키는데, 이를 얻지 못한 민족은 잘해야 인도인처럼 정복당하거나 최악의 경우 '반 디멘스 랜드(van Diemen's Land)'* 원주민처럼 절멸당할 것"이라며 일본의 쇄신과 식민지 건설을 촉구한다.

이 대목에서 '우리는?'이란 질문을 할 수밖에 없다. 우리는 19세기 후반 흥선대원군興宣大院君, 1820~1898의 쇄국정책을 비판적으로 바라보지만, 사실 이 시기에 이미 일본과의 격차는 뚜렷하게 벌어졌고, 열강의 틈에서 적극적이고 독자적인 개방과 발전을 도모하는 게 극히 어려운 상황이었다. 그래서 오히려 17세기 인조仁祖, 1595~1649와 효종孝宗, 1619~1659 때 청을 공격하고 명에 대한 의리를 지키겠다는 시대착오적인 북벌론부터 문제였다는 인식이 있다.

국제문제 대기자인 김영희가 대표적인데, 그는 1653년 일본으로 향하다 폭풍으로 조선에 표착해 억류됐던 네덜란드 동인도회사 직원 하멜Hendrik Hamel, 1630~1692과 그의 동료들에 주목해서 〈소설 하멜〉을 썼다. 선박과 총포의 제작에서 축성(築城)·천문·의학 등 다방면의 전문가들은 하늘이 내린 선물이었는데, 무능한 효종과 그의 신하들이 그 기회를 살리지 못했다는 내용이다. 〈가을〉과 〈소설 하멜〉을 같이 읽으며 네덜란드 동인도회사를 접한 조선과 일본의 모습을 비교하는 것은 가슴 아프지만 뜻 깊은 경험이다.

---

* 호주 대륙 남단에 있는 태즈메이니아섬의 과거 식민지 시절 명칭으로, 당시 이곳 탐험가들의 재정적 후원자였던 동인도회사 총독 앤서니 반 디멘(Anthony van Diemen, 1593~1645)의 이름을 따왔다.

〈야코프의 천 번의 가을〉 한국어판

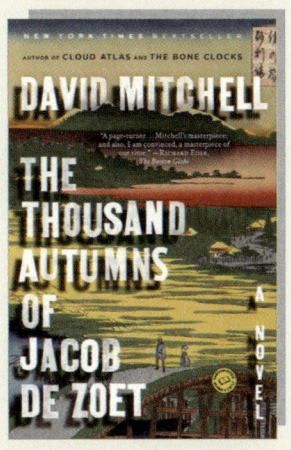
〈야코프의 천 번의 가을〉 영어판

데이비드 미첼은 영국인 소설가다. 1999년 <유령이 쓴 책 : Ghostwritten>으로 데뷔한 뒤 여덟 권의 베스트셀러 장편소설을 발표했다. <야코프의 천 번의 가을>은 2010년 출간됐고 2018년 송은주가 한국어로 번역했다. 이 책으로 영연방 작가상을 받았고, 맨부커상 후보에 올랐다. <뉴욕타임스 : New York Times>는 '올해의 책'으로 선정했다. 미첼은 <뉴욕타임스>가 2007년 선정한 세계에서 가장 영향력 있는 100인 중 한 명으로 뽑히기도 했다. 소설가로
데이비드 미첼

데뷔하기 전 8년간 일본 히로시마에서 영어를 가르쳤고, 일본인 아내와 살고 있다. 일본을 배경으로 한 미첼의 소설들이 현지 상황을 생생하게 담은 것은 이 경험을 기반으로 했다.

혁명시민은 어떻게 연금시민이 되었나

〈고리오 영감〉 : 오노레 드 발자크

〈고리오 영감 : Le Père Goriot〉의 작품 무대는 1819년 파리다. 프랑스혁명이 일어난 지 30년 된 해다. 그 사이에 많은 일이 있었다. 혁명 세력은 1793년 루이 16세Louis XVI, 1754~1793와 마리 앙투아네트Marie Antoinette, 1755~1793를 단두대에 세웠지만, 공안위원회를 앞세워 공포정치를 주도한 로베스피에르Maximilien De Robespierre, 1758~1794도 이듬해 단두대의 희생물이 됐다. 나폴레옹 보나파르트Napoléon Bonaparte, 1769~1821는 1799년 쿠데타로 집권하고 1804년 황제에 올랐다. 하지만 황제로 11년을 지낸 뒤 나폴레옹도 실각하고 유배에 처해졌다. 루이 18세Louis XVIII, 1755~1824가 즉위하면서 부르봉 왕정복고가 이뤄지고, 낡은 귀족 세력이 역사의 전면에 다시 등장했다. 하지만 혁명의 영향은 엄청났다. 혁명 구호인 자유 · 평등 · 박애는 프랑스의 공식 이념으로 자리 잡았고, 자유와 민주주의의 이상은 프랑스를 넘어 유럽과 전 세계에 큰 영향을 미쳤다. 신분이 아니라 경제적 힘이 사회의 가장 중요한 동력으로 작동하기 시작한 것이다. 그리고 오노레 드 발자크Honore de Balzac, 1799~1850는 그 시절 돈에 대한 집착을 노골적으로 드러낸 파리지앵들의 모습을 작심하고 그려냈다.

'경제력'이 계급이 된 시대

소설은 보케르 부인의 집에 하숙하는 사람들의 경제적 형편을 시시콜콜 소개하는 것으로 시작한다. 센강 서안에 위치한 40년 전통의 이 하숙집에서 가장 좋은 2층 방의 하숙비는 월 150프랑이다. 육군이던 남편과 사별한 쿠튀르 부인은 유족연금으로 생활하며 먼 친척인 빅토린 타유페르와 함께 머물고 있다. 3층에는 정체를 알 수 없는 사십 대 남자 보트랭이 매달 72프랑을 내며 살고 있다.

월 45프랑을 내고 4층의 작은 방에 사는 사람이 셋 있다. 나이 든 독신 여성 미쇼노는 과거 자식들에게 버림받은 노인을 돌봐준 대가로 매년 1,000프랑의 종신연금을 받는다. 남프랑스에서 유학 온 대학생 외젠 라스티냐크는 가족으로부터 매년 1,200프랑을 송금받고 있다. 연소득 3,000프랑으로 일곱 식구가 살아야 하는 외젠의 가족으로서는 큰 부담이 아닐 수 없다. 한때 부자였던 고리오 영감이 4층 비좁은 하숙방에 가난하게 사는 것은 모두에게 미스터리다.

외젠은 당시 많은 젊은이가 그랬듯이 학교를 졸업하고 성실히 살아가는 삶보다 부유한 여성을 만나 결혼해서 벼락부자가 되는 것에 더 끌린다. 먼 친척의 도움으로 사교계에 발을 들이고 백작 부인 아나스타지와 부유한 은행가의 아내 델핀에게 다가간다. 그리고 이들이 모두 고리오 영감의 딸임을 알고 큰 충격을 받는다.

혁명 전 국수공장 노동자였던 고리오는 혁명의 와중에 공장을 헐값에 인수한다. 이후 식량 부족으로 곡물가격이 폭등해 고리오는 큰돈을 벌지만, 귀족 출신이 아니었기에 혁명의 예봉을 피해갈 수 있었다. 하지만 시간은 흘러 부르봉 왕조가 다시 등장하면서 분위기는 바뀐다. 고리오는 사랑하는 두 딸의 신분 상승을 위해 각각 80만 프랑의 지참금으로 두 딸을 각각 귀족(전통 강자), 부르주아 은행가(신흥 강자)와 결혼시킨다. 자신은 매년 1만 프랑 정도의 연금을 받는 것에 만족하고 대부분의 재산을 딸들의 결혼을 위해 쓴 것이다. 심지어 그 연금도 딸들이 요구할 때마다 나눠주고 가난하게 산다. 하지만 혁명정부에서 잘나갔던 장인에 대해 사위들은 불편해하고, 딸들 역시 아버지와 거리를 두기 시작한다. 고리오 영감으로선 왕정복고 시대가 원망스럽다.

오노레 도미에, 〈고리오 영감〉, 1855년, 종이에 잉크 프랑스혁명과 부르주아의 득세로 귀족신분 세습의 중요성은 줄었지만, 상속을 통한 재산 세습은 매우 중요해졌다. 탈옥수 신분을 숨기고 사는 보트랭은 외젠에게 법대를 졸업해 법률가가 돼도 별 볼일 없다고 일장 훈시를 한다.

"고매하게 살면 연봉 1,000프랑에 감지덕지하면서 시골의 법률가로 시작할 거야. 서른에 연봉 1,200프랑의 법관이 될 거고, 마흔이 되면 매년 6,000프랑의 연금을 받는 여자랑 결혼할 수 있을 거야. 혹시 후원자라도 있으면 서른에 연봉 3,000프랑을 받는 검사가 되고 마흔에 검사장이 될 수도 있지. 그렇게 20년간 사는 동안 네 여동생들은 결혼도 못하고 노처녀가 될 걸. 게다가 검사장은 20만 명이 도전하지만 전국에 20명뿐이라고. 변호사는 쏠쏠한 장사지만, 연수입이 5만 프랑을 넘는 변호사는 파리에 다섯 명도 안 돼."

차라리 외젠을 짝사랑하는 빅토린을 잡으라고 한다. 자산가인 빅토린의 아버지가 아들에게 전 재산을 물려줄 생각이지만, 아들이 죽으면 빅토린에게 상속할 수밖에 없을 것이라며, 자신이 빅토린의 오빠를 죽여주겠다고 제안한다. 그리고 그 대가로 20만 프랑을 요구한다.

'연금'이라는 이름의 국채

프랑스 경제학자 토마 피케티^{Thomas Piketty}는 〈21세기 자본 : Capital in the Twenty-First Century〉에서 발자크가 묘사한 소득과 재산의 분배 및

상속재산의 중요성을 언급한다. 당시 프랑스 성인의 연평균 소득은 400~500프랑이었다. 하지만 극도로 불평등했던 그 시기에 안락하고 우아하게 하인을 두고 품위 있는 생활을 하려면 평균소득의 20~30배에 이르는 1만~2만 프랑이 필요했다. 이는 일해서 벌 수 있는 수준이 아니었다. 보트랭의 말대로 성실한 법관이 도달할 수 없는 세상이다. 하지만 100만 프랑을 상속받으면 5% 이자(또는 연금)만 받아도 연 5만 프랑을 벌 수 있다. 고리오 영감은 죽기 전 둘째 딸 델핀에게 파산 직전의 남편과 헤어져서 100만 프랑을 지키라고 설득하면서, 죽는 날까지 5만 프랑의 연금을 받을 수 있다고 권고한다.

이 소설은 '연금소설'이라 해도 될 만큼 당시의 연금을 상세히 묘사한다. 우리에게 익숙한 현대의 연금제도와 비슷한 부분도 있다. 쿠튀르 부인이나 전사한 장군의 아내 앙베르메닐 백작 부인이 받는 연금은 현대적 의미의 유족연금이다. 보트랭을 뒤쫓는 경찰이 하숙집 사람들에게 협조하면 공직자가 돼서 연금을 받을 수도 있다고 암시하는 것은 공무원의 퇴직연금(Pension de Retraite)에 해당된다.

하지만 소설 속에 가장 많이 등장하는 연금은 '국채(Government Bond)'에 가깝다. 프랑스 정부는 전쟁 비용과 왕실의 사치를 위해 필요한 막대한 자금을 조달하려 세금을 늘리거나 부유한 은행가로부터 대출받았지만 그것만으로 다 충족할 수 없었다. 그래서 국채를 발행했는데 그중에 원금을 상환하지 않고 매년 일정한 금액(이자라고 볼 수도 있고 연금이라고 볼 수도 있다)을 지급하는 것들이 있었다. 지급 기간이 영원한 것(Rente Perpétuelle)과 소유자의 사망 때까지 지급하는 것(Rentes Viagères)이 소설에 등장한다. 번역본에 따라 각각 다른데 현대적 의미로 하면 전자는 영구채, 후자는 종신연금으로 번역하는 것이 가장 이해하기 좋다. 민법이나 세법상 용어로는 무기정기금과 종신정기금으로 표현할 수도 있다.

종신연금은 소유자의 사망 시점까지 지급하기에 소유자의 연령이나 건강상태 등에 따라 차등 적용하는 것이 합리적이고, 매각이나 상속은 불가능하다. 사망 직전 건강

출판사 George Barrie & Son에서 출간한 1897년판 〈고리오 영감〉에 삽입된 일러스트. 마지막까지 돈을 뜯어내려는 딸들에게 여전히 딸 바보인 고리오 영감을 묘사했다.

한 이에게 넘기면 사실상 종신의 의미가 사라지기 때문이다. 반면 영구채는 매매와 상속의 대상이 되고, 영원히 연금을 지급하기 때문에 더 유리하다. 대신 그만큼 해마다 받는 연금액(또는 이자액)은 종신연금보다 낮게 책정된다.

마지막까지 돈을 뜯어내려는 딸들에게 여전히 딸 바보인 고리오 영감이 "내가 왜 나를 위해 종신연금을 매입했는가, 영구채였으면 딸들에게 줄 수 있었을 텐데"라고 탄식하는 장면에서 두 연금의 차이를 이해할 수 있다.

오노레 도미에, 〈작당모의하는 법률가들〉, 1855년, 16×12.7cm, 캔버스에 유채
필립스 컬렉션, 워싱턴 D.C

돈에 대한 집착이 강해진 18세기 프랑스 사회에서는 소득, 즉 경제력이 신분을 갈랐다. 가령 안정적인 연금 수령자는 법률가 같은 전문직보다 훨씬 인정받았다. 법률가라고 해서 모두 고소득이 보장되지 않았기 때문이다. 발자크의 〈고리오 영감〉에는 힘들게 법관이 되느니 차라리 막대한 재산 상속권이 있는 결혼상대자를 찾는 게 훨씬 유익하다는 대목이 나온다. 아무리 법률가라 해도 돈벌이가 시원찮으면 별 볼일 없는 건 그때나 지금이나 크게 다르지 않다. 돈 앞에서 법조윤리가 지켜질 리 만무한 까닭이다. 발자크가 경제적으로 무능한 법률가를 비하했다면, 화가 도미에Honoré Daumier, 1808~1879는 부도덕한 법률가를 신랄하게 풍자했다.

〈고리오 영감〉 한국어판　　　　〈고리오 영감〉 프랑스어판

오노레 드 발자크는 1799년 나폴레옹이 쿠데타를 일으키기 몇 달 전 프랑스 중서부 도시 투르에서 태어났다. 파리 소르본대학에서 법학을 공부하고 아버지의 친구 빅토르 파세가 운영하는 법률사무소에서 수습을 마친 뒤, 후계자가 되라는 파세의 권유를 거절하고 소설가의 길로 들어섰다. 1835년 출간한 〈고리오 영감〉은 발자크의 대표작으로, 90편이 넘는 그의 '인간 희극'(La Comédie Humaine) 연작 가운데 하나다. 발자크는 사실주의 문학의 대표 작가로, 인물과 사건의 치밀한 관찰과 세밀한 묘사는 전례 없는 수준이었다. 심지어 영국 작가 오스카 와일드Oscar Wilde, 1854~1900는 "우리가 아는 19세기는 대부분 발자크의 산물"이라며 감탄했다. 〈고리오 영감〉은 19세기 전반부 프랑스 사회와 경제를 이해하는 데 더할 나위 없이 좋은 역사소설이다. 카를 마르크스Karl Marx, 1818~1883는 발자크의 '인간 희극'에 심취해 비평서를 쓰고 싶어 했고, 엥겔스Friedrich Engels, 1820~1895는 "프랑스 역사와 사회에 대해서 모든 역사학자, 경제학자, 통계학자를 합친 것보다 발자크로부터 배운 게 더 많다"고 토로했다.

오노레 드 발자크

누가 그들의
감자를 삼켰나

〈슬픈 아일랜드〉 : 마리타 콘론-맥케너

〈슬픈 아일랜드 : Under the Hawthorn Tree〉는 아일랜드 남부의 작은 마을 더닌에 살던 오드리스콜 집안 삼 남매 이야기다. 큰딸 에일리는 십대 초반이고, 남동생 마이클은 아홉 살, 여동생 페기는 일곱 살이다. 더닌은 한때 마음씨 좋은 이웃들이 사는 아름다운 마을이었지만 지금은 모두 몸도 마음도 지쳐 거의 왕래조차 없다. 어느 날 에일리는 학교에서 수업을 진행하던 선생님이 책을 덮으며 "다들 집에 가서 어른들을 도와드려라"라고 하는 말씀을 듣고 두려움에 싸여 집으로 달려온다. 아빠는 머리를 감싸고 돌담 위에 앉아 있고 엄마는 온몸이 흙투성이가 된 채 밭에서 감자를 캐고 있다. 하지만 끔찍하게 썩은 냄새가 공기를 짓누르고 있다. 불길하고 음산한 역병이 온 마을을 휩쓸어 밭마다 썩은 감자가 땅에서 뒹굴었다.

'악마의 사과'라는 오명

아일랜드 역사상 가장 큰 비극이었고 이후 아일랜드 역사의 방향을 결정한 대기근(Great Famine, 1845~1852)이 절정에 달했던 1848년(아일랜드 사람들이 '블랙48'이라고 부르는 해다), 집에 식량이 떨어지자 아빠는 돈을 벌겠다고 공사판으로 나간 뒤 연락이 끊어진다. 사람들이 굶주림으로 면역력이 크게 떨어지자 이번에는 여러 전염병이 유행한다. 오드리스콜 가족의 막내딸 브리짓이 열병에 걸려 죽지만 이 아이의 마지막을 함께해줄 신부님은 앓아누워 있고 장의사도 얼마 전 죽어 장례를 치를 수조차 없다. 엄마는 슬픔 속에서 브리짓을 산사나무 아래(Under the Hawthorn Tree)에 묻어주고 아빠를 찾으러 나간다. 에일리, 마이클, 페기 삼 남매는 강제수용소에 들어가는 것을 피하기 위해 친척 할머니를 찾아 먼 길을 떠난다. 그리고 이들이 경험하고 목격한 이야기가 펼쳐진다.

감자는 만 년 전부터 남미에서 재배됐지만 16세기가 돼서야 스페인 정복자들에 의해 유럽에 전파됐다. 감자는 같은 면적에서 자란 다른 곡물에 비해 세 배의 열량이 있으며 영양소도 풍부했다. 게다가 험한 기후와 척박한 토양에서도 잘 자랐다. 하지만 초기 유럽인들은 땅 밑에서 자라는 감자를 '악마의 사과'라고 부르며 식용을 거부했다.

감자에 대한 거부감을 줄이기 위해 프랑스의 루이 16세[Louis XVI, 1754~1793]와 마리 앙투아네트[Marie Antoinette, 1755~1793]가 감자꽃을 그린 옷을 입기까지 했다. 16세기 이후 영국에 의한 정복과 뒤이은 반란 및 종교전쟁 등으로 유럽에서 가장 가난했던 아일랜드는 감자를 대규모로 경작한

빈센트 반 고흐, 〈감자 먹는 사람들〉, 1885년, 82×114cm, 캔버스에 유채, 반 고흐 미술관, 암스테르담

감자는 같은 면적에서 자란 다른 곡물에 비해 세 배의 열량이 있으며 영양소도 풍부했다. 게다가 아일랜드처럼 험한 기후와 척박한 토양에서도 잘 자랐다. 감자마름병이 세상을 덮쳐 온통 썩은 감자들이 나뒹굴 거라곤 누구도 상상할 수 없었다. 감자가 주식이었던 소작농들이 겪은 고통은 이루 헤아릴 수 없었다. 하지만 1845년에 발생한 아일랜드 대기근의 원인을 감자에 치중된 식량의존도와 감자마름병 만으로 돌리는 건 옳지 않다. 당시 아일랜드의 토지 대부분은 영국인 지주가 소유했고, 그들은 썩은 감자 이외의 모든 곡물마저 지대(地代)란 명목으로 본국으로 가져갔다. 결국 소작농들에게 남은 거라곤 썩은 감자와 소금뿐이었다. 역사에서 감자가 빈곤을 상징하는 작물이 된 까닭이다. 고흐 Vincent van Gogh, 1853~1890는 바로 그 빈곤의 시대를 외면하지 않고 캔버스에 옮겼다.

첫 지역이다. 18세기에 아일랜드인의 주식이 됐고 감자마름병이 아일랜드뿐 아니라 전 유럽에서 발생했지만 유독 아일랜드에서 피해가 심각했다.

피해를 면한 곡물마저 수탈해간 영국인 지주들

하지만 감자에 대한 높은 의존만으로 대기근을 다 설명할 수는 없다. 1800년 연합법에 의해 영국에 복속된 아일랜드는 영국 정부가 임명한 아일랜드 총독 치하에 있었다. 토지는 대부분 영국에 거주하는 영국계 부재(不在)지주가 소유했고 아일랜드인들은 영세 소작농이었다. 빈곤한 소작농들은 감자와 소금 외에는 먹을 것이 없었던 반면 이들로부터 걷은 소작료는 영국의 지주에게 보내졌고, 지주와 소작농 사이에는 지주의 대리인이 층층이 있어 중간관리자이자 중간 수탈자 역할을 했다. 이 소설에는 대기근이 발생한 뒤 중간관리자 시몬스가 오드리스콜 삼 남매에게 "영주님께서는 저주받은 땅을 떠나 영국으로 돌아가셨다. 이제 더 이상 소작은 없고 생계수단이 없는 이들은 모두 강제수용소로 보내라"는 명령을 받았다고 선언하는 대목이 나온다.

심지어 영국인들은 대기근 시기에 피해를 면한 곡물을 자국으로 실어 날랐다. 오드리스콜 삼 남매는 발라커베리 항구에서 곡물 자루들을 실은 수레가 군인들의 호위를 받으며 화물선으로 향하는 모습을 목격한다. 그때 한 남자가 "우리 동포들은 배를 곯으며 굶어 죽어가고 있는

아일랜드 더블린에 세워진 대기근 추모비.

데 아일랜드 땅에서 기른 곡식이 영국인들의 배를 채우러 외국으로 나가고 있다"고 울분에 차서 외친다. 호송 책임자는 "곡물은 돈을 받고 판 것이니 외국으로 보내도 문제없다"며 흩어지라고 명령하고 군인들이 곤봉을 휘두르지만 성난 군중은 물러나지 않고 싸움이 벌어진다. 18세기 식량부족기에는 아일랜드 정부가 상인들의 반대에도 불구하고 곡물 수출을 금지해 식량가격을 안정화시켰지만 대기근 시기에는 그렇게 하지 않았던 것이다.

역사의 비극은 외면한다고 사라지지 않아

〈슬픈 아일랜드〉는 이 책에서 다룬 마흔 편의 작품 중 유일하게 아이들을 위한 서사다. 이 동화는 전 세계 각계각층으로부터 높은 평가를 받았고 수많은 상을 수상했지만, 아이들의 처절한 고통을 다룬 탓에 선뜻 손이 가지 않았다. 많은 이들이 그렇듯 나 역시 아이들에게는 가급적 밝고 행복한 이야기를 들려줘야 한다고 생각했던 것 같다.

하지만 역사의 비극은 외면한다고 사라지지 않는다. 저자 마리타 콘론-맥케너 Marita Conlon-McKenna는 아일랜드의 가장 힘든 시절을 아일랜드 아이들이 소화할 수 있는 문체로 썼다. 그리고 아일랜드를 넘어 세계 여러 나라의 아이들에게도 읽히는 작품이 됐다. 나는 이 짧은 동화를 읽으면서 몇 번이나 '끙'하기도 했지만, 아이들은 물론 어른들에게도 소중한 메시지를 전하는 훌륭한 작품이라는 데 추호도 의심하지 않는다.

저자는 〈슬픈 아일랜드〉의 속편을 두 권 썼다. 〈들꽃 소녀 : Wildflower Girl〉와 〈고향의 들녘 : Fields of Home〉이라는 작품인데, 전편의 주인공 아이들이 미국으로 건너가는 이야기다. 대기근 전 아일랜드 인구는 800만 명을 웃돌았는데, 대기근으로 100여만 명이 죽고 100여만 명은 아일랜드를 떠났다. 전편이 100만 명에 대한 이야기라면, 두 권의 속편은 뒤의 100만 명을 그린 책이다. 속편들도 번역되기를 희망한다.

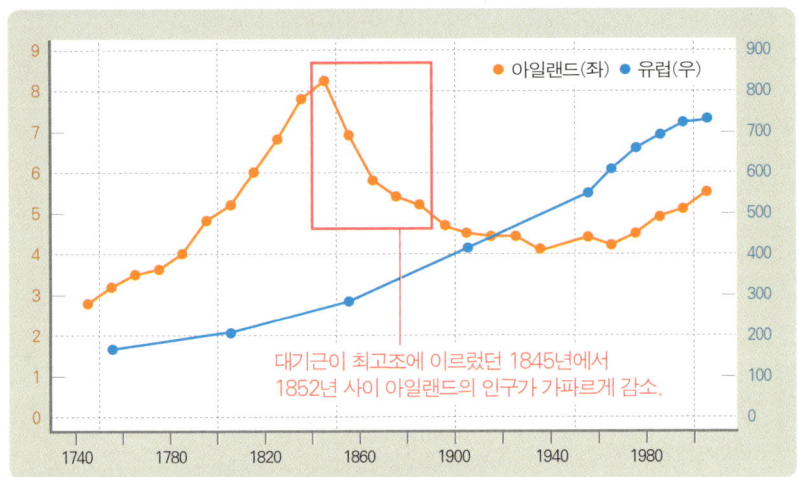

대기근 당시 아일랜드 인구 감소 추이   단위 : 백만 명

대기근이 최고조에 이르렀던 1845년에서 1852년 사이 아일랜드의 인구가 가파르게 감소.

대기근 당시 굶주림과 역병에서 살아남은 아일랜드인들은 너 나 할 것 없이 외국행 배에 몸을 실었다. 하지만 심하게 노후된 배들은 큰 파도에 좌초되기 일쑤였다. 심지어 배 안에 퍼진 전염병으로 100여만 명의 이주민 가운데 60%가 육지에 발도 디뎌보지 못하고 사망했다. 사람들은 아일랜드에서 온 배들을 가리켜 관선(棺船, Coffin Ship)이라 불렀다. 이미지는 미국 코네티컷주 햄덴 아일랜드 대기근 뮤지엄에 전시된 관선 조형물.

〈슬픈 아일랜드〉 한국어판　　　　　〈슬픈 아일랜드〉 영어판

마리타 콘론-맥케너는 1956년 아일랜드 더블린에서 태어난 소설가다. 어린이와 성인을 위한 작품을 스무 편 이상 썼다. 아일랜드에서 가장 사랑받는 작가 가운데 하나다. 어린 시절 입양되어 생부모에 대해서는 아무것도 알지 못하고 양부모의 사랑을 받으면서 자랐다. 그는 입양됐다는 사실이 자신을 소설가로 이끈 것 같다고 했다. 고등학교를 우수한 성적으로 졸업했지만 아버지가 뇌졸중으로 쓰러져 대학 진학을 미뤄야 했다. 이후 결혼과 출산이 이어졌지만 글쓰기에 관

마리타 콘론-맥케너

심이 있었던 마리타는 유니버시티 칼리지 더블린에서 문학 강좌를 들으며 습작에 몰두했다. 그리고 1990년 데뷔작 〈슬픈 아일랜드〉를 출간했다. 이 책은 즉각 베스트셀러가 됐고 10여 개국에서 번역·출간됐다. 한국어판은 2006년 이명연의 번역으로 원제인 '산사나무 아래에서'라는 제목으로 산하에서 출판됐고, 2013년 지금의 제목으로 개정판이 나왔다. 1999년 영국에서 4부작 미니시리즈로 제작해 방송되기도 했다. 마리타는 국제독서협회상과 아일랜드독서협회상을 비롯해 오스트리아와 프랑스의 아동문학상 등을 수상했다.

일확천금의 지경학

〈시스터스 브라더스〉: 패트릭 드윗

책을 펴기 전 표지만 봤을 땐 제목이 Sisters Brothers라서 형제와 자매가 잔뜩 나오는 소설이라 생각했다. 읽어보니 골드러시(Gold Rush)가 한창이던 1851년 미국 서부에서 활약한 시스터스 집안의 형제 찰리와 일라이 이야기였다.

'제독'이라 불리는 오리건시티의 악명 높은 범죄조직 두목은 시스터스 형제를 캘리포니아로 파견한다. 금 채굴꾼 허먼 커밋 웜을 찾아 '비법'(그것이 뭔지는 알려주지 않는다)을 알아낸 뒤 살해하라는 임무다. 시스터스 형제는 오리건뿐 아니라 미국 서부 전역에서 명성(혹은 악명)을 떨친 총잡이인데다, 제독이 파견한 정찰병 헨리 모리스가 웜의 일거수일투족을 감시해 이번 일은 누워서 떡 먹기만큼 쉬워 보인다. 형제는 티격태격하며 길을 떠나고 흥미진진한 모험이 펼쳐진다.

49ers의 터치다운 혹은 말뚝박기

골드러시는 1848년 1월 24일 캘리포니아 새크라멘토의 셔터스(Sutters) 제재소 인근에서 운영자 제임스 W. 마셜 James W. Marshall, 1810~1885이 금 조각을 발견하면서 시작됐다. 캘리포니아는 1821년 멕시코가 스페인에서 독립한 이래 멕시코 영토였지만, 1846년 시작된 미국과 멕시코의 전쟁으로 분쟁지역이 됐다. 수세에 몰린 멕시코는 1848년 2월 2일 과달루페이달고조약을 체결하고 캘리포니아, 네바다, 유타 등의 지역을 1,500만 달러에 미국에 넘겼다. 지금은 상상할 수 없는 헐값이지만 멕시코로서는 당시 영토의 절반 이상을 넘겨주는 굴욕적인 조약에 서명할 수밖에 없었다. 마셜이 금을 발견한 지 불과 일주일 지난 시점이라 역사의 장난처럼 보이기도 했다. 그리고 뒤이은 골드러시로 캘리포니아는 미국에서 가장 뜨거운 지역이 됐다.

찰리와 일라이, 웜과 모리스 외에 소설에는 다양한 인물이 등장한다. 수많은 금 채굴꾼은 물론이고 식품과 채굴장비 등 온갖 물품이 교환되는 교역소(Trading Post)의 상인, 호텔과 식당 직원, 매춘부, 의사, 마구간지기 심지어 중국인 광대까지. 이들은 모두 어디에서 온 걸까? 찰리와 일라이는 오리건시티에서 잭슨빌, 샌프란시스코로 이어지는 시스키유 트레일을 따라 이동한다. 골드러시에 처음 참여한 오리건준주(準州)*에서 온 채굴꾼들의 실제 이동 경로다.

---

* 주(州)의 자격에는 못 미치나 그에 비길 만한 행정구역. 오리건준주는 지금의 오리건·워싱턴·아이다호 주 전체와 와이오밍·몬태나 주의 일부에 해당한다.

제임스 K. 포크 James K. Polk, 1795~1849 대통령이 1848년 말 의회 연설에서 "캘리포니아에서 믿기 어려울 정도의 막대한 금이 발견됐다"고 확인한 뒤, 소문이 미국 전역은 물론 전 세계로 퍼져나갔다. 미국 동부에서 캘리포니아까지 이동하는 데만 6개월이 걸렸고 비용도 당시 노동자 평균 연봉의 절반 이상이 들었지만, 일확천금을 노리는 행렬은 막을 수 없었다. 1848년 불과 1,000명 남짓했던 샌프란시스코 인구는 1850년 2만5,000명에 이를 정도로 급증했다. 미국 전역과 남미, 유럽, 심지어 중국에서까지 몰려들었고, 이들은 '1849년 이주자'라는 뜻으로 '포티나이너스(49ers, Forty-niners)'라고 불렸다. 이는 샌프란시스코 프로미식축구팀 이름에 남아 있다.

전 세계 물가가 30%포인트 급등하다

골드러시로 인구가 급증한 캘리포니아는 1850년 미국의 정식 주로 승격됐지만, 여전히 행정력이 거의 미치지 못하는 무법천지에 가까웠다. 하지만 일확천금을 찾아 떠나는 사람들에게 이는 흠이 아니라 오히려 매력으로 다가왔다. 금광소유권·인허가료·세금 등의 제도는 존재하지 않았고, 멕시코 시절의 규칙이 적용됐다. 금광을 먼저 발견한 자는 말뚝을 박아 자신의 채굴지로 선언할 수 있었다(Staking a Claim). 권한은 채굴꾼이 본격적으로 채굴 작업을 하는 동안만 유지됐고, 그렇지 않은 경우 다른 채굴꾼이 금을 캘 수 있었다(Claim-Jumping). 소설에서 웜이 제독의

찰스 C. 나할(Charles C. Nahl, 1818~1878), 〈사금 채굴꾼들〉, 1851년, 137.7×169.8cm, 캔버스에 유채, 스미소니언 뮤지엄, 워싱턴D.C

지시를 거부하고 홀로 채굴 작업에 들어간 곳은 새크라멘토 동쪽 15킬로미터 떨어진 계곡 깊은 곳이다. 한국어판에는 "웜이 채굴권을 사놓은" 지역으로 번역됐는데, 산 것은 아니다. 작은 실수로 보인다.

1792년부터 1847년까지 55년간 미국에서 생산된 금은 총 37톤인데, 1849년 한 해에 캘리포니아에서 채굴된 금만 해도 이 규모를 훌쩍 뛰어넘었다. 이 시기 각국의 통화제도는 금은 같은 귀금속에 기반했기 때문에 캘리포니아와 뒤이은 오스트레일리아의 골드러시로 전 세계 물가가 전반적으로 올랐다. 1850~1855년 약 30%포인트 물가가 상승했다고 전해진다. 물론 골드러시의 핵심 캘리포니아의 물가 수준은 이보다 훨씬 높았다.

샌프란시스코 항구에서 일라이는 닭을 안고 쓰다듬으며 걷는 괴짜에게 캘리포니아의 작은 도시에서 매춘부한테 25달러나 줬다고 투덜댄다. 그러자 괴짜는 "샌프란시스코에서는 바에서 매춘부와 앉기만 해도 그 정도 돈을 내야하고, 한판 뛰려면 최소 100달러를 내야 한다"고 말한다. 당시 뉴욕 노동자 평균 일당이 1~2달러였음을 생각하면 엄청난 금액이다. 일라이는 금을 캐고 와서는 "고향에서는 50센트였으면 충분했을 고기와 감자, 아이스크림을 30달러를 내고 먹었다"면서, 캘리포니아에서는 절약과 합리적 소비의 전통이 사라졌다고 한탄한다.

소설 속 물가는 실제 수치에 부합한다. 〈뉴욕 헤럴드 : New York Herald〉 기자 출신으로 샌프란시스코 금 채굴에 뛰어들었던 에드워드 굴드 버펌 Edward Gould Buffum, 1820~1867은 저서 〈금광에서의 6개월 : Six Months in the Gold Mine〉에서 "빵, 치즈, 버터, 정어리와 맥주 두 병을 먹고 믿기 어렵겠지만 43달러를 냈다"고 기록했다. 현재 가치로 대략 150만 원이다. 포크 대통령은 앞의 연설에서 "캘리포니아의 넘쳐나는 금과 채굴 열망으로 물가가 전례 없는 수준으로 올랐다"고 우려를 표하기도 했다.

이런 상황에서 일상적인 업무는 마비됐다. 샌프란시스코 항구에 정박한 배에서 오랫동안 화물이 내려지지 않고 방치된 것을 보고 일라이가 궁금해 하자, "강 속에 금이 가득하다고 생각하는데, 누가 하루 1달러를

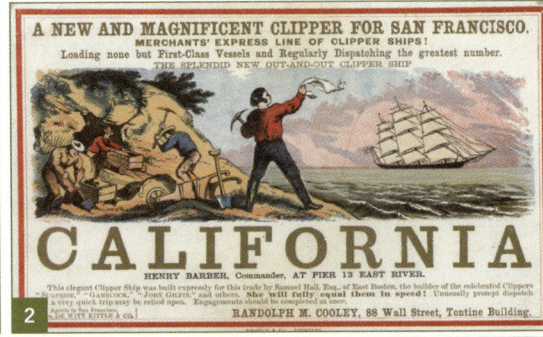

1849년 골드러시가 절정에 이르자 샌프란시스코 항구에는 500척이 넘는 선박이 몰려들며 '돛대의 숲'이라는 별칭이 붙었다. 하지만 선원과 하역인부들은 금광을 찾아 떠났고, 수많은 선박이 그대로 버려졌다. 일부 배는 창고나 술집으로 개조되었지만, 상당수는 갯벌 속으로 가라앉았다. 골드러시로 샌프란시스코 인구가 급속도로 증가하면서 더 많은 부지를 확보하기 위해 해안선을 메웠기 때문이다. 1993년 샌프란시스코 현대미술관 건설 중에 골드러시 시절 수상술집으로 활용된 것으로 추정되는 유헤미아(Euphemia)호의 잔해가 발견되기도 했다.

이미지는 ① 제임스 W. 마셜이 금 조각을 발견하며 골드러시가 시작된 셔터스 제재소 ② 골드러시 당시 채굴꾼 모집 광고 포스터 ③ '돛대의 숲'으로 바뀐 샌프란시스코 항구 ④ 골드러시 시절 수상술집으로 활용된 것으로 추정되는 유헤미아호 잔해.

받고 밀가루를 내리겠어요. 다 금 캐러 뛰쳐나가지"라는 답변이 돌아온다. 앞서 최초로 금이 발견된 셔터스 제재소의 경우, 직원들이 모두 금을 캐겠다고 그만두는 바람에 문을 닫았다.

채굴꾼을 채굴하는 사업이 더 짭짤했다!

소설 속 채굴꾼들은 금을 발견하지 못하거나, 채굴한 뒤에도 흥청망청 낭비하거나 총잡이들에게 뺏기는 통에 대부분 일확천금의 꿈을 실현하지 못한다. 실제로도 금을 채굴하는 것보다 '채굴꾼들을 채굴하는'(mine the miners) 사업이 더 수지가 맞았다. 리바이 스트라우스 Levi Strauss, 1829~1902가 광부들에게 팔던 거친 바지는 리바이스 청바지가 됐고, 채굴장비를 나르는 손수레를 만들어 팔던 존 M. 스튜드베이커 John M. Studebaker, 1833~1917는 미국 최대의 자동차 왕국을 일구었다. 채굴꾼들에게 돈을 빌려주던 헨리 웰스 Henry Wells, 1805~1878와 윌리엄 G. 파고 William G. Fargo, 1818~1881의 대부사업은 세계적인 웰스-파고은행의 모태가 됐다.

〈시스터스 브라더스〉는 본격적으로 경제와 금융을 다룬 소설은 아니다. 오히려 거친 서부 개척기의 전통적인 웨스턴 소설과 영화의 문법을 충실히 따르면서도 유머를 잃지 않는 작품이다. 경제사 책보다 훨씬 더 실감 나면서도 재미있게 골드러시의 시대상을 보여준다.

 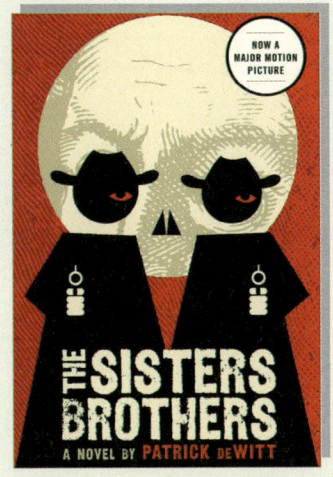

〈시스터스 브라더스〉 한국어판 표지　　〈시스터스 브라더스〉 영어판 표지

패트릭 드윗Patrick de Witt은 1975년 캐나다 밴쿠버에서 태어난, 특이한 이력의 소설가다. 독서광인 목수 아버지와 책에 대해 이야기하면서 작가의 꿈을 키웠다. 학교생활에 잘 적응하지 못해 고등학교를 중퇴하고, 바텐더와 공사판 노동자로 생활하다 2009년 소설가로 데뷔한 뒤 다섯 권의 소설을 냈다. 드윗의 삶에서 드러나듯이, 힘든 시절의 경험이 소설을 쓰는 데 도움이 되는 것 같다. 소설가도 유명 대학 출신들이 두각을 나타내는 시대에 반가운 예외가 아닐 수 없다.

패트릭 드윗

2011년 출간한 두 번째 작품 〈시스터스 브라더스〉가 대표작이다. 캐나다의 가장 권위 있는 문학상인 총독문학상(아직 캐나다에는 영국 왕이 임명하는 총독이 존재한다)을 포함해 캐나다의 여러 문학상을 휩쓸었고, 영국의 부커상 최종 후보에 올랐다. 대중적으로도 인기가 높아 2011년 캐나다에서 가장 많이 팔린 소설이다. 2018년 자크 오디아르Jacques Audiard가 영화로 만들어 베니스영화제 감독상을 받았다. 국내에는 김시현 번역으로 문학동네에서 2019년 출간됐다.

나는 고발한다,
부패한 돈과 그 탐욕자들을

〈돈〉 : 에밀 졸라

프랑스 제2제정은 1852년부터 1870년까지 18년간 지속됐다. 샤를-루이-나폴레옹 보나파르트*Charles-Louis-Napoléon Bonaparte, 1808~1873는 1848년 2월 혁명과 함께 제2공화정 대통령으로 선출된 뒤 1851년 친위 쿠데타를 통해 의회를 해산하고 독재에 가까운 권한을 스스로 부여했다. 이듬해에는 아예 공화정을 폐지하고 제정을 수립해 나폴레옹 3세로 즉위했다. 제2제정은 정치적 반동과 외교적 실패로 점철됐지만 철도 건설, 무역 촉진, 금융 근대화 등으로 경제는 활기차게 성장했다.

에밀 졸라Émile Zola, 1840~1902의 루공-마카르(Les Rougon-Macquart) 총서는 총

---

* 나폴레옹 1세Napoléon I, 1769~1821의 조카이자 손자(의붓딸의 아들)로, 친족 간의 근친혼으로 인해 가족 관계가 복잡하다.

스무 권의 소설로 구성된 작품집이다. 부제 '제2제정 시대 한 가족의 자연사 및 사회사'에서 짐작할 수 있듯, 루공 집안과 마카르 집안의 후손들을 중심으로 이 시대의 사회경제적 특징을 다양한 측면에서 조망하고 있다. 총서를 구성하는 각각의 소설이 서로 간에 사건과 인물의 연속성이 있어 하나의 거대한 작품으로 볼 수도 있지만, 저마다 완결 구조를 띠어서 독립된 작품으로 읽을 수도 있다. 그 가운데 총서 제18권 〈돈 : L'Argent〉은 1864년부터 1869년까지 파리 은행과 증권가를 무대로 투기와 금융사기를 샅샅이 파헤친다.

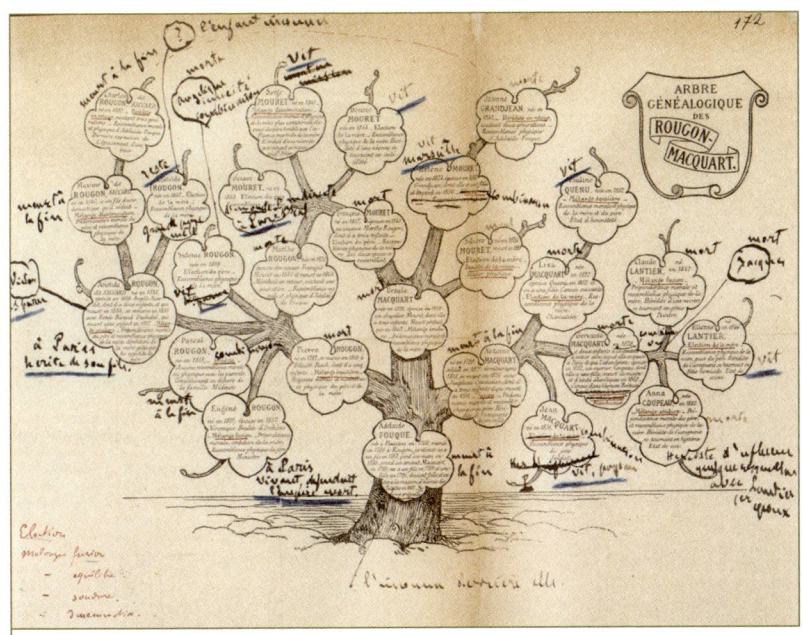

에밀 졸라는 루공-마카르 총서를 구상하는 동안 다윈(Charles Darwin, 1809~1882)의 〈종의 기원 : On the Origin of Species by Means of Natural Selection〉에 많은 영향을 받았다. 그는 소설을 쓰는 내내 인간의 유전과 혈통이 서로 어떤 영향을 미치며 사회를 형성하는지 고심했다. 특히 루공-마카르 집안의 가계도(계통수)를 직접 그려가며 총서에 등장하는 인물들의 관계를 정리하기도 했다.

19세기 파리에서도 시세조종과 가장납입이……

주인공 아리스티드 사카르는 한때 잘나가던 자산가로 모두가 만나고 싶어 하는 인물이었다. 하지만 부동산 투기 실패로 전 재산을 날린 뒤에는 증권거래소 앞 단골 레스토랑에 가도 무시당하기 일쑤다. 심지어 1851년 쿠데타 주역 중 한 명이자 실세 장관인 그의 형 위젠 루공은 사카르가 파산하자 공개적으로 동생과의 관계를 끊겠다고 다짐한다. 형제가 성이 다른 것도 위젠이 동생 때문에 자기 명성에 누가 될 것을 우려해 이름에서 루공을 빼라고 요구했기 때문이다. 사카르가 또다시 도움을 요청하자 루공은 국외 식민지에 자리를 만들어주겠다고 제안한다. 말썽쟁이 동생을 국외로 내보낼 생각이다. 하지만 파리에서 재기하고 싶은 사카르는 불같이 화내며 형을 저주한다.

절치부심하던 사카르는 오랫동안 중동 지방에서 활동하다 귀국한 엔지니어 조르주 아믈랭에게서 이 지역에 철도·도로·운하를 건설할 아이디어가 있다는 얘기를 듣고 기회가 왔다고 판단한다. 실제로 당시 유럽은 수에즈운하 건설 소식에 열광하던 때였다. 그는 이 프로젝트에 자금을 댈 만국은행(3년 뒤 개최될 파리 만국박람회에서 이름을 딴 것이다)을 설립해서 파리 증권거래소를 통해 큰돈을 벌 계획을 세우고 다시 한 번 금융가로 뛰어든다.

사카르가 은행을 설립하고 주가를 부양하는 과정에서 정상적인 방법만 쓴 것은 아니다. 500프랑짜리 주식 5만 주를 발행해 자본금 2,500만 프랑의 은행을 설립하는데, 5만 주가 모두 인수되지 않았음에도 명의를

풍자화가 도미에는 석판화 〈파리 증권거래소 장식을 위한 석상 도안〉에서 파리 증권거래소(Bourse de Paris) 건물 양쪽에 거대한 석상을 세울 것을 구상해 그렸다. 한쪽은 탐욕스러운 배불뚝이 석상이 서 있고, 그 반대편에는 삐쩍 마른 사내 모습을 한 석상이 세워져 있다. 하루아침에 벼락부자가 됐다가 벼락거지 신세로 전락하는 일이 대수롭지 않게 일어나는 증권거래소의 모습을 비꼰 것이다. 미국 워싱턴 D.C에 있는 내셔널 아트 갤러리 소장.

빌린 허위 인수자를 내세워 전체 주식이 인수된 것으로 꾸민다. 아믈랭의 누이 카롤린 부인이 오빠를 걱정해 불법임을 지적하고 만류하지만 사카르는 "불법이더라도 이는 모두 회사에서 벌어지는 일"이라며 "인수가 완료될 때까지 기다릴 수 없다"고 밀어붙인다. 이후에도 증자할 때마다 모든 주식이 다 인수되고 대금이 입금 완료됐다고 거짓으로 신고한다. 요즘에도 심심치 않게 등장하는 '가장납입'이라고 하는 범죄행

113

위다. 또 주가를 억지로 부양하기 위해 매도 주문이 나올 때마다 가명으로 사들여서 만국은행 주식에 대한 매수세가 크다는 것을 시장에 유포한다. 현재는 시세조종으로 금지하는 행위이지만 당시에는 불법이 아니었던 것 같다. 또 이 모든 것을 은폐하기 위한 회계 조작을 일삼고, 심지어 신문사를 인수해 과장된 기사를 수시로 살포한다.

현물보다 선물, 주가 하락에 '베팅'

뉴욕이나 런던의 증권시장만큼 국내에 잘 알려지지는 않았지만 파리의 증권시장도 역사가 오래된 선진 시장이다. 파리 증권거래소는 1802년 나폴레옹 1세의 칙령에 의해 설립됐고, 1807년 제정된 상법에 따라 법적 기반과 절차가 확립됐다. 이 밖에도 아무런 규제를 받지 않는 장외시장 거래도 활발했다. 국채와 주요 기업 증권을 중개하는 것은 거래소에 등록된 중개인들만 할 수 있었는데, 파리 증권거래소는 등록 중개인을 60명으로 한정하고 엄격히 관리했다.

소설에는 파리 증권거래소와 장외시장, 은행, 금융전문 신문 등에서 활동하는 인물들의 모습이 생생하게 그려져 있다. 마조는 32살의 등록 중개인인데 그의 사무실은 많은 직원을 두고 '현물거래실'과 '선물거래실'을 따로 둘 정도로 규모가 크고 전문적이다. 개인에게 자격이 부여되기 때문에 중개인이라고 불렸지만, 등록 중개인은 사실상 오늘날의 증권회사에 가깝다고 볼 수 있다. 공인된 중개인들과 투자자들을 연결해

주고 수수료를 받는 마시아와 같은 하급 중개인도 있고, 심지어 파산한 기업과 개인의 주식과 차용증을 헐값에 사들여 가혹하게 추심하는 뷔슈와 메솅 같은 악당도 있다.

사카르와 부딪히는 경쟁자는 은행왕이자 거래소를 지배하는 유대인 군데르만이다. 1866년 프로이센-오스트리아 전쟁으로 주식시장은 얼어붙었다. 자도바 전투에서 패한 오스트리아가 프로이센에 설욕하기 위해 더 많은 병력을 모으고 있다는 소문이 퍼진다. 군데르만을 위시한 많은 투자자는 전쟁이 더욱 가열차게 지속되리라 예측하고 주가 하락에 거액을 베팅한다. 주가가 속절없이 하락하던 어느 날 사카르는 국회의원 위레로부터 곧 휴전된다는 극비 외교 정보를 획득한다. 둘은 아무에게도 내색하지 않고 미친 듯이 주가 상승에 돈을 건다. 며칠 뒤 휴전 소식이 알려지면서 주가가 치솟아 군데르만은 무려 800만 프랑의 손실을 입었는데, 그 돈의 대부분은 사카르, 위레와 만국은행 주주들에게 흘러들어 간다. 이후 군데르만이 만국은행에 문제가 있음을 눈치 채고 주가 하락에 승부를 걸면서 다시 한 번 둘 사이에 사생결단의 싸움이 벌어진다.

이 시기 투자자들은 어떤 방법으로 주가 하락에 투자할 수 있었을까? 흥미롭게도 당시 파리 증권거래소는 현물시장보다 선물시장이 더 발달해 있었다. 현물시장에서는 거래 체결 직후 주식과 현금이 교환되고 결제가 완료되지만, 선물시장에서는 거래 뒤 일정한 날짜(매월 15일과 말일 두 번)에 결제가 이뤄진다. 주가 하락을 점치는 투자자는 미리 선물시장에서 일정한 금액으로 주식을 매도하고 결제일에 주가가 하락하면 현물시장에서 낮은 가격에 주식을 매입해 선물시장에서 약정한 높은 가격으로 매도해 이익을 낼 수 있다. 물론 예상과 달리 주가가 오르면 손실을 보게 된다.

위니옹제네랄은행의 파산을 모델로 쓰다

사카르는 은행을 설립할 때부터 파산 이후까지 지속해서 가톨릭의 강화를 주장하며 군데르만으로 대표되는 유대 금융인들에 대한 적대감을 감추지 않는다. "유대인은 조국도 국왕도 없는 저주받은 종족이며, 절도와 피와 분노의 신을 섬기고 기생충처럼 살아가며 황금의 힘으로 세계를 정복하려 한다"고 비난한다. 금융시장을 지배한 유대인을 비난하는 정서는 셰익스피어 William Shakespeare, 1564~1616의 〈베니스의 상인 : The Merchant of Venice〉에서 보듯 오래 전부터 널리 퍼져 있었던 현상이다.

특히 졸라가 소설을 준비하면서 위니옹제네랄은행(Union Générale Banque)의 1882년 파산을 취재한 영향도 있었다. 위니옹제네랄은행은 1875년 가톨릭계 왕당파 주도로 설립되어 7년 뒤 파산했고, 그것 때문에 파리 증권거래소가 붕괴 직전까지 갔다. 은행장이었던 폴 E. 봉투 Paul E.Bontoux, 1820~1904가 유대인의 계략 때문에 파산했다는 음모론을 강력히 제기했지만, 실제로는 지나치게 위험한 투자와 회계 사기가 파산 원인이었고, 봉투는 5년형에 처해졌다(소설 속 사카르 역시 5년형을 받는다).

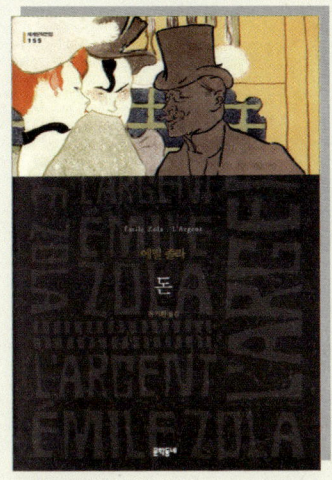 

〈돈〉한국어판　　　　　　　갈리마르 출판사에서 펴낸 〈돈〉 프랑스판

에밀 졸라

에밀 졸라는 1840년 파리에서 태어난 프랑스의 대표적인 작가다. 제2제정 시대를 그린 그의 대표작 루공—마카르 총서는 부르봉 왕정복고(1815~1830)와 7월 왕정(1830~1848)을 배경으로 한 발자크 Honore de Balzac, 1799~1850의 인간희극 총서로부터 큰 영향을 받았다. 루공—마카르 총서는 <루공가의 행운 : La Fortune des Rougon>(1871)을 효시로 <파스칼 박사 : Le Docteur Pascal>(1893)에서 대단원의 막을 내린다. <목로주점 : L'Assommoir>(1877), <나나 : Nana>(1880), <제르미날 : Germinal>(1885) 등 유명 작품이 모두 이 시리즈에 포함됐다. <돈>은 문예지 <질 블라 : Gil Blas>에 연재한 뒤 1891년 출간됐다. 국내에는 유기환의 번역으로 2017년 문학동네에서 나왔다. 유럽에서 여러 차례 영화 및 TV와 라디오 드라마, 연극으로 각색된 바 있다. 졸라는 소설 이외에 억울하게 간첩으로 몰린 유대인 알프레드 드레퓌스 Alfred Dreyfus, 1859~1935를 옹호한 기고문 '나는 고발한다 : J'Accuse'(1898)로 세계적 명성을 얻었으며 1902년 사망해 파리 판테온에 안장됐다.

추악한 '전류 전쟁'과
에디슨의 '이유 있는 연패'

〈밤의 마지막 날들〉 : 그레이엄 무어

기업들 간의 경쟁은 자본주의의 숙명과도 같다. 하지만 1888~1896년 미국에서 벌어진 '전류 전쟁(Current Wars)'만큼 극적인 사례는 역사적으로 찾아보기 힘들다. 개별 상품이 아니라 발전과 송·배전부터 가정과 공장의 전기 활용까지 미국 경제와 사회를 완전히 뒤엎은 거대한 싸움이었다. 승자는 미래의 지배자가 되는 것이다.

등장인물도 초호화판이었다. 발명왕 토머스 A.에디슨^{Thomas A. Edison, 1847~1931}은 모두가 다 아는 인물로 당시에는 마법사로 생각될 정도였다. 상대인 조지 웨스팅하우스^{George Westinghouse, 1846~1914}는 스물두 살의 어린 나이에 공기 브레이크를 발명해 철도 시스템을 혁신한 천재였다. 니콜라 테슬라^{Nikola Tesla, 1856~1943}는 한동안 잊혔지만 2003년 이후 그의 이름을 딴 주식회사 테슬라가 세계 전기차 시장을 주도하면서 지금은 테슬라를 모르는 사람이 없다. 1980년 이래 최근까지 퍼스널 컴퓨터의 하드웨어와 소프트웨어에서 인터넷과 모바일 컴퓨팅에 이르는 정보기술(IT) 혁명의 승자가 되기 위해 싸웠던 애플의 스티브 잡스$^{Steve\ Jobs,\ 1955~2011}$와 마이크로소프트의 빌 게이츠$^{Bill\ Gates}$의 경쟁도 여기에는 미치지 못할 정도다.

전쟁의 승자는 뜻밖에도 변호사?

그레이엄 무어$^{Graham\ Moore}$의 장편소설 〈밤의 마지막 날들 : The Last Days of Night〉은 치열했던 전류 전쟁을 생생하게 되살려냈는데, 흥미롭게도 주인공은 천재 발명가들이 아니라 이십 대의 햇병아리 변호사 폴 D. 크라배스$^{Paul\ D.\ Cravath,\ 1861~1940}$다. 전류 전쟁이 특허를 둘러싼 법률 전쟁으로 진행된 것도 이유이고, 다른 한편 크라배스도 법률 서비스 산업을 혁신한 천재였기 때문이다(물론 그는 에디슨, 웨스팅하우스, 테슬라와는 완전히 다른 유형의 천재였다).

1886년 컬럼비아대학 로스쿨을 졸업한 크라배스는 뉴욕시의 저명한 변호사 월터 카터$^{Walter\ Carter,\ 1823~1897}$의 도제(Apprentice)로 선발돼 훈련받고 카터-휴스-크라배스 법률사무소의 파트너로 변호사 일을 시작한다. 하지만 다른 파트너들이 활약하는 동안 크라배스는 단 한 명의 고객도 끌어오지 못해 낙담한다. 심지어 크라배스보다 한 살 어린 찰스 에번스 휴스$^{Charles\ Evans\ Hughes,\ 1862~1948}$가 대형 철도회사를 상대로 하는 소송을 맡으면서 자존심에 상처를 받는다(휴스는 이후 뉴욕 주지사와 국무장관 및 대법원장을 역임했고, 우드로 윌슨Woodrow Wilson, 1856~1924을 상대로 대통령선거에 나서기까지 한 인물이다).

어느 날 크라배스는 피츠버그 외곽의 웨스팅하우스 저택에 초대받아 기차를 타고 방문한다. 웨스팅하우스 개인의 전용 열차일 뿐 아니라 역에서 집까지 10킬로미터 가까이 연결된 철도 자체도 그의 전용 노선일 정도로 웨스팅하우스는 갑부다. 웨스팅하우스는 에디슨과의 소송에 맞서기 위해 크라배스를 변호사로 선임하고 "에디슨의 악랄함을 과소평가하지 말라"고 경고한다. 첫 고객이 거대 기업이니만큼 그는 뉴욕의 법조계와 월스트리트에서 단연 화제의 인물이 된다.

전구를 둘러싼 경쟁이 격화하자 에디슨은 웨스팅하우스가 자신의 특허권을 침해했다며 전방위적으로 소송을 제기한다. 웨스팅하우스의 회사와 자회사는 물론이고 거래처들까지 망라한 312건의 소송에 금액이 무려 10억 달러다. 크라배스는 웨스팅하우스로 하여금 윌리엄 소여William E. Sawyer, 1850~1883와 앨본 맨Albon Man, 1826~1905으로부터 구입한 별도의 전구 특허를 이용해 에디슨을 맞고소하도록 한다. 다른 한편 에디슨과 웨스팅하우스가 협력하면 상호 이득이 될 것이라며 타협을 제안한다.

하지만 에디슨은 눈도 끔쩍하지 않는다. 자신의 기술이 더 우월하다 생각하고, 회사 규모도 열 배나 더 크기 때문이다. 게다가 금융왕 J.P. 모건John Pierpont Morgan, 1837~1913의 전폭적인 지원도 든든하다(모건은 에디슨 회사의 지분 60%를 소유한 최대 주주였다).

금융과 여론까지 총동원된 싸움

크라배스는 동유럽 출신의 또 다른 천재 발명가 니콜라 테슬라에 대한 소문을 듣게 된다. 에디슨의 회사에서 근무하다 의견 충돌로 모욕을 받고 쫓겨났다는 것이다. '에디슨의 적은 누구나 웨스팅하우스의 친구'라는 생각으로 테슬라를 찾아 나선다. 그리고 미국 전기학회 주최로 개최된 특별 강연에서 테슬라가 '교류 체계'를 발표하는 것을 듣고 그를 영입한다. 그간 공상처럼 여겨졌던 교류 시스템이 테슬라에 의해 현실화한 것이다. 특허 분야의 전설적 변호사 레뮤얼 W. 세릴Lemuel W. Serrell, 1829~1899이 테슬라를 대신해 계약하는데, 7만 달러를 선지급하고 웨스팅하우스가 테슬라의 기술을 이용해 판매한 모든 기계에 대해 1마력당 2달러50센트를 추가 지급하는 조건이다.

이제 싸움은 '전구 특허' 문제에서 '직류와 교류라는 전기 시스템 전체'로 확대된다. 직류 체계의 선두 주자였던 에디슨은 테슬라-웨스팅하우스 진영의 교류 체계를 죽이기 위해서 이번엔 특허가 아닌 여론과 금융을 동원한다. 회사 주식으로 신문사 사주들을 매수해 "교류는 대중을 갑작스러운 죽음으로 내모는 위험천만한 기술인데도 안전보다 돈을 더 중시하는 가증스러운 기업이 이를 채택했다"고 웨스팅하우스를 비난하는 논설로 모든 신문을 도배한다. 심지어 공포를 극대화하기 위해 정치인들을 회유해 웨스팅하우스에서 제작한 교류 발전기를 사형 도구로 사용하도록 한다.

직류에 비해 기술적으로 우월한 교류 시스템이 확실하지만 웨스팅하우스는 에디슨과 싸우느라 현금이 점차 말라 기진맥진 상태에 놓인다. 설상가상으로 테슬라는 웨스팅하우스와 불화가 생겨 사라진다. 크라배스는 테슬라를 찾아다니는 한편 웨스팅하우스의 자금 유치를 위해 나서지만 금융기관은 외면하기 일쑤다. 나중에 알고 보니 에디슨은 웨스팅하우스에 정보원을 심어 놓아 상대의 일거수일투족을 다 파악하고 있었다. 웨스팅하우스 쪽에서 금융기관과 약속을 잡으면 에디슨에게 바로 보고되고 모건이 나서서 금융 지원을 봉쇄했다.

궁지에 몰린 크라배스는 웨스팅하우스가 에디슨과 맞서 싸워서는 승산이 없다고 생각하고 다시 한 번 타협책을 마련한다. 하지만 이번에는 에디슨을 상대하지 않는다. 에디슨의 회사 역시 막대한 지출을 하고 있음에 착안해 에디슨의 돈줄인 모건을 찾아간다. 그리고 양사가 합병하면 막대한 이익을 낼 것이라고 설득한다. 모건이 솔깃해하면서도 에디슨이 반대할 것이 뻔하다고 주저하자, 크라배스는 더 나아가 에디슨을 제거하라고 부추긴다. 그리고 크라배스의 계획대로 양사는 합병하고 에디슨은 축출된다. 에디슨은 회사 명칭에서 자신의 이름만이라도 남겨달라고 요청하지만 이들은 그마저도 거절한다.

로펌에 도입된 냉정한 기업 논리

크라배스는 악랄한 에디슨과 싸워 이겼지만 그 역시 악랄하지 않았던 것은 아니다. 한밤중에 상대의 사무실에 몰래 침입해서 서류를 훔치고,

자신의 고객과 동료 파트너들을 속이기도 했다. 심지어 테슬라의 변호사 몰래 테슬라를 만나 공익에 부합한다며 막대한 로열티를 아무 대가 없이 포기하도록 회유했다. 당시 인기 오페라 가수이자 나중에 크라배스의 아내가 되는 애그니스 헌팅턴Agnes Huntington, 1864~1953조차 이를 두고 "천벌을 받을 짓"이라며 크라배스를 비난할 정도였다.

소설의 주인공 가운데 한 명인 폴 D. 크라배스.

크라배스는 '파트너-어소시에이트(Partner-Associate)' 시스템을 로펌에 처음으로 도입한 인물이기도 하다. 그 이전까지 변호사 업계는 기본적으로 '스승-도제' 관계였는데, 크라배스는 로스쿨을 갓 졸업한 변호사들을 급여를 받는 어소시에이트로 고용해 분업에 활용했다. 당시에는 급여를 받는 변호사란 없었고 어소시에이트란 표현도 없었다. 크라배스는 어소시에이트가 성공하면 파트너로 승진시키고 그렇지 않으면 가차 없이 해고했다(Up or Out). 발명가의 논리로 기업이 경영되어선 곤란하다는 것을 절감한 그가 로펌 역시 냉정한 기업 논리로 운영되도록 한 것이다. 이를 크라배스 시스템이라고 하는데, 이후 법조계뿐 아니라 회계업, 컨설팅업 등에서도 표준이 됐다. 그리고 그의 이름이 맨 앞에 박혀 있는 '크라배스, 스웨인 앤 무어(Cravath, Swaine & Moore)'는 지금도 세계 최대 로펌 중 하나로 남아 있다.

1913년 디트로이트 자동차 회사가 제작한 차에 축전기를 장착하는 데 성공한 에디슨.
이미지 출처 : 스미소니언 뮤지엄, 워싱턴 D.C

전류 전쟁은 에디슨의 직류(DC, Direct Current)와 테슬라의 교류(AC, Alternating Current) 간 논쟁으로 이어졌다. 직류는 세기와 방향이 일정한 전류로, 송전 과정에서 전력 손실이 크다. 교류는 시간에 따라 전류의 세기와 방향이 주기적으로 바뀌는 방식으로, 직류보다 전력 손실이 적고 고전압을 걸기에도 용이하다. 에디슨은 인정하고 싶지 않았지만 승자는 이미 결정이 났다. 역전을 노렸던 에디슨의 선택은 전력을 전장한 축전기를 장착한 전기차였는데, 무겁고 고가의 축전기 탓에 상업화에는 실패했다. 그로부터 수십 년의 세월이 흘러 전기차의 상업화에 성공한 일론 머스크Elon Musk의 브랜드가 '테슬라'라는 사실을 모르는 사람은 없다. 에디슨의 이유 있는 연패(連敗)!

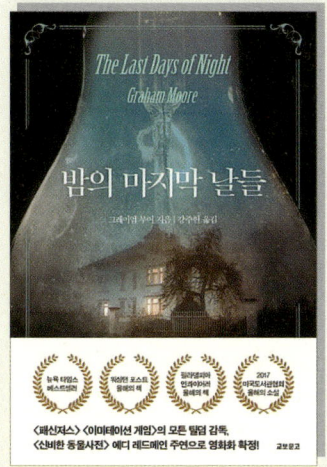
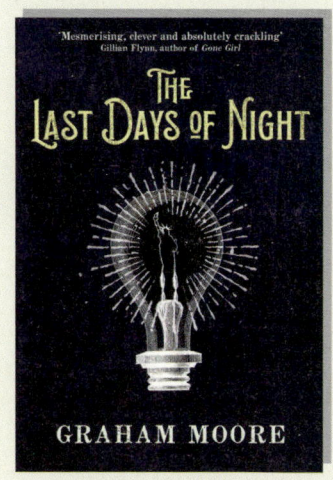

〈밤의 마지막 날들〉 한국어판   〈밤의 마지막 날들〉 영어판

그레이엄 무어는 1981년 미국 시카고에서 태어난 소설가, 시나리오 작가, 영화감독이다. 데뷔작 <셜로키언 : The Sherlockian>(2010) 이래 발표한 세 권의 소설이 모두 <뉴욕타임스 : New York Times> 베스트셀러 리스트에 올랐다. 2014년 영화 <이미테이션 게임 : The Imitation Game>으로 아카데미 각색상을 받았고, 2022년 그가 감독한 영화 <아웃핏 : The Outfit>도 호평받았다. <밤의 마지막 날들>은 2016년 출간됐고, 국내에서는

그레이엄 무어

2018년 강주헌의 번역으로 교보문고에서 출간됐다. 최근에는 나치 독일에 맞서 싸운 미국 재무부 경제 관료들의 활약을 그린 소설 <그림자의 부 : The Wealth of Shadows>를 출간해 다시 한 번 화제가 됐다. 그의 특기는 역사를 픽션으로 재구성하는 것이다. 사실에 충실하면서도 극적 효과를 위해 허구를 가미하는데, 책 말미에 이를 구분하여 독자가 오해하지 않도록 하는 배려를 잊지 않는다.

중앙은행을 꿈꿨던
조선의 상인들

〈뱅크〉 : 김탁환

김탁환의 역사소설 〈뱅크〉는 1876년 1월 개성상인 장훈이 자신의 집에서 한양과 인천을 대표하는 상인 홍도깨비, 서상진과 밤새워 술을 마시며 울분을 토하는 장면에서 시작한다. 그 전해 가을 일본이 인천 영종진을 침범해 조선 수군을 궤멸시키고 무기를 노획한 뒤 성을 불 지른 운요호사건이 벌어진 지 얼마 되지 않은 때다. 상인 셋은 조선을 집어삼킬 파도가 몰려온다면서, 나라 밖 장사꾼들과 제대로 맞싸움이라도 해야 억울하지 않겠다고 탄식한다. 우선 한양·개성·인천의 상인이 합심해서 함께 돈을 모아 운용할 기관을 만들자는 결의를 다진다. 아무도 '은행'이라고 부르진 않았지만(그런 단어 자체도 몰랐다), 그들이 꿈꾼 것은 은행이었다.

인천에 생긴 조선 최초의 은행가

소설은 조선 상인들의 경쟁과 갈등을 한 축으로, 민족은행 설립을 추진하는 조선인들과 이를 봉쇄하려는 일본 은행들의 싸움을 다른 한 축으로 전개된다. 시간 배경은 1876~1904년 격동의 세월에 걸쳐 있다. 1877년 서상진 상단(商團) 박만식의 아들 진태가 제 아비가 억울하게 죽었다고 오해해 장훈의 삼밭과 집에 불을 놓아 큰 화재가 발생한다. 장훈은 아들 철호와 최인향이라는 소녀를 구하고 자신은 불에 타 죽는다. 인향은 왕실의 신임을 받는 젊은 관리 최용운의 딸로 이들 부녀는 장훈의 집을 방문 중이었다.

최용운은 개화파 관료 박규수(朴珪壽, 1807~1877) 문하로 쇄국에 반대하고 개항과 국제통상이 필요하다고 생각하지만, 자강 없는 개항으로 외세만 이익을 챙길까 심려하는 인물이다. 그는 조선 상인들이 일본과 서양 상인과의 경쟁에서 우위에 서도록 돕는 것이 관의 중요한 일이라고 생각하고 서상진, 장훈, 홍도깨비 등과 깊게 교류한다. 시대를 앞선 인물이었다. 철호, 진태, 인향은 열 살의 동갑내기로 이들의 삶은 이후 고비마다 얽히게 된다.

고아가 된 철호는 떠돌다 동생 현주도 잃어버리고 1891년 홀로 인천으로 와서 서상진의 수하에 들어가 진태와 경쟁한다. 서상진 상단에서 독립한 권혁필이 일본 쪽과 협력하면서 부상해 서상진과 주도권 싸움을 하고 있었다. 비슷한 시기에 최용운이 인천부사로 취임하면서 인향은 다시 한 번 철호, 진태를 만나게 된다. 그간 인향은 일본 유학을 통해 세계 정세와 문물에 대한 지식을 쌓아왔다. 현주는 서양 노래를 하는 가수가 되어 인천에 진출해 오누이가 다시 만난다. 그리고 청년이 된 철호, 진태, 인향, 현주 사이의 복잡한 연정과 질투가 펼쳐진다.

이 시기 인천은 개항장으로서 일본, 청, 서양인의 활동이 두드러진 공간이었다. 강화도조약(1876)에서 제물포조약(1882)까지 일련의 불평등 조약으로 일본 상인은 별 제약 없이 활동할 수 있었다. 특히 1876년 7월 조일수호조규부록이 체결돼 일본 화폐의 조선 유통이 처음 허용됐고, 일본인은 조선 동화(銅貨)를 일본에 반출할 수도 있었다. 일본 은행들은 일본 상인의 무역 확대와 금융 지원을 위해 경쟁적으로 개항장에 지점을 설치했다. 인천 일본 영사관 앞에서 일본의 제일은행, 제십팔은행, 제오십팔은행 등 세 은행의 지점이 나란히 영업해 이 거리는 조선 최초

인천 개항장에 가면 100여 년 전에 조선 최초의 은행가를 이루던 일본 은행들을 볼 수 있다. 제일은행은 현재 개항박물관으로 사용 중이고, 제십팔은행에는 근대건축전시관, 제오팔은행에는 외식업중앙회 인천 중구지부가 들어서 있다. 사진은 과거 제일은행이었던 개항박물관.
이미지 출처 : 인천관광공사

의 은행가로 불렸다. 세 은행 옆에는 청국인 소유의 스튜어드호텔, 헝가리인이 운영하는 꼬레호텔 그리고 일본 상인들의 거점 대불호텔이 들어서서 성황을 이뤘다. 청일전쟁에서 일본이 승리한 이후로는 대불호텔이 단연 선두가 됐다.

대한제국의 중앙은행 설립이 좌절된 배경

진태는 서상진을 떠나 권혁필 진영으로 옮긴다. 경쟁이 격화하면서 서상진은 살해당하고, 인향과 철호는 상선을 구매해 운송업에 뛰어들지만 선박 사고가 발생해 철호는 죽은 것으로 알려진다. 최용운은 인천 부사를 사임하고 한양으로 상경한다. 금광왕 이준봉*과 함께 대한제국 중앙은행 설립을 추진하라는 고종高宗, 1852~1919의 밀명에 따른 것이다. 이준봉은 왕실 재정을 책임지는 내장원경 및 오늘날 조폐공사 사장에 해당하는 전환국장에 더해 여러 관직을 두루 겸한 당대 최고 실력자다.

갑오개혁에 따라 세금을 물품이 아닌 화폐로 징수하는 조세의 금납화가 은행 설립의 핵심 배경 중 하나다. 민간에서 화폐 사용이 보편화되고, 세금 납부로 정부에 모여든 자금이 다시 민간으로 환류돼야 하는데 은행 없이는 달성하기 어려운 일이다. 외국에서 차관을 도입해 국고를 관리할 은행을 설립하려고 했던 이유다. 조선은행(1896), 한성은행(1897)

---

* 실존인물 이용익(李容翊, 1854~1907)에 기초해 작가가 창조한 인물.

등이 시도됐지만 해관(海關)* 책임자였던 영국인 존 맥리비 브라운John McLeavy Brown Sir., 1835~1926이 반대하고, 러시아와 프랑스 등도 차관 제공에 열의를 보이지 않아 이들 은행은 모두 미미한 존재에 그쳤다.

이준봉과 최용운은 몇 년간의 준비를 거쳐 1899년 1월 청계천변에 본점을 둔 대한천일은행을 설립하고 상인들의 참여를 적극 독려한다. 인천과 개성의 상인을 중심으로 지점을 설치하도록 한 것이다. 권혁필의 2인자 박진태는 인천지점장으로 선임되고, 죽은 줄 알았던 장철호는 개성에서 은밀히 활동하다 개성지점장 대리로 등장한다. 은행 설립을 돕던 최인향은 감사로 취임해 이들 셋의 인연은 다시 이어진다.

이준봉은 대한천일은행을 민간은행이 아닌 중앙은행으로 설립하려 했지만 이사로서 은행을 실질적으로 경영한 최용운은 일본의 방해와 자본 부족을 고려해 먼저 민간은행으로 설립하고 이를 디딤돌 삼아 중앙은행으로 나아가자는 단계론을 펴왔다. 조선 황실은 자금 지원에 더해 전국의 세금을 대한천일은행에 납부하도록 조처한다. 이를 통해 대한천일은행은 일찍이 조선인들 사이에 인지도를 높이고 안착할 수 있었다.

중앙은행을 준비하는 데 일본의 방해는 노골적이다. 일본제일은행은 권혁필, 박진태를 통해 은밀히 대한천일은행 합병을 추진했을 뿐 아니라, 1902년에는 일본제일은행권을 발행해 사실상 한국의 발권 업무를 자임했다. 대한제국은 중대한 주권 침해 행위를 묵인하지 않고 곧바로

---

* 고종 20년(1883)경 항구에 설치한 관아로, 광무 8년(1904)에 세관(稅關)으로 변경됐다.

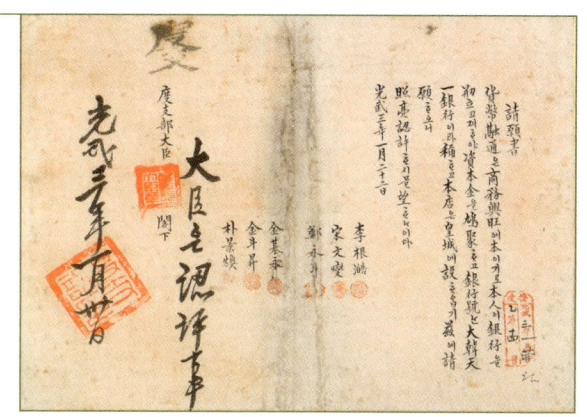

서울시 유형문화재로 지정된 대한천일은행의 창립청원 인가서 정관에는 중앙은행권 발행, 조세금 취급 등 당시 중앙은행으로서의 역할 및 '예금업무, 환업무, 대출업무' 등의 사업영역도 함께 명시되어 있었다.
이미지 출처 : 우리은행 은행사박물관

제일은행권 금지 훈령을 발표했지만 일본의 압력으로 물러설 수밖에 없었다. 그리고 대한제국 은행 설립과 중앙은행권 발행을 위한 마지막 싸움이 벌어졌다.

권혁필과 박진태 등 악한들은 함정에 빠져 처벌받는다. 하지만 대한제국의 은행 설립도 무산된다. 최용운은 살해되고 이준봉은 일본에 끌려간다. 조선인 상인과 은행가들은 권선징악이 아니라 징선징악(懲善懲惡)이 되어 모두 패자가 된다. 안타까운 근대사의 한 장면이다.

인천에 가면 일본의 세 은행 건물과 대불호텔이 보존되거나 재건된 모습을 살펴볼 수 있다. 하지만 청계천변의 대한천일은행 본점과 인천지점 건물은 사라진 채 그 터였음을 알리는 표지석만 쓸쓸히 남아 있다. 〈뱅크〉는 총 세 권으로 구성된 장편소설이지만 저자 특유의 경쾌한 구성으로 속도감 있게 읽힌다. 기회가 되면 역사의 현장도 둘러보길 권한다.

"화폐융통(貨幣融通)은 상무흥왕(商務興旺)의 본(本)."

돈을 원활하게 융통하는 것이 국가 발전의 근본이라는 뜻으로 대한천일은행의 창립청원서에 적혀 있던 문구다. 고종은 황실 자금(내탕금)을 털어 창립자본금 절반을 댈 정도로 민족은행 설립을 중요하게 여겼다. 하지만 조선 상인들의 자본금 참여가 기대에 못 미치자 조선 황실이 추가로 국고금을 지원하면서 설립 취지에 맞지 않게 특수은행으로 변질되고 만다. 이후 갈수록 재정난이 심각해지자 결국 일본 자본의 침투를 허용하게 된다. 국권 상실을 겪으며 1912년에 '대한제국 하늘 아래 첫째가는 은행'이라는 상호를 내리고 '조선상업은행'으로 개칭한다. 해방 이후 '한국상업은행'으로 반세기 가까이 운영되다가 1999년에 한일은행과 합병해 한빛은행을 발족한 뒤 2002년부터 우리은행으로 지금에 이르고 있다.

대한천일은행 광통관은 현재 우리은행 종로금융센터로 사용되고 있다.

1900년을 전후로 금융기관들이 들어섰던 남대문통일정목(현재 남대문로1가19) 주변. 가장 오른쪽부터 대한천일은행 광통관과 대동생명, 한성은행이 들어서 있었다.
이미지 출처 : 서던캘리포니아대학교 도서관 (로스앤젤레스)

〈뱅크〉 세트

김탁환은 1968년생 소설가다. 서울대 국어국문학과를 졸업했고 카이스트 교수로 재직하다가 섬진강가에 집필실을 마련하고 전업작가로 활동 중이다. 다양한 형식의 소설과 산문집을 발표했고 특히 역사소설로 유명하다. <나, 황진이> <대장 김창수> 등 작품 여러 편이 TV 드라마와 영화로 제작됐고, 2016년 요산김정한문학상 등 다수의 문학상을 받았다.

NOVELNOMICS

Chapter 2

위험한 개츠비들의 시대
[20세기]

어느 위대한 경제학자의 논쟁적 삶에 관한 우화

〈케인스씨의 혁명〉 : E.J. 반스

제1차 세계대전이 끝나고 얼마 되지 않은 1919년 프랑스 파리에 32개국의 대표들이 모여들었다. 전후 세계 체제를 논의하기 위한 파리평화회의에 참석하기 위해서다. 가장 중요한 인물은 프랑스의 조르주 클레망소Georges Clémenceau, 1841~1929 총리, 영국의 데이비드 로이드 조지David Lloyd George, 1863~1945 총리와 미국의 토머스 우드로 윌슨Thomas Woodrow Wilson, 1856~1924 대통령이다.

영국 재무부 대표로 회의에 참석한 삼십 대의 젊은 존 메이너드 케인스John Maynard Keynes, 1883~1946는 몇 달에 걸친 회의 기간 내내 패전국 독일에 무리한 배상을 요구해서는 안 된다고 목소리를 높였다. 산업 기반이 파괴된 독일은 갚을 능력이 없을 뿐 아니라, 유럽을 또다시 독재와 전쟁으로 몰아넣을 위험이 있다는 것이다. 하지만 누구도 그의 의견을 받아들이지 않았다. 절망에 빠진 케인스는 베르사유조약 체결 직전 "다들 지옥이나 가라"고 외치면서 자리를 박차고 나갔다. E.J. 반스 E.J. Barnes 의 소설 〈케인스씨의 혁명 : Mr. Keynes' Revolution〉은 이렇게 시작한다.

엘리트주의에 빠진 친구들

재무부를 사직한 케인스는 녹초가 된 채 영국 남부 서식스의 시골 마을 찰스턴으로 향한다. 오랫동안 케인스의 연인이자 친구였던 화가 던컨 그랜트 Duncan Grant, 1885~1978 는 "재무부로 돌아갈 다리를 불살라버렸다"며 감탄한다. 그랜트와 동거하는 화가 버네사 벨 Vanessa Bell, 1879~1961 도 "잘했다"며 케인스를 격려한다. 그랜트와 케인스가 모두 사귀었던 버니 가넷 Bunny Garnett, 1892~1981 은 케인스가 재무부를 떠난 것을 "늦었지만 안 하는 것보다는 낫지"라고 뼈 있는 말을 던진다. 1915년 케인스가 케임브리지대학을 떠나 재무부에 들어가 전쟁 재정을 담당했던 것을 책망한 것이다.

이들은 '블룸즈버리그룹(Bloomsbury Group)'이라 불리던 모임에 속한 반전주의 작가, 화가, 철학자다. 작가 버지니아 울프 Virginia Woolf, 1882~1941 와 소설가 E.M. 포스터 E.M. Forster, 1879~1970, 문학비평가 리턴 스트레이치 Lytton Strachey, 1880~1932 등도 참여했다. 경제학자로는 케인스가 유일한 멤버였다. 이들은 사랑과 우정, 미의 향유, 지식 추구, 속박을 벗어난 성관계(이성과 동성 모두)를 함께했다.

케인스는 1919년 말 케임브리지대학 교수로 복귀한 뒤 파리평화회

화가 버네사 벨은 블룸즈버리그룹 회원들이 참여한 회고록 모임(The Memoir Club)을 캔버스에 옮겼다. 그림 속 가운데 인물이 케인스이고, 그 뒤가 아내 리디아 로포코바다.
버네사 벨, 〈The Memoir Club〉, 1943년, 60.8×81.6cm, 캔버스에 유채, 내셔널 포트레이트 갤러리, 런던

의와 베르사유조약의 문제점을 고발하는 소책자 〈평화의 경제적 결과 : The Economic Consequences of the Peace〉를 발표했다. 정치경제적으로 설득력이 높았을 뿐 아니라 윌슨, 로이드 조지, 클레망소 같은 당대 정치인들을 신랄하게 비판한 이 책은 큰 인기를 끌었다. 나온 지 1년도 되지 않아 12개 언어로 번역되었고, 10만 권이 넘게 팔려 당시 기준으로 최고 베스트셀러가 됐다. 이를 통해 케인스는 세계에서 가장 인기 있는 경제학자로 등극했다. 그는 〈이코노믹 저널 : Economic Journal〉에 논문을 발표했고, 〈맨체스터 가디언 : Manchester Guardian〉에 정기적으로 칼럼을 쓰면서 논객으로서의 명성을 높여갔다. 그리고 1923년에

는 주간지 〈더 네이션 : The Nation〉을 인수해 더욱 정력적으로 글을 발표했다.

한편 유럽과 아메리카 대륙의 주요 도시를 순회하던 러시아 발레단 '발레 뤼스'는 1921년 영국 런던에서 〈잠자는 숲속의 미녀〉를 공연하고 있었다. 여주인공 리디아 로포코바Lydia Lopokova, 1892~1981에게 반한 케인스는 적극적으로

리디아 로포코바

구애한다. 인도의 관세와 환율 제도를 논의하는 중요한 출장이 예정됐지만, 로포코바와 떨어져 있기 싫다며 출장을 취소한다. 당시 케인스는 젊은 심리학자 서배스천 스프로트Sebastian Sprott, 1897~1971와 사귀고 있었다. 로포코바는 케인스의 친구들에게 다가가려 하지만, 블룸즈버리그룹 멤버들은 냉담하다. 로포코바가 지적이지 못하고 신분이 보잘것없다고 생각한 것이다. 블룸즈버리그룹은 기성 질서를 우습게 알고 파격적인 실험을 하고 있었지만 엘리트주의에 젖어 있었다. 이들은 어떻게든 케인스를 로포코바에게서 떼어내려 하고, 스프로트에게 케인스와 아프리카로 여행을 가라고 꼬드긴다. 하지만 케인스는 마음이 로포코바에게 기울어 1925년 그와 결혼했다. 세계적인 경제학자와 러시아 출신 발레리나의 결혼은 영국 전체를 충격에 빠뜨렸다.

시대와 불화했던 혁명가적 기질

반스는 〈케인스씨의 혁명〉에서 케인스의 공적인 삶, 블룸즈버리그룹을 통한 파격적인 생활, 로포코바와의 결혼이라는 세 축을 솜씨 있게 교차하면서 스토리를 전개한다. 경제학적으로 특히 흥미로운 것은 케인스가 금본위제와 싸우는 대목이다.

영국은 제1차 세계대전 기간에 전쟁자금 조달을 위해 금본위제를 중단했는데, 전후 런던 금융가를 중심으로 통화가치 안정을 위해 금본위제로 복귀해야 한다는 주장이 높았다. 케인스는 1923년 출간한 〈화폐개혁론 : A Tract on Monetary Reform〉과 언론 기고문을 통해 금본위제 복귀에 격렬히 반대했다. 이미 금의 대부분을 미국이 보유한 상황에서 금본위제로 복귀하면 미국에 종속되고, 실업자 100만 명이 있는 상황에서 영국이 파운드 가치를 높이는 방향으로 환율을 조정하면 수출에 치명타를 입어 더 많은 실업자가 생길 것이라고 경고했다.

당시 재무장관 윈스턴 처칠Winston Churchill, 1874~1965은 이 문제를 결정하기 위해 소수의 전문가들을 조용히 소집했다. 재무부의 엘리트 관료 오토 니마이어Otto Niemeyer, 1883~1971, 전직 재무장관으로 은행에 몸담고 있던 레지널드 매케나Reginald McKenna, 1863~1943, 그리고 케인스가 참석했다. 나는 대학 시절 교수님으로부터 "케인스가 공무원 시험에서 차석으로 합격한 뒤 시험 채점관이 자기보다 경제학을 모르는 게 분명하다고 불평했다"는 우스갯소리를 들은 기억이 있다. 반스는 소설에서 오토를 그 시험에서 수석 합격한 사람으로 묘사하며 두 사람의 라이벌 관계를 강조한다.

금본위제로 복귀한 처칠의 판단은 케인스의 예견대로 심각한 디플레이션을 초래했다. 수출은 급감했고 실업률이 치솟아 노동자들의 대파업이 속출했다. 이 미지는 1925년 제정된 금본위제법을 풍자한 정치 비평 매거진 〈펀치 : Punch〉의 커툰.

애초 처칠은 재무부와 정통 경제학자들의 금본위제 복귀 주장을 미심쩍어했지만, 대다수가 부작용은 시장이 알아서 교정할 것이라며 금본위제를 주장하자 그것을 받아들였다. 그 결과가 1925년 '영국 금본위제법' 제정이다. 대부분의 경제학자, 런던의 은행가와 정치인은 금본위제에 환호했지만, 케인스는 〈처칠씨의 경제적 결과 : Economic Consequences of Mr. Churchill〉라는 팸플릿에서 금본위제 복귀를 맹비난했다. 그리고 케인스가 예견한 대로 디플레이션이 발생했다. 수출은 급감했고, 실업률은 치솟아 노동자들은 대파업에 나섰다. 처칠은 자신에 대해 역대 최악의 재무장관이라는 비난을 받아들인다면서, 1931년 다시 금본위제를 이탈했다. 금본위제에 대한 케인스의 주장이 몇 년간의 극심한 경제위기를 낳은 뒤 받아들여졌다면, 파리평화회의에서 케인스가 제안한 내용은 한 차례 세계대전을 더 치른 뒤에야 마셜플랜*으로 실현됐다고 생각할 수도 있다.

위대한 경제학자의 업적을 살펴보는 가장 좋은 방법은 물론 그의 저작을 직접 읽는 것이다. 하지만 경제학자도 버거워하는 케인스의 책을 일반인이 읽기란 무리다. 전기를 읽는 것도 한 방법이다. 로버트 스키델스키Robert Skidelsky가 쓴 전기와 재커리 D. 카터Zachary D. Carter가 쓴 평전이 있지만 각각 1,500쪽과 870쪽에 이를 만큼 방대한 저술이고 등장인물이 헤아리기 어려울 정도로 많아 쉽게 읽을 만한 책들은 아니다. 이에 비해 반스의 소설은 간결하면서도 정확하게 인물과 시대를 묘사해, 케인스를 이해하는 출발점으로 훌륭한 선택이라고 생각한다. 한국어 번역판이 꼭 나왔으면 좋겠다.

---

* 제2차 세계대전 이후인 1947년부터 1951년까지 미국이 서유럽 16개 나라에 행한 대외원조계획. 당시 미국 국무장관 조지 C. 마셜(George C. Marshall, 1880~1959)이 처음으로 공식 제안해서 '마셜플랜'이란 별칭이 붙었다. 정식 명칭은 유럽부흥계획(European Recovery Program). 마셜플랜에 케인스가 직접 참여한 건 아니지만, 그의 저서 〈평화의 경제적 결과〉에서 강조한 '국가 간 상호 협력에 의한 경제 발전'은 전후 대공황을 타산지석 삼아 설계된 마셜플랜에 중요한 마중물이 됐다.

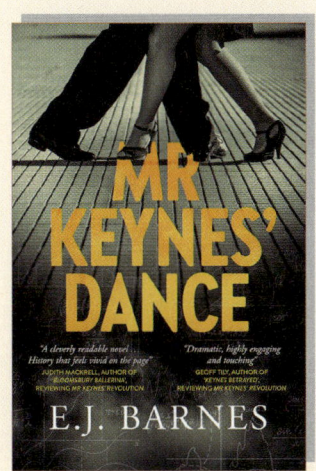

〈케인스씨의 혁명〉 영어판

〈케인스씨의 춤〉 영어판

E.J. 반스

스코틀랜드에서 태어난 소설가 E.J. 반스는 존 메이너드 케인스의 지적 고향인 케임브리지대학 경제학과 졸업생이다. 그는 대부분의 경제학자와 마찬가지로 케인스 경제학을 공부했지만, 케인스의 삶에 대해 아는 것이 거의 없었다. 학교를 졸업한 뒤 버지니아 울프에 대한 책을 읽다가 케인스와 블룸즈버리그룹의 관계를 알게 되었고, 케인스의 동성애 편력, 영국을 떠들썩하게 했던 발레리나와의 결혼을 접하게 됐다. 그는 케인스가 경제학계라는 좁은 세계를 넘어 정치, 외교, 전쟁, 저널리즘, 예술을 망라하는 다양한 분야에 주도적으로 참여했다는 사실에 매료돼 2020년 소설 〈케인스씨의 혁명〉을 썼다. 속편으로 1930년대 케인스의 활약을 다룬 〈케인스씨의 댄스 : Mr. Keynes' Dance〉도 2022년 출간됐다.

몽상가들이 일군
초록색 유토피아란 허상

〈위대한 개츠비〉 : F. 스콧 피츠제럴드

2025년 4월 10일은 F. 스콧 피츠제럴드^{F. Scott Fitzgerald, 1896~1940}의 〈위대한 개츠비 : The Great Gatsby〉 출간 100주년 기념일이었다. 이에 맞춰 20세기 미국 문학의 최고봉 중 하나로 꼽히는 이 작품의 위대함, 불멸성 그리고 현재적 함의까지 다양하게 조망하는 글들이 영미권 언론에 쏟아졌다.

    소설의 배경은 흔히 '재즈 시대' 혹은 '광란의 시대'라고 불리는 1920년대 뉴욕이다. 1인칭 화자 닉 캐러웨이가 아버지의 충고를 회상하는 것으로 소설은 시작한다. "누군가를 비판하고 싶을 때는 이 점을 기억해두는 게 좋을 게다. 세상의 모든 사람이 다 너처럼 유리한 입장에 서 있지는 않다는 것을." 닉은 중서부의 '3대에 걸쳐 꽤 알려진 부유한 집안' 출신으로 예일대학을 졸업하고 월스트리트 채권 딜러로 자리잡은 스물아홉 청년이다. 이 충고의 뜻은 "다른 청년들이 너보다 형편이 어려운 것이 꼭 재능 탓이 아닐 수 있다"고 환기하는 것이다.

"아메리칸드림은 미국이 아니라 덴마크에서 달성된다"

뉴욕시 인근의 큰 섬인 롱아일랜드 북쪽 해안에는 작은 만을 사이에 두고 웨스트에그와 이스트에그라 불리는 지역이 마주 보고 있다. 둘 다 달걀처럼 튀어나왔기 때문에 붙여진 이름이다. 웨스트에그에 집을 구한 닉은 이스트에그에 사는 뷰캐넌 부부의 집을 방문한다. 남편 톰은 닉의 예일대학 동창 친구로 학창시절 미식축구 스타였다. 닉의 먼 친척인 데이지와 결혼한 뒤 석유 재벌의 집을 사서 뉴욕에 진출했다. 톰은 닉보다도 훨씬 더 부유한 집안 출신이고 자신감이 넘치며 고집스럽고 건방진 청년이다.

닉의 옆집에 사는 개츠비는 신비로운 인물이다. 대리석 수영장과 잔디밭만 30에이커에 달하는 큰 저택에 홀로 살고 있다. 덕수궁 면적의 1.5배에 달하는 크기다. 보트와 수상비행기도 소유한 개츠비는 매일 밤 화려한 파티를 여는데, 유명인사들과 괴짜들이 여기에 몰려든다. 하지만 그의 과거를 제대로 아는 사람은 거의 없다. 스스로 샌프란시스코의 부유한 집안 출신이고 옥스퍼드에서 공부했다고 하는데 사람들은 반신반의한다. 사실 그는 가난한 집안 출신으로 금주법 시대에 밀주 유통과 불법 도박 등으로 큰돈을 벌었다.

데이지와 개츠비가 과거 연인이었다는 사실이 드러나고, 각각 올드머니와 뉴머니를 상징하는 톰과 개츠비 사이에 긴장이 격화된다. 이 모습을 피츠제럴드는 빛나는 문장과 몽환적인 분위기로 재현했다.

　아메리칸드림은 '모든 미국인은 자유와 성공의 기회를 갖고 있고, 노력을 통해 이를 달성할 수 있다'는 믿음이다. 이를 강조하는 사람들은 비록 결과로서 소득과 자산의 격차가 크더라도 미국은 기회가 균등하기 때문에 큰 문제가 아니라고 생각한다. 1920년대 이래 아메리칸드림이라는 표현은 미국의 특성을 상징하는 개념으로 큰 인기를 끌었다. 부잣집 출신의 톰보다 더 큰 부를 일군 가난한 집 출신의 개츠비는 아메리칸드림의 상징과도 같은 인물이다.

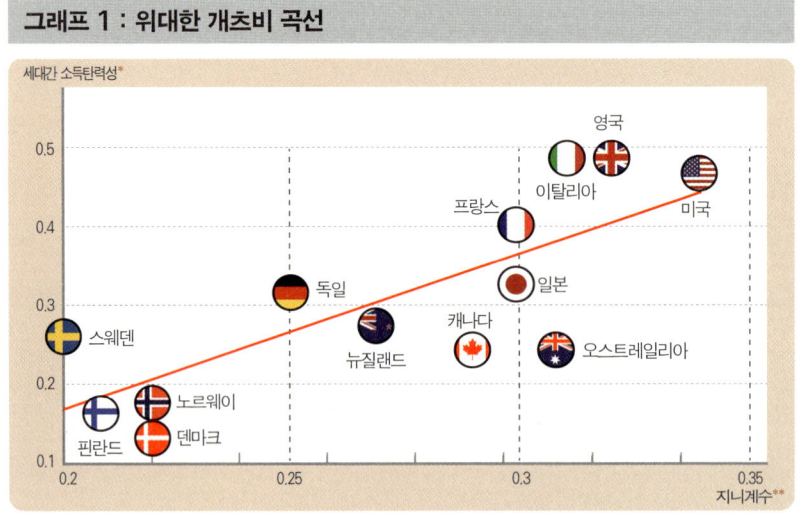

자료 : 저널 오브 이코노믹 퍼스펙티브

2013년 버락 오바마(Barack Obama) 대통령은 연설에서 "미국에서는 가난한 집안 출신이 부유한 집안 출신을 따라잡을 가능성이 다른 선진국에 비해 현격히 낮다"고 주장하며 이를 극복하기 위한 노력을 촉구했다. 대통령 경제자문위원장 앨런 크루거(Alan Krueger) 교수는 이를 '위대한 개츠비 곡선'이라는 이름으로 정식화했다[그래프 1]. 주요 선진국의 현재 불평등도와 세대간 이동가능성을 같이 살펴보면, 불평등이 심각한 나라일수록 세대간 이동가능성이 작다는 것을 확인할 수 있다. 많은 미국 언론은 이 곡선을 인용하며 "아메리칸드림은 아메리카가 아니라 덴마크에서 달성된다"고 탄식을 쏟아냈다.

1920년대는 지금과 달랐을까? 토마 피케티(Thomas Piketty)가 운영하는 세계

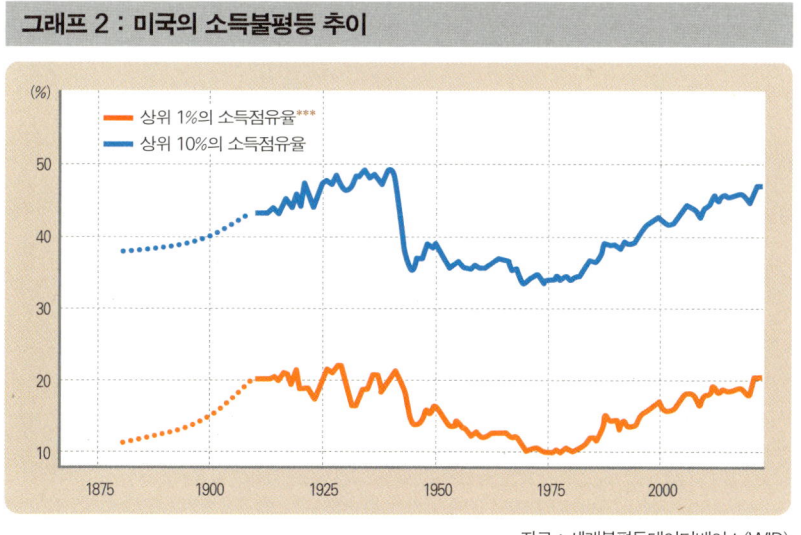

자료 : 세계불평등데이터베이스(WID)

불평등데이터베이스에 따르면 미국의 불평등은 19세기 후반부터 지속적으로 상승해 1920~1930년대에 정점에 이르렀다. 소득불평등이 극심한 현재와 비슷하다[그래프 2]. 소설에 묘사된 톰과 데이지 그리고 개츠비의 상상을 초월할 정도로 사치스러운 삶은 불평등의 단면을 잘 보여준다. 문제는 아메리칸드림의 실체다. 많은 사람이 1920년대에 기회의 평등이 펼쳐졌다고 생각하고 개츠비를 통해 그것을 확인하지만, 실제 1920년대는 미국사에서 가장 세대간 이동가능성이 낮았던 시기다[그래프 3].

흔히 평등한 소득보다 공정하고 균등한 기회가 더 중요하다고 주장하는데, 이것 자체는 수긍할 만한 내용이다. 하지만 많은 경우 소득이 불평등한 곳에서 기회도 불평등한 것을 확인할 수 있다. 이 현상은 21세기뿐만 아니라 1920년대에도 마찬가지였다.

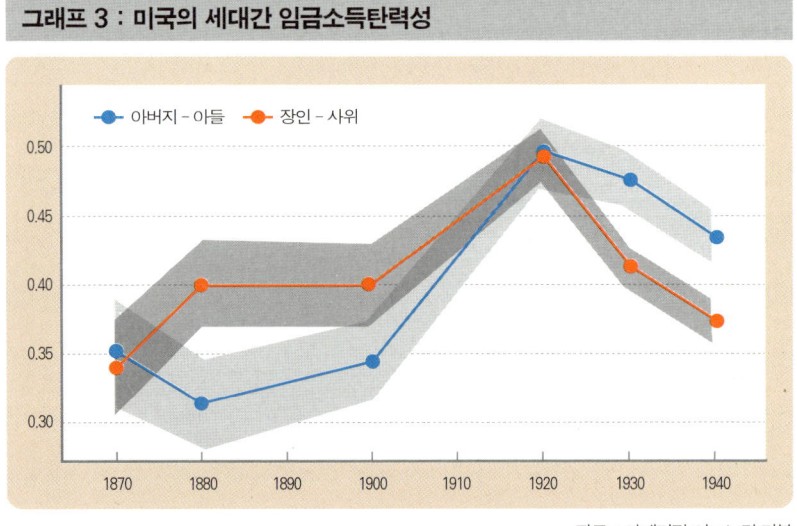

그래프 3 : 미국의 세대간 임금소득탄력성

자료 : 아메리칸 이코노믹 리뷰

개츠비는 피츠제럴드의 페르소나?!

이 소설은 여러 지점에서 작가의 경험을 반영한다. 대학 시절 피츠제럴드는 시카고 출신의 지네브라 킹 Ginevra King, 1898~1980과 열렬한 사랑에 빠졌다. 하지만 부유한 지네브라의 아버지는 "가난한 청년은 부잣집 딸과 결혼해서는 안 돼"라며 노골적으로 반대했고, 지네브라는 부유한 사업가와 결혼했다. 이 상처 때문에 자포자기하는 마음으로 군에 입대한 피츠제럴드는 다시 한 번 사교계의 인기 있는 여성인 젤다 세이어 Zelda Sayre, 1900~1948와 사랑에 빠졌다. 하지만 젤다 역시 부유한 상원의원의 손녀로 신분 격차가 컸다. 가난한 남성에게 지친 젤다가 파경을 선언한 직후 피츠제럴드는 데뷔 소설이 성공하면서 스타덤에 올랐다. 그러자 젤다는 마음을 바꿔 피츠제럴드와 결혼했다.

다수 비평가들은 데이지에게서 지네브라를 발견하고 개츠비는 작가 자신의 모습을 그린 것이라고 여겼다. 우리는 1920년대 불평등과 신분이 미치는 강력한 영향을 소설뿐 아니라 작가의 삶에서도 관찰할 수 있다.

---

* 세대 간 소득탄력성은 부모 세대의 소득이 자녀 세대의 소득에 얼마나 영향을 미치는지를 나타내는 지표로, 값이 높을수록 부모의 소득 수준이 자녀에게 강하게 대물림되고 낮을수록 소득 이동성이 크다.
** 지니계수는 소득 분배의 불평등 정도를 측정하는 지표로, 0에서 1 사이의 값을 가지며 0은 완전평등, 1은 완전불평등을 의미한다. 이탈리아의 통계학자 코라도 지니(Corrado Gini, 1884~1965)가 1912년에 처음 소개했다.
*** 소득점유율은 특정 계층이 전체 소득에서 차지하는 비율을 나타내는 지표로, 일반적으로 상위 1% 또는 10%의 소득점유율을 분석하여 소득불평등 정도를 평가한다.

윌리엄 글래큰스, 〈초록색 드레스를 입은 여인〉, 1915년, 63.5×76.2cm, 캔버스에 유채, 세인트루이스 아트 뮤지엄

〈위대한 개츠비〉에서 초록색은 아메리칸드림을 상징하는 색이다. 소유를 갈구하지만 손에 넣을 수 없는 욕망을 투영한다. 개츠비는 톰의 아내가 된 연인 데이지의 강 건너 집에서 빛나는 초록색 불빛에 절망한다. 그 빛은 돈이 아무리 많아도 (신분 이동을 위해) 건너올 수 없음을 암시하는 일종의 경고등이다. 꿈이란 본래 현실과는 전혀 다른 허상의 세계다. 아메리카에서 꾼 꿈일지라도 마찬가지다.

개츠비의 시대에 활동했던 미국 인상주의 화가 윌리엄 글래큰스William Glackens, 1870~1938는 초록색 드레스를 입은 여인을 그렸는데, 그 모습이 마치 데이지를 연상케 한다. 물론 그림 속 모델이 데이지는 아니다. 재즈 시대를 살았던 배우겸 모델 카이 로렐Kay Laurell, 1890~1927로 알려져 있다.

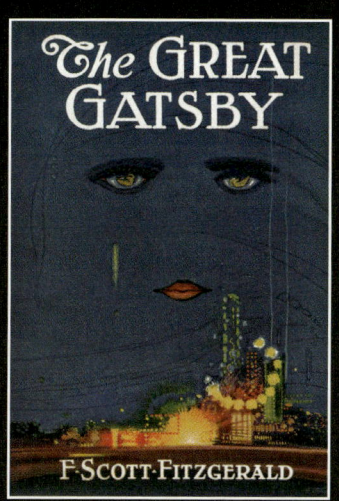

1925년 출판사 Charles Scribner's Sons 에서 출간된 〈위대한 개츠비〉 초판본. 표지는 그래픽 디자이너 프랜시스 쿠가(Francis Cugat, 1893~1981)의 솜씨.

F. 스콧 피츠제럴드

F. 스콧 피츠제럴드는 1896년 미네소타주 세인트폴에서 태어났다. 그의 부모는 모두 아일랜드계 이민자의 후손으로 중산층 가톨릭교도다. 1920년 소설 데뷔작 〈낙원의 이편 : This Side of Paradise〉이 센세이션을 일으켰고, 1922년 〈아름답고 저주받은 사람들 : The Beautiful and Damned〉도 잇달아 성공하면서 그는 당대 최고의 작가라는 칭송을 받았다. 피츠제럴드는 세 번째 소설인 〈위대한 개츠비〉를 최고의 작품이라고 생각했지만, 문단의 평가는 호평과 악평으로 엇갈렸고 판매는 전작들에 훨씬 미치지 못했다. 1940년 작가가 사망한 이후 제2차 세계대전 기간 군인들에게 보낸 진중문고(陣中文庫)에서 큰 인기를 끈 〈위대한 개츠비〉는 훗날 작가들과 비평가들의 노력으로 다시 주목받기 시작했고, 1970년대 이후로는 가장 위대한 20세기 미국 문학작품의 반열에 올랐다. 연극, 영화, 뮤지컬로도 여러 차례 제작됐는데, 로버트 레드포드Robert Redford와 레오나르도 디카프리오Leonardo DiCaprio 등 당대 최고의 배우들이 개츠비 역을 맡았다.

자본의 본성에 관한 다층적 관찰자 시점

〈트러스트〉 : 에르난 디아스

에르난 디아스 Hernan Diaz의 역사소설 〈트러스트 : Trust〉의 무대는 경제적 붐과 공황이 드라마틱하게 전개된 20세기 초반 미국 뉴욕 월스트리트다. 소설 속 등장인물들은 일본 영화의 고전 〈라쇼몽 : 羅生門〉*처럼 교대로 자신의 시선에서 진술하고, 독자는 입체적인 시대상을 얻을 수 있다.

---

* 일본 영화계 거장 구로사와 아키라(黒澤明, 1910~1998)의 대표작으로, 1951년 베니스 영화제에서 황금사자상을 수상했다. 영화는 한 사무라이의 죽음을 둘러싸고 네 명의 등장인물들이 서로 엇갈리는 진술을 전개하면서 진실에 도달하는 과정을 그렸다. 〈라쇼몽〉에서 착안해 똑같은 사건이라도 관점에 따라 서로 해석이 달라지면서 본질을 다층적으로 인식하는 현상을 가리켜 '라쇼몽 효과'라고 부른다. 소설 〈트러스트〉는 '자본의 본성'을 100여 년 전 미국 금융계 거물 앤드루 베벨을 통해 소설가(해럴드 배너)와 앤드루 자신 그리고 대필작가(아이다 파르텐자)와 앤드루의 아내(밀드레드)로 이어지는 다층적 시선으로 관찰한다.

돈의 근친상간적 계보에 포획된 자

첫 파트는 소설 속 작가인 해럴드 배너가 쓴 〈채권 : Bond〉이라는 액자소설이다. 미국 동부에서 크게 성공한 담배 사업가의 아들로 태어난 벤저민 래스크는 가업을 상속한다. 하지만 번잡스러운 상거래는 내향적인 그의 성격에 맞지 않는다. 그는 "자본이 자본을 낳고 그 자본이 또 자본을 낳는 돈의 근친상간적 계보"에 끌려 금융 세계에 뛰어들었다. 그의 눈에 비친 자본은 "균 하나 없는 생물로 움직이고 먹고 자라고 새끼를 치며, 병들어 죽을 수 있어도 깨끗한" 존재다. 심지어 자신의 꼬리를 집어삼키는 신화 속 뱀 우로보로스처럼 "돈이 자기 꼬리를 억지로 먹도록 만들 수 있는" 돈의 뒤틀림에 매료된다.

벤저민은 1907년 경제위기 때 막대한 자금을 동원해 가격이 폭락한 여러 회사 주식을 헐값에 매수해 큰 이익을 내면서 뉴욕 금융계에 이름을 알린다. 1929년 대공황 때도 "벤저민은 아무런 상처를 입지 않고 폭풍우 속을 항해한 것만이 아니라 그 폭풍우를 통해 어마어마한 수익을 올렸다." 주식시장 폭락의 징후를 느낀 벤저민은 보유한 금융자산을 미리 매각하고 금을 사들였으며 대규모 주식 공매도*까지 서슴지 않았다.

---

* 공매도(空賣渡)는 말 그대로 '없는 것을 판다'라는 의미로, 주식을 가지고 있지 않은 상태에서 매도 주문을 내는 투자 기법이다. 주가 하락이 예상되는 종목의 주식을 빌려서 매도한 뒤 실제로 주가가 하락하면 싼값에 되사들여 빌린 주식을 갚음으로써 차익을 얻는 효과를 누린다. 가령 주가가 10만 원인 특정 주식이 하락할 것으로 예상될 경우 해당 주식을 갖고 있지 않더라도 일단 10만 원에 공매도 주문을 낸 뒤 실제 해당 종목의 주가가 5만 원으로 떨어졌을 때 그 주식을 되 사면 5만 원의 시세차익이 생긴다. 예상과 달리 해당 종목의 주가가 오르면 공매도한 투자자는 손해를 본다. 아울러 주식을 확보하지 못해 결제일에 주식을 입고하지 못하면 결제불이행 사태가 초래될 수도 있다.

분노한 대중은 벤저민이 시장 붕괴를 설계했다고 믿는다. 소설에서 벤저민은, 대중의 채권에 대한 무분별한 욕망에 불을 댕기고 소문을 퍼트리고 마침내 매도 대잔치를 벌여 공포를 확산시켜 주식시장과 수많은 사람을 망가뜨린 은둔의 괴짜로 묘사된다. 상원은 공청회를 열어 벤저민을 출석시킨다. "취조자들은 불을 뿜으며 화려한 말을 쏟아냈지만, 벤저민이 벌인 행동 중에 불법행위는 하나도 없다."

1933년 벤저민은 미국의 '긴급은행법'과 '증권법'에 의한 규제 강화가 시장에 부정적인 영향을 미칠 것으로 예상한다. 미국 달러화 폭락에 베팅해 영국 파운드화와 독일 마르크화 그리고 일본 엔화까지 매집하고, 다시 한 번 미국 주식을 대규모로 공매도한다.

벤저민은 대공황 직전에 보유한 금융자산을 미리 매각하고 금을 사들였으며 주식 공매도까지 서슴지 않는다. 개인 투자자들은 벤저민 같은 금융 재벌이 시장 붕괴를 설계한다며 분노하지만 그는 아랑곳하지 않는다. 이미지는 1929년 10월 24일부터 29일까지 이어진 주가 폭락으로 재산을 탕진한 한 개인 투자자가 단 돈 100달러에 자신의 고급 차마저 팔겠다고 나선 월스트리트의 풍경.

하지만 그의 행운은 거기까지다. 시장은 붕괴하지 않았고 벤저민은 한발 물러선다. 금전적 손해도 이만저만 아니지만 그의 명성은 더 많은 손상을 입는다. 대중은 벤저민이 미국의 몰락에 베팅한 것에 분노하고 그의 실패를 조롱한다.

돈이라는 허구가 똬리를 튼 금융자본

배너의 소설 속 벤저민이 금융계 거물 앤드루 베벨을 그렸다는 것은 공공연한 비밀이다. 그의 부모에 대한 왜곡된 묘사도 불쾌하지만, 암으로 죽은 아내를 정신질환자로 몰고 자신을 파렴치한 악마로 모는 것은 참을 수 없는 일이다. 그래서 앤드루는 회고록을 쓰는데, 이것이 〈트러스트〉의 두 번째 파트다.

앤드루은 "금융업자는 모든 시기에 자본을 효율적으로 관리하고 도시를 지탱해온 존재"라며, 가업인 금융업에 자부심을 표하면서 회고록을 시작한다. 증조부 윌리엄은 1807년 토머스 제퍼슨Thomas Jefferson, 1743~1826 대통령의 어리석은 금수조치가 오래가지 못할 것을 예상하고, 선물계약 및 채권 유통시장 수립과 국채 인수로 부를 일군다. 할아버지 클래런스는 예일대학 수학 교수를 제안받을 만큼 수학에 뛰어난 재능이 있고, 금융을 순전히 수학적이고 추상적인 존재로 받아들인다. 개방적이고 활발한 아버지 에드워드는 뛰어난 직관으로 1873년 경제위기를 무사히 넘긴다. 그리고 앤드루는 이 모든 자질을 이어받는다.

앤드루는 세상 사람들이 자신의 성공을 질투하고 비난한다고 여긴다. 하지만 앤드루는 금융을 전혀 이해하지도 못하고 뛰어든 어중이떠중이 투기꾼들과 연방준비제도의 무절제한 간섭주의에 맞서 공매도를 수행한다고 주장한다. 자신은 이를 통해 큰돈을 벌지만, 장기적으로는 미국 전체가 시장의 해적질과 국가 간섭에서 해방돼 혜택을 누릴 것이라며 스스로 정당화한다. 그는 이기심과 공동선은 분리되는 것이 아니라고 생각한다.

세 번째 파트는 대필작가 아이다 파르텐자의 이야기다. 아이다는 앤드루의 구술을 받아 정리한 회고록의 저자다. 아이다의 아버지는 이탈리아 이민자 출신 노동운동가로, "돈이 뭐냐? 순전히 공상적인 형태의 상품이지, 돈은 하나의 사물이 아니며 잠재적으로 모든 사물이다"라는 마르크스 Karl Marx, 1818~1883의 생각을 받아들인다. "돈이 허구라면, 금융자본은 허구의 허구"라며 금융자본을 비판한다. 그에게 돈은 상품의 신격화된 존재이며, 월스트리트는 그 신의 최고 신전이다.

아이다는 금융자본을 경멸하는 가문의 딸로서 미국 최고 금융자본가를 위해 회고록을 쓰는 불편한 상황이지만 자기 일을 충실히 수행해 나간다. 하지만 앤드루가 현실이 마음에 들지 않으면 "모든 수단과 자원을 동원하여 현실을 조정해서 자신에게 맞도록 구부린다"고 말하자 두려워한다. 앤드루는 배너의 소설 출판 금지 소송에서 패하자 아예 그 출판사를 사들여 배너의 책 유통을 막고, 뉴욕의 공공도서관에 막대한 기부금을 내는 등 영향력을 발휘해 도서관에서 배너의 책을 사라지게 한다.

트러스트, 독점 혹은 신뢰

1920년대 미국은 금융자본의 도움으로 갈수록 거대 독점(Trust)*이 심화되었고, 월스트리트는 모든 욕망의 초점이었으며, 그 대표적 기관 가운데 하나가 신탁회사(Trust)였다. 소설 〈트러스트〉는 이 시기 월스트리트 금융자본의 활동 속에서 미국인 사이의 신뢰(Trust)와 배신을 실감 나게 그린다. 특히 당시 금융에 대한 묘사는 업턴 싱클레어$^{Upton\ Sinclair,\ 1878~1968}$나 시어도어 드라이저$^{Theodore\ Dreiser,\ 1871~1945}$의 작품들을 완전히 넘어설 정도로 충실하다.

이 소설은 대표적인 금융소설이지만 거기에 갇히지 않는다. 인간의 오만과 허영을 생생하게 묘사하며 젠더 이슈도 흥미롭게 다루고 있다. 이것은 이 책의 마지막 파트인 앤드루의 아내 밀드레드의 일기에서 극적으로 드러난다. 나는 금융에 초점을 맞추고 또 짓궂은 스포일러가 되지 않기 위해 이 부분만은 여기에서 언급하지 않겠다. 독자 여러분이 직접 확인하면 또 하나의 깜짝 놀랄 만한 반전을 만끽할 것이다.

---

* 여기서 트러스트는 시장 지배를 목적으로 동일한 생산단계에 속한 기업들이 하나의 자본에 결합되는 개념으로, 일종의 기업합병이라 할 수 있다. 트러스트의 유래는 1879년에 석유재벌 록펠러(John Davison Rockefeller, 1839~1937)의 스탠더드 오일 트러스트(Standard Oil Trust)에서 비롯했다. 당시 그는 트러스트 증권(신탁증권)을 교부해주는 조건으로 40여 개 석유회사의 의결권 있는 주식을 소수의 수탁자에게 위탁시켰다. 이로써 수탁자는 이들 석유회사의 경영관리 등을 통일적으로 수행할 수 있게 되면서 석유제품에 대한 독점적 지배를 행사했다. 미국 연방의회는 이러한 독점의 폐해를 방지하기 위해 1890년에 'Anti-Trust Law'라 불리는 반독점법을 제정했다. 이 법은 당시 입법에 주도적인 역할을 한 상원의원 존 셔먼(John Sherman, 1823~1900)의 이름을 따서 '셔먼법'으로 알려져 있다.

조셉 F. 케플러, 〈연방의회에 들이닥친 독점 기업인들〉, 30.4×46.9cm, 종이에 석판인쇄, 1889년 10월 23일 발행된 매거진 〈퍽 : Puck〉에 수록

미국의 금융자본은 거의 모든 산업에 걸쳐 거대 독점자본의 탑을 쌓는 데 혁혁한 역할을 했다. 시장을 장악한 자본가들은 의회마저 쥐락펴락하며 소설 속 앤드루의 말처럼 "모든 수단과 자원을 동원하여 현실을 조정해서 자신에게 맞도록 구부"렸다. 조셉 F. 케플러Joseph F. Keppler, 1838~1894의 삽화에는 연방의회에 들이닥친 독점 기업가들의 부풀어 오른 배에 한결같이 '트러스트'가 새겨져 있다. 케플러는 '신뢰'와 '독점'이 함께 읽히는 기괴한 현상을 풍자했다.

〈트러스트〉 한국어판　　　　〈트러스트〉 영어판

에르난 디아스는 아르헨티나에서 태어났다. 이후 스웨덴, 아르헨티나, 영국, 미국 순으로 여러 국가를 옮겨 다니며 살았다. 그는 소설을 단 두 권 발표했는데, 모두 20여 개국에서 번역될 정도로 상업적으로 성공했고, 문단에서도 호평을 받았다. 데뷔작 <먼 곳에서 : In The Distance>(2017년)는 포크너상을 수상했고, 퓰리처상 후보에 올랐다. 그리고 2022년 발표한 <트러스트>로 마침내 퓰리처상을 받았다. 국내에는 2023년 강동혁의 번역으로 문학동네에서 출간됐다. 미국 케이블 채널 HBO에서 케이트 윈슬릿Kate Winslet 주연의 TV 시리즈로 제작될 예정이다.

에르난 디아스

100년 전 한국에서는 쌀로 선물거래를 했다

〈재생〉 : 이광수

돈과 사랑 사이에서 번뇌하다 돈을 선택하고 불행에 빠지는 비극은 대중 소설에서 흔히 볼 수 있는 구도다. 특히 조중환趙重桓, 1863~1944이 1913년 발표한 〈장한몽〉은 주인공 이수일과 심순애를 모르는 사람이 없을 만큼 유명한 작품이다. 그런데 〈장한몽〉은 일본 소설가 오자키 고요尾崎紅葉, 1868~1903의 〈곤지키야사 : 金色夜叉〉를 번안한 것이고, 〈곤지키야사〉도 영국 소설가 샬럿 M. 브레임 Charlotte M. Brame, 1836~1884의 〈여자보다 약한 : Weaker than a Woman〉을 번안한 것이니 100여 년 전에는 동·서양을 넘나들 정도로 인기가 있었던 소재였던 것 같다. 이광수李光洙, 1892~1950의 〈재생 : 再生〉 역시 이런 삼각구도로 유명한데, 선물거래를 중심으로 당시의 금융과 투기를 잘 드러낸 작품이라는 것은 잘 알려지지 않았다.

조선 최초 곡물거래소에서 생긴 일

1920년대 중반 미국 선교사가 세운 W여학교를 다니던 갓 스물의 김순영은 공부와 음악에 재능이 있고 미국 유학길에 오를 계획이다. 장안에 유명한 미인이라 많은 이의 구애를 받는 인물이다. 순영과 함께 3·1운동에 참여했던 신봉구는 일본 경찰에 검거된 뒤 힘든 옥중 생활을 순영에 대한 사랑으로 버텼다. 2년 반의 수감 뒤 출소하자마자 순영에게 자신의 몸과 마음을 받아달라는 편지를 보낸다. 미국 유학을 마치고 봉구가 다니는 전문학교에 재직하던 김 교수도 순영에게 반한 나머지 미쳤다 싶을 정도로 쫓아다닌다.

장안의 손꼽히는 부자 백윤희도 있다. 대정무역이라는 큰 회사를 설립한 사장이고 한성은행과 조선상업은행 등 굴지의 금융기관 이사를 겸직하는 인물이다. 나이는 사십 줄이고 처자식이 있으면서도 수없이 기생첩을 들이고 내치던 백윤희가 순영을 간택하고 집요하게 공을 들인다. 순영의 오빠 순기는 어떻게든 여동생을 백 사장과 연결시키려고 전전긍긍한다. 그런데 순영에게 다가가려는 세 명의 남자와 순영의 오빠까지 넷의 공통점이 하나 있다. 모두 미두거래와 관련한 인물이다.

인천미두취인소(米豆取引所)는 1896년 일제가 인천 신포동에 개설한 곡물거래소다. '미두'는 쌀과 콩(대두)을 의미하고 '취인'은 거래라는 뜻이다. 이렇게 얘기하면 가락동 농산물시장이 먼저 연상되겠지만 이 거래소의 핵심은 선진국 상품거래소들과 마찬가지로 선물거래였다. 미두 대신 기미(期米)라는 단어도 쓰였는데, 이것은 미래의 정해진 날짜에 쌀

1920년대 인천미두취인소. 사진 출처 : 인천광역시

을 양수도하기로 약정한 선물거래라는 뜻이다. 인천미두취인소는 조선 최초의 선물거래소였다. 결제일에 쌀이나 콩을 실제로 주고받지 않고 차액을 정산하는 것으로 대부분 거래를 종료했고, 거래의 주목적은 시세차익을 노린 투기였다.

일본 도쿄 유학을 마치고 돌아온 순기는 주식중매업과 금융업을 한다며 조상 대대로 내려오던 금전옥답을 다 팔고 사업에 나섰지만, 미두거래로 전 재산을 날리고 빚더미에 오른 상태다. 그래서 백윤희에게 여동생을 넘기고 한몫 챙기려는 것이다.

봉구는 순영이 돈에 끌려 결국 자신을 배신하고 백윤희의 첩으로 들어가자, 큰돈(500만 원)을 벌어 복수하겠다고 결심한다. 이름을 김영진으로 바꾸고 인천에 있는 미두취인중개점에 사환 겸 점원으로 들어간다. 위험이 커서 파산하는 이가 많았지만 중매점 주인 말대로 "장사와 벼슬이 다 막힌 조선 사람이 돈벌이할 유일한 방법"이었기 때문이다. 봉구의 첫 월급은 10원이고 주문을 받아오면 별도로 구전(口錢)*을 받았다. 찾아오는 손님이 없어 돌아다니며 주문을 받아야 하는 주문도리(注文とり) 신세다.

---

* 흥정을 붙여 주고 그 보수로 받는 돈.

전보통신을 보고 쌀값 폭락을 예상하다

봉구는 복수심에 불탔고 전문학교에서 상과(商科)를 다녔기 때문에 다른 미두꾼들과는 차별성이 있었다. 매일 밤늦게 귀가한 뒤에도 쉬지 않고 취인에 관한 서적과 각 신문의 경제란을 살피는 것을 본 중개점 주인 김씨는 매일 서너 차례 들어오는 전보통신문을 검토해 중요한 것을 자신에게 보고하도록 한다. 통신 서비스 요금이 매달 100원이니 봉구 월급의 열 배에 이르는 고가 정보다. 요즘으로 말하면 금융 데이터와 정보를 제공하는 블룸버그 터미널에 견줄 수 있을 것 같다. 봉구는 석 달 만에 주인의 비서 역할로 승진한다.

어느 날 통신문을 살피던 봉구는 '독일이 프랑스에 대한 배상 지급을 거절하는 결의를 했다'는 전문을 접한다. 대부분 사람은 별 의미 없다고 생각하고 지나쳤을 짧은 통신이지만, 국제 정세가 금융시장에 미치는 영향에 대해 안목이 있던 봉구는, 배상 문제로 프랑스 공채가격이 폭락하고, 영국·미국·일본 경제에도 악영향을 크게 미치리라 전망한다. 주저하던 주인 김씨를 설득해서 갖고 있던 주식을 경성의 주식현물취인시장을 통해 모두 팔아버리도록 한다. 이 시기 일본 정부가 대규모로 쌀을 구매할 것이라는 소문으로 가격이 계속 오르고 있었는데, 정부 매수 계획도 차질을 빚을 것으로 보고 쌀값도 폭락하리라 예상한 것이다. 봉구는 장 마감 직전에 쌀 1,000석을 선물시장에서 매도하고, 주인 역시 봉구를 따라 1만 석을 팔아버린다. 이 거래로 미두취인소가 격랑에 휩싸인다. 결산해보니 4~5일 만에 주인은 주식거래로 2만 원, 미두로 3만

원을 벌었고 봉구도 미두에서 3,000원을 벌었다. 조선인이 운영하던 중매점은 일본인 중매점에 비해 이류 취급을 받았는데, 김씨의 중매점은 이 거래를 통해 조선인뿐 아니라 일본인 사이에서도 명성이 알려지기 시작한다. 봉구의 실력을 높게 평가한 주인 내외는 그를 사위로 삼으려고 마음 먹는다.

봉구는 중매점에서 순영을 유혹하다 실패한 김 교수가 미두거래에 몰두하는 모습을 발견한다. 그의 실력은 떨어져서(주인 표현으로는 복이 없어서) '팔면 오르고 사면 내려' 손해만 본다고 한다. 또 8월 말 무더위 속에서 백윤희와도 조우한다. 일본어로 니햐쿠토카(にひゃくとおか, 입춘 후 210일 되는 날)를 앞둔 시기다. 이 때는 큰 태풍으로 한 해 농사를 망칠 수도 있기 때문에 일본 전역(과 조선까지)에서 미두 투자자들이 촉각을 곤두세우는 시기다. 봉구는 월미도의 한 호텔 별채에서 백윤희와 만나 20만 원에 쌀 10만 석 선물매매 계약을 체결한다. 워낙 거물이고 고액 거래이기 때문에 봉구가 고객 숙소까지 직접 간 것이다. 그리고 우연히 갓난아기와 함께 있는 순영을 만나면서 다시 한 번 감정의 파고는 높아진다.

조선의 위험한 개츠비들

이 소설에 묘사된 미두거래 방식, 규모, 통신문의 중요성, 위험 등은 매우 정확하다. 봉구가 미두거래에 뛰어들면서 "제2의 반복창이 되되, 그보다 더욱 큰 반복창이 되자"라고 각오를 다지는 대목이 나온다. 반복창潘福昌, 1900~1940은 봉구와 마찬가지로 미두중매점 말단직원으로 시작해 대성공을 거둬 미두신(米豆神)으로까지 불렸던 실재 인물이다. 재산은 40만 원에 달했고 1921년 약관의 나이에 김후동(그녀 역시 장안 최고 미녀였고 바이올린에 능숙했던 여학생이었다)과의 결혼식으로 이름이 널리 알려졌다. 결혼식 비용으로만 무려 3만 원이 들었고, 인천역에서 경성역까지는 전세 기차로, 경성역에서 결혼식이 열린 조선호텔까지는 수십 대의 자동차로 하객을 날랐다. 당시 경성에 자동차가 200대밖에 없던 시절이라 신문과 잡지는 반복창의 일거수일투족을 대서특필했다.

미두신으로 불렸던 반복창

지금은 거의 잊혔지만 100여 년 전 조선에는 거대한 규모의 선물시장이 있었다. 관심 있는 이들은 인천 조계지와 월미도를 방문할 때 미두거래소와 여러 은행, 주인공들이 드나들던 고급 청요릿집과 호텔의 정취를 느껴보기 바란다. 여러 흔적이 일부는 복원되고 일부는 사라진 채 남아 있다.

1920년대 인천세관 보세창고 인근에서 곡물검사를 벌이는 모습. 사진 출처 : 인천본부세관

인천미두취인소는 전장과 후장으로 하루에 두 번 열렸다. 지금의 선물회사 성격인 중매점에 일정 금액의 증거금을 예치하면 누구나 거래할 수 있었다. 당초 조선의 쌀시장을 장악하려는 일본 상인들의 의도에서 출발한 취인소의 시세는 (세계 최초의 선물거래소인) 일본 오사카취인소에서 날아오는 전보 시세에 따라 변동했다.

투기 열풍이 미두취인소를 뒤덮은 것은 1914년 발발한 제1차 세계대전으로 쌀값 변동성이 커지면서부터다. 인천시에 따르면 1910년 2,000만 석대였던 쌀 거래량은 1918년에 3,000만 석을 넘겼고, 1919년 6,000만 석을 돌파했다. 1920년에는 9,000만 석을 웃돌았다. 1916년까지 15원 안팎이던 석당 가격은 투기 바람이 일면서 1919년 월평균 35~48원으로 폭등했다.

쌀값이 하루에도 몇 원씩 오르내리자 인천항 일대는 전답을 판 돈을 당나귀에 싣고 온 투기꾼으로 넘쳐났다. '마바라(まばら, 소액투자자)'를 유혹하는 '일확천금 비법서'가 불티나게 팔렸고, 중매점들은 현대 '지라시'의 원조격인 정보지를 만들어 하루에도 수차례 천국과 지옥을 오간 취인소 투사(鬪士)들의 영웅담을 전했다.*

---

* 이태호, 〈시장의 기억〉 (2020), 어바웃어북

1926년 박문서관에서
단행본으로 발행한
〈재생〉

2014년 애플북스에서 출간한 〈재생〉

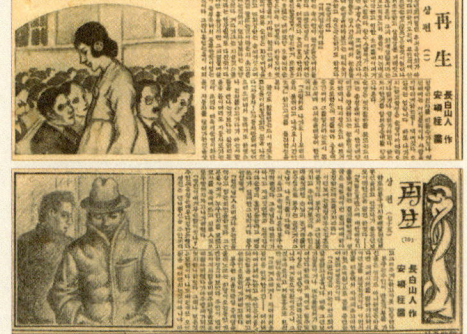

1924년 〈동아일보〉에서 연재를 시작한 〈재생〉

이광수

이광수는 1892년 평안도 정주군에서 태어나 1950년 한국전쟁 와중에 납북돼 사망한 소설가다. 어린 시절 부모를 잃고 어려운 형편이었으나 친일 단체인 일진회의 후원을 받아 일본 메이지 학원에서 유학했다. 〈재생〉은 지금부터 100여 년 전인 1924년 〈동아일보〉에 연재가 시작됐고 1926년 단행본으로 출간된 장편소설이다. 연재 당시 '많은 학생(그중에서도 여학생)이 신문배달부를 마치 연인처럼 기다렸다'는 이야기가 있을 정도로 인기였다고 한다. 그의 작품 〈무정〉(1917)은 한국 최초의 근대 장편소설이고, 그 외에도 〈유정〉 〈흙〉 〈마의태자〉 등 많은 화제작을 남겼다. 2·8 독립선언 작성과 상하이임시정부에도 참여했으나 안타깝게도 1922년 '민족개조론'을 발표한 이후 본격적인 친일 행보에 나섰다.

'주광야작'으로 써내려간
금맥 찾아 삼천리

〈금의 정열〉 : 채만식

골드러시는 19세기 중반 미국 캘리포니아와 오스트레일리아에서만 있었던 것이 아니다. 1930년대 조선은 황금광 시대로 불릴 만큼 골드러시 열풍에 휩싸였다. 선구(先驅)는 평안북도 가난한 집안에서 태어난 최창학(崔昌學, 1891~1959)으로 1923년 고향 인근에서 거대한 금광을 발견했다. 조선 3대 금광 중 하나인 삼성금광은 그렇게 탄생했다. 최창학은 금을 채굴해 수백만 원을 번 것에 더해 5년 뒤 일본 대기업 미쓰이에 금광 자체를 300만 원에 양도해 일약 600만 원의 거금을 지닌 벼락부자가 됐다. 이는 사람들의 마음속에 금광 개발 열망의 불을 붙였다.

변호사도 의사도 황금에 '미쳤던' 시대

채만식蔡萬植, 1902~1950의 〈금의 정열〉 도입부에 일본 유학파 지식인 서순범이 금광으로 거부가 된 친구 주상문을 소개하는 대목은 이렇다. "겉으로는 멀쩡해두, 알구 보면 광자 붙은 친구라네. 금광을 한다는 광(鑛)자가 조선말로 미칠 광(狂)자 하고 발음이 같으니." 黃金鑛(황금광) 시대는 동시에 黃金狂(황금광) 시대였던 셈이다.

금광 개발에 몰두하던 주상문은 광주시 임곡동 백산금광에서 노다지를 발견한 뒤 거부가 되고 금광사업을 전국으로 확대한다. 그는 야박한 성품은 아니나 사업에는 치밀하고 수완이 좋다. 청주에서 300만 평이나 되는 대규모 사금 광구를 개발할 때다. 다들 하는 것처럼 광부를 고용해 손으로 파게 하는 수굴 작업을 접고 트렌처(Trencher)라고 하는 첨단 장비를 도입한다. 가격이 70만 원이나 하는 초고가 장비다. 수작업과 기계화의 장단점을 비교하는 대목은 마치 회계사의 보고서만큼이나 수치가 정확하고 빈틈이 없다.

광주 건달 김봉식은 성매매업으로 번 전 재산 2만 원을 털어넣어 백산금광 옆에 100만 평짜리 광구 개발에 나서지만, 1년 내내 허탕을 쳐서 파산 위기에 몰린다. 주상문은 속으로 이 광구의 가능성을 높게 평가하고 실비인 2만 원을 쳐줄 테니 넘기라고 하지만 욕심난 봉식은 계속 튕긴다. 상문이 가격을 5만 원까지 올리자 10만 원을 내라며 큰소리친다. 괘씸하게 생각한 상문은 파격적인 조건으로 동업을 제안하고 봉식은 이를 덥석 물지만 이것은 함정이다. 우여곡절 끝에 봉식은 사정사정해서 2만 원만 받고 손을 터는데, 이렇게 뛰어난 수완을 소설가가 어떻게 알았을까 싶을 정도다.

공부 욕심이 많았던 서순범은 중학을 졸업한 다음 보통학교 교사로 6년간 근무하며 악착같이 돈을 모은다. 그렇게 학비를 마련해 도쿄의 사립대학을 졸업하고 돌아왔지만 그의 이력서를 약장사 광고지 취급하는 세태에 절망한다. 상문은 순범에게 자신과 같이 금광업을 하자고 제안하고 순범은 망설인다.

어느 날 순범은 변호사 민씨, 의사 신씨, 보험판매원 최씨와 함께 고급 요정에서 기생을 여럿 불러놓고 술판을 벌인다. 민씨가 300원을 들여 개발권을 딴 남원 금광을 1년 만에 3만5,000원에 신씨에게 넘기고 거래 성사를 축하하는 자리다. 최씨는 이 거래를 중개한 자이고, 순범은 두루 아는 사이라 모임에 낀 것이다. 얘기하다보니 순범을 빼고 기생까지 죄다 금광에 투자한 상태다.

순범은 신씨에게 "병원까지 넘기고 금광으로 전업한 심경"을 묻는다. 신씨는 돈도 돈이지만, "갑갑해서 그랬다"고 답한다. 그러자 민씨가 자신도 갑갑해서 금광에 뛰어들었다고 공감을 표한다. 의사 신씨는 "밤이나 낮이나 그놈의 낑낑 앓아쌓는 병자들" 만나는 게 지겹고, 변호사는 "그놈의 야박스런 쌈꾼(소송인)만" 상대해야 하는 게 질렸던 차에 가슴이 확 트이는 일확천금 금광사업에 혹했다고 한다. 순범은 과거에 이들의 인간성이 나쁘지 않다는 것을 알기에 고향 친구의 우정을 느꼈으나, 세속적이고 의식주의 노예라 생각해 경멸했었다. 하지만 이들의 열정(?)에 전염돼 이내 존경과 경이감을 느끼게 된다.

1932년 11월 29일자 〈조선일보〉는 '時代相 : 黃金狂時代'라는 박스기사에서 영화 〈골드러시〉의 찰리 채플린(Charlie Chaplin, 1889~1997)과 함께 금을 캐려고 땅속으로 들어간 사람들을 그려 세태를 풍자했다.

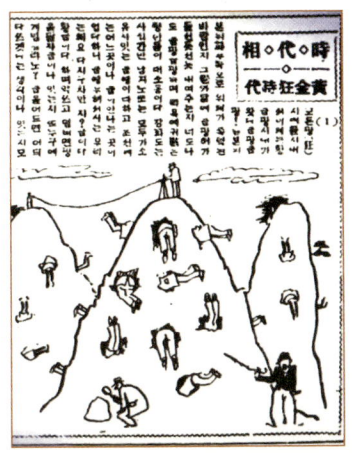

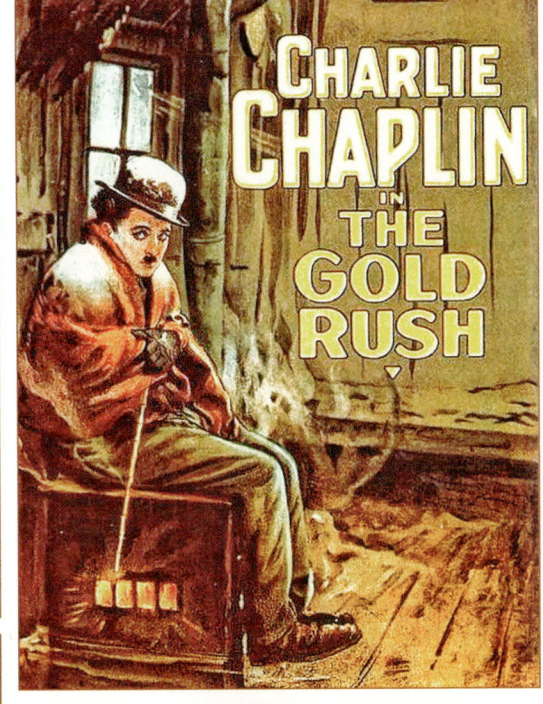

1934년 8월 1일자 〈경성일보〉는 금광업으로 큰돈을 번 최창학을 소개했다. '황금조선이 낳은 금광왕 최창학씨'라는 헤드카피가 인상적이다. 사진 속 저택은 최창학의 별장 경교장이다(종로구 새문안로 위치). 해방 후 1945년부터 1949년까지 대한민국 임시정부 청사로 쓰였다(2005년 사적 제465호로 지정).

골드러시로 탈탈 털린 조선의 금광들

1939년 조선에서 1원의 가치는 얼마였을까? 소득과 재산, 상품과 서비스의 가격이 중요한 소설이기 때문에, 소설을 제대로 느끼기 위해서는 화폐가치에 대한 감이 필요하다. 우선 인플레이션이 가장 중요한 요소다. 박기주와 김낙년이 2011년 발표한 장기소비자물가지수 추계에 의하면 1936년의 1원은 2009년의 6,294원이다. 하지만 여기에 더해 실질 경제 성장에 따른 소득 수준 상승, 경제 구조 변화, 사람들의 부에 대한 인식 등도 고려해야 한다. 그래서 국문학자 전봉관은 역사서 〈황금광 시대〉(2005)에서 직접 비교는 불가능하다고 단서를 달면서도, 독자의 이해를 돕기 위해 1930년대와 현재의 화폐가치를 일괄적으로 '1원 대 10만 원'으로 단순 환산해 서술했다. 대략 성장 효과를 15배 정도로 한 것이다. 딱 맞지는 않겠지만 소설 속 금액을 이해하는 데는 적절한 것 같다.

당시 경제 환경은 조선의 황금광 시대 개막을 여는 중요한 계기가 됐다. 1913년 제1차 세계대전이 발발하기 전까지 주요국은 모두 금본위제를 채택하고 있었다. 금본위제는 금으로 만든 정화(正貨) 또는 금태환 지폐를 사용하는 통화체제다. 지폐를 금과 교환할 수 있고 국제거래 결제 등을 위해 금을 자유롭게 수출입할 수 있다. 전쟁이 발발하자 일본을 포함한 각국 정부는 금의 지나친 국외 유출을 우려해서 금태환과 금 수출을 금지했다. 1918년 종전과 함께 미국이 금 수출을 다시 허용했고, 일본을 제외한 각국이 뒤를 이었다. 국내외에서 금본위제 복귀 압력을 받은 일본은 결국 1930년 1월 금 수출 금지를 해제했고(金解禁, 금해금), 뒤이어 일본에서 막대한 금태환과 국외 유출이 벌어졌다. 사태가 더 악화하자 일본 정부는 1931년 말 금 수출을 다시 금지했다(金再禁, 금재금).

소설 〈금의 정열〉에는 이 시기 일본 정부가 조선에 강력하게 부가한 금 생산 확대, 민간 보유 금 회수 및 국외 유출 방지 조처와 함께 이를 피해나가는 금 밀수 조직의 활동도 잘 서술돼 있다. 말단은 방물장수들이다. 바느질 도구나 화장품 판매의 주업은 뒷전이고 아녀자들이 가진 금가락지, 금비녀를 사들이는 데 더 열심이다. 수익이 비교가 안 될 정도로 크기 때문이다. 방물장수에서 접주로, 또 접주에서 대접주로 이어지면서 모인 금은 압록강 넘어 중국과 만주로 몰래 밀수출됐다. 일본 순사들은 이를 잡기 위해 혈안이었다.

현실에서 채만식의 형들은 금광 개발에 많은 경력을 가진 덕대*였다. 일본 유학을 다녀온 지식인 작가 채만식은 소설을 쓰는 한편 광산 투자자를 모으는 일에도 열심이었다. 주경야독은 아니고 주광야작(晝鑛夜作)이라고 해야 할까. 순범의 모습에서 채만식이 지녔던 생각의 흐름이 느껴진다.

• 광산주와 계약을 맺고 광산 일부를 떼어 맡아 광부를 데리고 채광하는 사람.

1930년대 평안북도의 운산광산.
자료 : 국사편찬위원회

이미지 출처 : KBS 〈역사스페셜〉

1930년대 조선은 '아시아의 엘도라도'라 회자될 만큼 다량의 금이 채굴되었다. 그중에서도 특히 평안북도 운산 지역에는 352제곱킬로미터에 이르는 대규모 광산이 들어섰다. 일제는 1931년 만주사변과 1937년 중일전쟁에 소요되는 막대한 군비를 마련하기 위해 <조선산금령 : 朝鮮産金令>(1937)과 <조선중요광물증산령 : 朝鮮重要鑛物增産令>(1938)을 잇달아 공포하는 등 조선에서의 금 착취에 몰두했다. 당시 조선의 광종별 산출액 중에서 63%를 금이 차지할 정도였다. 연간 산금액(産金額)이 6,872만7,346원(사금 포함)으로, 지금의 화폐가치로 환산하면(1원 대 10만 원) 무려 6조8,727억3,460만 원에 이른다.

〈채만식전집3 : 태평천하/금의 정열〉(절판)   〈금의 정열〉 전자책

채만식은 1902년 전라북도 임피군(현재 군산시에 편입) 부농 집안에서 태어났다. 고향에서 보통학교를 다니고 서울의 중앙고보를 졸업해 와세다대학 유학길에 오르나 학업을 마치지 못했다. <동아일보>와 <조선일보> 기자를 거쳐 전업 작가의 길에 나섰고, 소설·희곡·수필 등 수백 편의 작품을 발표했다. 친일작가 논란이 있으며 1950년 49살의 나이로 사망했다. 국문학자들이 가장 많이 연구하는 근대 작가 중 한 명이며 대표작은 <태평천하>와 <탁류>다. <금의 정열>은 1939년 <매일신보>에 연재된 뒤 1941년 영창서관에서 출간했는데, 문단에서는 다소 격이 떨어지는 통속소설로 취급했다. 당시 최대 현안이었던 황금광 열풍을 소재로 삼고 경향 각지의 풍속을 드러낸다는 점에서 '통속(通俗)'이라고 하는 것에는 이의가 없다. 하지만 이 소설이 묘사하는 사회경제적 모습은 논픽션이라고 해도 믿을 만큼 생생하고 풍부하다. 채만식의 작품 중 가장 사실주의적 전통을 잘 구현했다고 생각한다.

야만적 충동에
공매도를 친 경제학자

〈하버드 경제학 교수〉: 존 케네스 갤브레이스

소설 〈하버드 경제학 교수: A Tenured Professor〉 속 몽고메리 마빈은 1972년 하버드대학에 입학한다. 대학가에는 1960년대 전 세계에서 타오른 반전 학생운동의 열기가 아직 남아 있었고, 베트남전의 그림자는 깊어지고 있었다. 그해 11월 미국 대선에서 민주당의 조지 맥거번^{George McGovern, 1922~2012} 후보는 공화당 소속 현직 대통령이던 리처드 닉슨^{Richard Nixon, 1913~1994}에게 역사적 참패를 당했다(맥거번은 매사추세츠와 워싱턴D.C. 단 두 곳에서만 승리했다). 자유주의자로서 지역사회 활동에 양심적으로 참여했던 부모의 영향을 받은 마빈은 고등학교 때부터 학생들의 정치적 무관심에 반감을 가졌다. 다른 한편 "인생이라는 게임의 점수가 돈으로 표시"되는 풍조에서 큰돈을 버는 것에 양심의 가책을 받을 필요는 없지 않을까라는 생각도 있었다.

냉장고가격 분석으로 명성을 얻은 젊은 경제학자

마빈은 대체로 학문에 열중함으로써 불안을 억누르고, 학문의 세계에서 마음의 평안을 얻는다. 유독 경제학·통계학·사회심리학에 열심인데, 심지어 학생들 사이에 악명 높은 매크리먼 교수의 정신측정학 수업까지 청강한다. 매크리먼은 인간의 이성과 합리성이 아닌 개인과 집단의 광기를 전제로 사회 활동을 분석해야 한다고 주장하면서, 비합리성을 평가하고 계측하는 방법을 개발하려 노력한 학자다.

경제학과의 그리어슨 교수는 지도학생 마빈이 경제학자가 되고 싶다고 하자 기쁜 마음으로 훌륭한 경제학자가 될 것이라고 격려한다. 마빈은 "경제학의 테크니컬한 측면이 마음에 들고, 세상에 유익한 보탬이 되기 위해 경제학자가 되려 한다"는 포부를 갖고 있다. 하지만 그리어슨 교수는 '세상에 도움이 되는 것'에 너무 마음을 빼앗기지 말고 학문에 전념하라고 충고한다. 마빈은 애덤 스미스 Adam Smith, 1723~1790 와 존 메이너드 케인스 John Maynard Keynes, 1883~1946 가 모두 막대한 정치적 영향력이 있었으며, 특히 케인스는 주식시장에서 큰돈을 벌었다고 스승의 충고에 조심스레 반발한다.

하버드대학을 최우등으로 졸업한 마빈은 마셜 장학금을 받고 케임브리지대학으로 떠난다. 그리고 토론토대학을 마치고 '벌로 장학금'을 받고 옥스퍼드로 유학 온 캐나다 여학생 '머지' 브래드퍼드를 만나 사랑에 빠진다. 머지는 마빈 같은 천재는 아니지만 사회의식이 투철하고 결단력과 추진력은 마빈을 압도하는 여성이다.

갤브레이스를 비롯한 하버드대학 경제학 교수들의 연구실이 있는 리타우어센터.

마빈은 케임브리지 생활을 마치고 버클리대학에서 '냉장고가격 결정에 관한 수학적 패러다임 모델'로 박사학위를 받는다. 이 논문은 냉장고 시장을 훌륭하게 분석했을 뿐 아니라, 미적분학과 대수학에 대한 깊은 이해를 기반으로 가격분석 이론을 한 단계 발전시킨 것으로 높은 평가를 받는다. 마빈의 논문은 경제학계의 가장 권위 있는 학술지 〈아메리칸 이코노믹 리뷰 : American Economic Review, AER〉에 실리고, 매사추세츠공과대학 출판부는 그의 논문을 단행본으로 출판한다. 학계에서 스타가 된 마빈에게 하버드대학은 파격적인 영입 제안을 한다.*

하버드대학으로 옮긴 마빈은 냉장고시장과는 별도로 인간의 비합리적 행동으로 얼룩진 금융 공황의 역사를 분석하려고 한다. 뛰어난 계량경제학 실력과 역사적 교훈 그리고 매크리먼에게 배운 정신측정학까지 동원해 '광기의 정도'를 계산하는 공식을 작성한다. 이 공식은 나중에 비합리적 기대지수(IRAT)로 유명해진다. 마빈은 18세기 미시시피 버블

(34쪽)을 기록한 생시몽 ^Claude Henri de Rouvroy Saint-Simon, 1760~1825^의 저작에서 "대부분 사람이 미시시피회사 주가 붕괴로 전 재산을 날린 덕택에 유복해진 극소수 사람이 있었다"는 기록을 읽고 자신의 IRAT가 그 무기가 될 수 있다고 생각한다.

집단 광기의 허점을 이용해 돈을 벌다

첫 분석은 '뱅크오브아메리카'다. 마빈의 IRAT는 이 은행에 대한 대중의 황홀감이 객관적 실체보다 몇 배나 높다는 것을 나타낸다. 마빈은 계산 결과를 머지에게 보여주며 이 은행 주식을 공매도(153쪽 각주)할 경우 향후 주가가 폭락하면 큰돈을 벌수도 있다고 얘기한다. 머지는 이 아이디어에 끌리는데 정작 마빈은 주저한다. 아직 검증이 부족하다는 생각과 순수 학문에 시간을 써야 한다는 초조함 때문이다. 하지만 머지는 마빈과 달랐다. 즉시 증권회사 메릴린치로 달려가 계좌를 만들고 자기 명의로 공매도 투자를 시작한다. 머지는 마빈의 아이디어로 이익을 냈고, 이것이 지렛대가 되어 이후 부부의 의사결정은 머지가 주도한다. 이렇

---

* 이 책의 원제 'A Tenured Professor'를 우리말로 옮기면 '종신직 교수' 정도가 된다. 소설에서 'Tenured'는 단순히 교수의 종신재직권 이상의 의미로 해석할 수 있다. 가령 주인공 마빈은 하버드에서 종신교수직을 얻은 후 경제학적 분석을 활용해 금융시장에서 큰돈을 버는 인물로 그려진다. 여기서 'Tenured'는 학문적 자유와 안정성을 상징하는 동시에 교수로서의 특권과 그로 인해 가능해진 경제학적 실험을 의미한다고 볼 수 있다. 마빈은 시장의 비합리성을 분석하는 과정에서 이를 이용해 공매도를 통해 막대한 부를 축적한다. 즉 종신교수직이라는 안정된 지위가 그에게 위험을 감수할 수 있는 자유를 제공한 셈이다. 따라서 'Tenured'는 단순한 직위를 뛰어넘어 한 경제학자의 선택과 행동을 가능하게 하는 중요한 요소로 작용한다.

게 해서 마빈과 머지의 모험은 시작된다.

저자 존 케네스 갤브레이스John Kenneth Galbraith, 1908~2006는 소설을 시작하면서 등장인물 대부분이 허구의 산물이라 밝히고 오해하지 말라고 당부하지만 어쩔 수 없이 실제 경제학자들의 모습이 겹쳐 보인다. 그리어슨 교수는 사려 깊고 학문 이외의 것에 눈을 돌리지 않으려는 당시 모범적인 교수를 상징한다. 매크리먼은 합리성을 무기로 경제뿐 아니라 모든 사회현상을 설명하려고 달려드는 오만한 경제학에 맞서 싸우며 비합리성을 수호하려 노력하는 소수의 사회과학자를 대표한다.

마빈은 복잡한 인물이다. 탁월한 수리모형(레몬가격 이론)*으로 당대 경제학자들을 놀라게 하고 동시에 인간의 비합리성을 파고든 조지 애컬로프George Akerlof를 연상시킬 때가 있다(그는 2001년 노벨경제학상을 수상했다). 하지만 애컬로프는 자신의 이름으로 대규모 금융투자에 나서지는 않았다. 이 부분은 오히려 거대 헤지펀드인 '롱텀캐피털매니지먼트(LTCM)'의 공동 설립자이자 주요 파트너로 활약했던 금융경제학자 마이런 숄스Myron Scholes와 로버트 머튼Robert Merton을 떠올리게 한다(두 명 모두 1997년 노벨경제학상을 수상했다). 하지만 애컬로프의 비합리성 저술이나 숄스와 머튼의 LTCM 설립이 이 소설 출간 이후 일이니 직접적으로 연관 지을 수는 없다. 아마 갤브레이스는 여러 경제학자의 모습을 종합해 만들었을 것이다.

---

* 중고차시장에서는 차량 정보를 파는 사람이 독점하는 정보비대칭성으로 불완전 판매가 빈번하다. 경제학자 애컬로프는 '레몬시장 : 품질의 불확실성과 시장 메커니즘'이란 논문에서 중고차를 겉은 멀쩡하지만 속은 아주 신 레몬에 빗대어 표현하며 이론을 전개했다. 가령 일반적인 시장에서는 상품가격이 떨어지면 수요가 늘어나지만 중고차시장에서는 자동차가격이 턱없이 낮으면 사고 차량으로 의심해서 오히려 수요가 줄어든다.

한편 머지는 주요 기업의 여성 임원 비율을 계산해서 공개해 고위직 여성 비율이 낮은 기업을 압박하는 일에 열심이다. '유리 천장'에 대한 현대적 논의의 출발점을 볼 수 있다. 아울러 금융시장을 통해 기업을 사회적으로 바람직한 방향으로 유도할 수 있다는 머지의 주장은 ESG 운동의 초기 모습으로 읽힌다. 심지어 미국 정치의 고질적 문제인 금권정치의 핵심 수단인 정치활동위원회(PAC)에 대한 개혁운동에도 선구적으로 참여한다(갤브레이스의 예측대로 정치자금 문제는 전혀 개선되지 않았다).

하버드 경제학 교수의 재치 넘치는 풍자

나는 이 소설을 1992년 처음 읽었다. 당시 경제학을 전공하는 대학원생이었는데 아주 짧은 책이고 대단히 지적인 소설 같기는 한데 실체가 잘 안 잡히는 느낌이었다. 또 저자의 다른 경제학 저작들에 비해 그다지 진보적이지도 않고, 금융을 악용하는 것을 정당화하는 듯한 불편한 느낌도 들었다. 하지만 이후 미국 금융시장이 요동치거나, 경제학계에 새로운 아이디어들이 경쟁하는 모습을 볼 때마다 이 책을 펼치면 인사이트를 얻을 수 있었다. 심지어 미국 정치에 대한 이해에도 큰 도움을 주었다. 개인적으로는 갤브레이스의 어떤 경제학 저술보다 더 흥미롭고 유익한 작품이 아닐까라고 생각할 때도 있었다. 무엇보다 경제학자가 썼다고 믿기 어려울 만큼 유머와 매력적인 문장들로 빛나는 작품이다.

갤브레이스는 소설을 시작하면서 등장인물 대부분이 허구의 산물이라 밝혔지만, 어쩔 수 없이 실제 경제학자들의 모습이 겹쳐 보인다. 특히 주인공 마빈의 캐릭터는 여러 경제학자들을 소환한다. 그가 탁월한 수리 모형으로 인간의 비합리성을 파헤치는 대목에서는 레몬가격 이론으로 유명한 경제학자 조지 애컬로프(사진 ①)가 생각난다. 마빈은 금융 투자에 나서 큰돈을 벌기도 하는데, 거대 헤지펀드 LTCM의 주요 파트너였던 금융경제학자 로버트 머튼(사진 ②)과 마이런 숄즈(사진 ③)를 떠올리지 않을 수 없다. 아내 머지를 통해 기업의 사회적 책임과 금권정치의 폐해 등 비경제학적 분야로까지 관심 범위를 넓히는 풍모에서는 갤브레이스(사진 ④) 자신의 모습이 투영되기도 한다.

 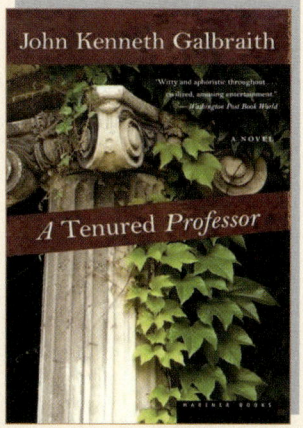

〈하버드 경제학 교수〉 한국어판 　　　〈하버드 경제학 교수〉 영어판

존 케네스 갤브레이스는 1908년 캐나다 온타리오주에서 태어난 저명한 경제학자다. 토론토대학을 졸업하고 미국 버클리 캘리포니아대학에서 박사학위를 받은 뒤 하버드 대학에서 경제학 교수와 명예교수로 오랫동안 근무했다. 1971년에는 미국경제학회 회장으로 선출됐다. 여러 민주당 정부에서 공직을 맡았는데, 케네디 정부 시절 인도 주재 대사로 근무한 것이 가장 유명하다.

존 케네스 갤브레이스

그의 책 〈미국 자본주의 : American Capitalism〉 〈풍요로운 사회 : The Affluent Society〉 등은 1950년대 세계적인 베스트셀러였고, 국내에서도 인기가 높았다. 〈하버드 경제학 교수〉는 1990년 미국에서 출판된 그의 세 번째 소설로 김성숙의 번역으로 1992년 한국경제신문사에서 출간됐다.

보이지 않는 손의 오독자들, 애덤 스미스의 모독자들

〈누가 스미스씨를 모함했나〉 : 조나단 B. 와이트

경제학자가 아니더라도 애덤 스미스Adam Smith, 1723~1790라는 이름을 모르는 사람은 거의 없을 것이다. 불멸의 저작 〈국부론 : The Wealth of Nations〉을 발표해 전 세계로부터 '경제학의 아버지'로 인정받고 있다. 1723년 영국 스코틀랜드에서 태어났으니 지난 2023년은 스미스 탄생 300년이 되는 해였는데, 그가 무덤을 박차고 다시 튀어나왔다.

어떤 일이 벌어진 걸까? 당연히 현실은 아니다. 조나단 B. 와이트Jonathan B. Wight의 소설 〈누가 스미스씨를 모함했나 : Saving Adam Smith〉 속 이야기다.

정비공으로 환생한 애덤 스미스

리치먼드 번스는 미국 버지니아주 허스트대학의 경제학 교수다. 매사추세츠주 케임브리지에 있는 유명 대학의 박사과정을 수료하고 논문 집필만 남겨둔 상태다. '애덤 스미스 석좌교수'라는 거창한 타이틀을 지닌 로버트 앨런 라티머가 번스의 지도교수다(소설에서 학교 이름은 밝히지 않았다. 하지만 케임브리지에는 하버드대학과 매사추세츠공과대학(MIT)만 있고 두 곳 모두 세계 최고의 경제학과를 두고 있으니 학교 이름은 중요하지 않을 듯하다).

라티머는 소련 붕괴로 전 세계에 도미노 효과가 일어나자 유명한 개혁 구호 'S-L-P'(Stabilize! Liberate! Privatize! 안정화! 자유화! 민영화!)를 창안하고 정부 예산 축소, 보조금 삭감, 탈규제, 국유자산 매각을 요구한다. 라티머는 신자유주의 경제학의 선봉장으로 고위 관료와 초국적 기업에 막대한 영향력을 미치고 있다. 최근에는 초국적 기업 '월드켐'이 러시아 국영 알루미늄 광산을 인수할 수 있도록 컨설팅하는 것에 올인하고 있다. 번스는 라티머 교수의 지시로 이에 필요한 경제학 모델을 개발 중이다.

조용한 시골 학교에서 논문 집필에 몰두하던 번스에게 루마니아 출신 이민자인 트럭 정비공 해럴드 팀스가 경제학자를 만나야 한다며 찾아온다. 번스의 애인이었던 화가 줄리아 브룩스가 소개했다고 한다. 팀스는 "애덤 스미스가 내 정신을 빼앗아버렸단 말이야! 그는 온 세상이 자기 말을 끝까지 들어주길 원한다"라며 절규한다.

번스는 정신 나간 팀스에게 기겁해서 경제학자가 아니라 의사를 만나는 게 낫겠다며 팀스를 돌려보낸다. 하지만 사랑하는 브룩스의 부탁으로 마지못해 다시 팀스를 만난다. 여전히 팀스의 말은 횡설수설처럼 들린다. 자신이 쓴 〈국부론〉뿐 아니라 〈도덕감정론 : The Theory of Moral Sentiments〉도 같이 읽으라고 권하면서 "부유함이나 빈곤은 본질적 의미에서 행복과는 아무 관련이 없고, 평정함 그 자체가 행복의 본질"이라거나, "자유에는 도덕적 의미를 망각하는 위험이 뒤따르고, 이 시대를 사는 사람들이 정신을 차리도록 일깨우는 게 내 임무"라는 식이다. 번스로서는 이런 주장이 '보이지 않는 손'을 통해 시장경제의 완벽함을 입증한 애덤 스미스가 한 말이라고는 도저히 믿을 수 없어 자리를 박차고 나가버린다.

〈도덕감정론〉이 순진한 청년의 낙서라고?

번스는 호기심에 도서관에서 〈도덕감정론〉을 빌려 읽는다. 그는 경제학자지만 이런 책이 있는지도 몰랐다(아마 대부분의 경제학자가 이 책을 읽지 않았을 것이다. 부끄럽지만 나도 그중 한 명이다). 팀스가 스미스의 목소리라며 내뱉은 말이 전부 이 책에 있음을 알고 번스는 깜짝 놀란다. 번스는 대학 교육을 받아본 적도 없는 정비공이 어떻게 이런 내용을 알았는지 궁금해 한다.

번스는 다시 팀스를 만나 시험해본다. 스미스의 출생연도, 고향과 가족 사항 같은 것은 물론이고 '튀르고와 루소의 논쟁' 같은 전문적인 내용과 스미스가 어릴 때 집시에게 유괴된 일 등 거의 알려지지 않은 사

소설에는 스미스가 자유시장 경쟁 질서를 비판하는 좌파 학자들과 논쟁을 벌이는 대목이 있다. 그렇다고 해서 스미스의 견해가 신자유주의와 일치하는 것은 아니다. 가령 금융시장의 정부 규제를 비판하는 이들이 그 근거를 스미스의 '보이지 않는 손'에서 찾으려는 주장은 잘못됐다. 스미스는 자신이 비유한 '보이지 않는 손'을 금융시장에 적용한 적이 없다. 오히려 《국부론》에서 국가의 책무를 명시하면서, 금융 사기나 투기로부터 시장을 보호해야 하는 의무가 국가에 있다고 주장했다.

이미지는 《국부론》의 1809년 판본(출처 : BUZZ BOOKSTORE)

건에 대해서도 팀스는 막힘없이 정확하게 답변한다. 번스는 결국 두 손 들고 스미스의 목소리임을 인정하게 된다.

번스는 스미스의 견해를 더 듣기 위해 팀스와 여행을 떠난다. 라티머는 월드켐에 결과물을 제출해야 하는 날짜가 다가오는데 번스와 연락이 끊어지자 조바심이 나서 번스를 찾아 나선다. 여기에 과거 라티머의 제자였던 맥스 헤스까지 등장한다. 헤스는 대학원 시절 남미 여행을 한 뒤 현지의 열악한 모습에 충격받고 체게바라주의자로 변신한 인물이다. 라티머의 면전에 대고 "가난한 사람들은 일자리가 없어서 굶어 죽는데, 당신은 이것을 '안정화'라고 말하지! 생필품값이 미친 듯이 인상되는데, 이것을 '자유화'라고 말하지! 소수 엘리트층이 국가의 돈을 훔치는데, 이것을 당신은 '민영화'라고 말하지!"라고 공격한다. 이윤보다 인민이 중요하다고 주장하는 과격 테러단체 POP(People Over Profit)의 행동대원이 된 헤스는 번스와 팀스를 죽이려 한다. 한편 월드켐 이사회에서 번스는 자본주의와 기업의 본질에 대한 통찰을 보여준다.

저자 와이트는 소설을 전개하면서 여러 차례 격렬한 토론을 묘사한다. 라티머와 번스, 또 번스와 스미스 사이에 벌어지는 '보이지 않는 손'에 대한 경제학적 토론이 기본이지만 거기에 그치지 않는다. 스미스가 좌파 학자들과 벌이는 논쟁도 있다. 번스가 근무하는 허스트대학의 사회학자 케럴 노튼과 국제관계학자 웨인 노튼은 승자독식, 이익의 사유화와 손실의 사회화를 언급하며 사유재산제도 폐지가 도덕성 회복을 가져오리라고 주장한다. 마오쩌둥 毛澤東, 1893~1976과 피델 카스트로 Fidel Castro를 성공 사례로 제시한다. 하지만 스미스는 팀스의 입을 빌려 "압제를 해결하는 것은 더 강력한 압제가 아니라 경쟁"이라고 말한다. "자유로운 사회에서는 1인 독재체제에서보다 오히려 도덕이 더 잘 가꿔 진다"면서 좌파 학자들과 의견을 달리한다.

소설에는 스미스가 스코틀랜드의 철학자 데이비드 흄 David Hume, 1711~1776, 프랑스 철학자 장 자크 루소 Jean Jacques Rousseau, 1712~1778, 사상가 볼테르 Francois-Marie Arouet Voltaire, 1694~1778, 중농주의 경제학자 프랑수아 케네 François Quesnay, 1694~1774와 논쟁을 벌이는 장면도 있다. 모두 스미스와 동시대 사람인데, 이들은 스미스처럼 다른 현대 미국인의 몸을 빌려 참여한 것이다. 이 과정에서 독자는 제조업과 농업의 관계, 자연과 문명, 교육의 역할 등에 대해 위대한 학자들의 목소리를 들을 수 있다.

애덤 스미스의 〈국부론〉과 〈도덕감정론〉을 두고 어떻게 해석해야 할지 많은 논란이 있었다. 그중 하나는 출판 시기다. 번스는 "어떤 사람들은 〈도덕감정론〉(1759)이 순진한 청년이 끼적인 낙서였고 철이 든 이후 〈국부론〉(1776)을 쓴 것이라 한다"고 얘기한다. 이에 스미스는 "내가 〈도덕감정론〉 6판(1790)을 낸 것이 〈국부론〉 출간 후 14년 뒤라네. 인간 본성에도 맞지 않고, 또 상업에 대해 직접 썼던 책과 모순되는 내용의 책을 재발행할 정도로 내가 형편없는 인간이라는 말인가"라고 반박한다.

시장만능주의자? 무덤을 박차고 나올 이야기

마침 2023년 시카고대학에서 미국과 유럽의 저명한 경제학자들을 대상으로 조사한 결과가 있어 소개한다. 첫째 질문, '애덤 스미스의 보이지 않는 손의 비유는 근대 경제학 발전의 기초인가?'에 응답자 74명 중 70명이 '그렇다'(95%)고 했다. '어느 쪽도 아니다'와 '아니다'는 각각 3명(4%)과 1명(1%)에 불과했다. 스미스가 '경제학의 아버지'로 경제학 발전에 결정적 역할을 했다는 것에 대부분의 경제학자가 동의함을 알 수 있다.

흥미로운 점은 둘째 질문이다. '이 비유가 순수 자유방임주의를 옹호하는 것으로 잘못 해석되는가?'라는 물음에 '그렇다'고 답한 경제학자가 63명(85%)이었고, '어느 쪽도 아니다'가 9명(12%)이었다. '그렇지 않다'고 답한 경제학자는 단 2명(3%)이었다. 이를 보면 스미스를 마구 인용하면서 정부 개입을 최소화해야 한다는 극단적 시장만능주의라는 주장을 우려하는 것을 알 수 있다. 스미스가 무덤을 박차고 나올 만하겠구나 싶다. 소설 〈누가 스미스씨를 모함했나〉를 읽는 것이 〈국부론〉과 〈도덕감정론〉을 읽는 것을 당연히 대체할 수는 없겠지만, 애덤 스미스를 이해하는 데 좋은 출발점이 되리라는 생각이다.

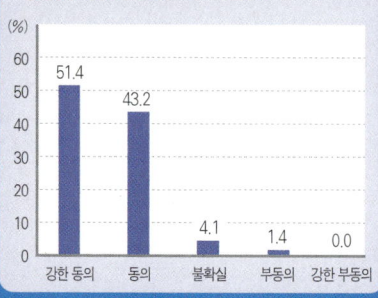

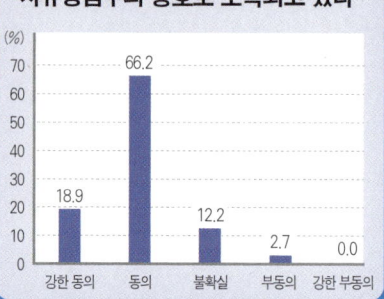

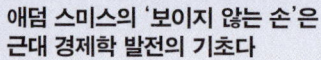 2023년 시카고대학은 미국과 유럽의 저명한 경제학자들을 대상으로 애덤 스미스에 대한 유니크한 설문조사를 진행했다(위 그래프 참조). 조사에 참여한 대부분의 경제학자들은 애덤 스미스의 '보이지 않는 손'이 순수 자유방임주의를 옹호하는 것으로 잘못 해석되고 있다고 우려했다. 이를테면 정부 개입을 최소화해야 한다는 극단적 시장만능주의의 기저에 애덤 스미스가 있다는 것이다. 소설에서 애덤 스미스가 무덤을 박차고 나와 정비공 팀스로 환생한 까닭이다.

배경 이미지는 스코틀랜드 에든버러 중심가 로열마일 거리에 세워진 애덤 스미스 동상.

〈누가 스미스씨를 모함했나〉 한국어판　　〈누가 스미스씨를 모함했나〉 영어판

조나단 B. 와이트는 미국 리치먼드대학 경제학 교수다. 1973년 태어난 와이트는 외교관인 부모와 함께 아프리카와 남미 여러 나라에서 거주했고, 이때의 경험이 대학 이후 그를 경제발전론으로 이끌었다. 그는 1995년 애덤 스미스의 <도덕감정론>을 읽고 학문과 인생의 전환기를 맞이했다고 한다(일반인의 생각과 달리, 경제학자 중 애덤 스미스의 책을 읽은 이가 많지 않다). 이후 연구를 애덤 스미스와 경제학의 윤리적 기초에 맞췄고, 논문 외에

조나단 B. 와이트

고등학교 교사를 위한 강의 교재 개발과 소설 <누가 스미스씨를 모함했나>의 집필까지 나아갔다. 이 소설은 미국에서 2002년 출간돼, 이후 여러 언어로 번역됐다. 한국에는 안진환과 이경식의 두 차례 번역으로, <애덤 스미스 구하기> <세이빙 애덤> <누가 스미스씨를 모함했나>의 제목으로 각각 출간됐다. 원제는 'Saving Adam Smith : A Tale of Wealth, Transformation, and Virtue'이다.

'가방끈 긴' 사람들은
어떻게 강남 아파트를 샀나

'낙토의 아이들' : 박완서

부동산 열풍에 휩싸인 1970년대 서울 강남의 모습을 그린 박완서(朴婉緖, 1931~2011)의 '낙토(樂土)의 아이들'은 스물다섯 쪽에 불과한 짧은 소설이지만 담고 있는 내용은 풍성하다. 개발 정보 빼돌리기나 분양권 전매와 같은 고전적인 투기의 모습뿐 아니라 미시적 차원의 다양한 사회현상까지 함께 읽을 수 있는 작품이다. 소위 '복부인'으로 표현되는 투기에 뛰어든 주부들의 모습과 강남의 왜곡된 교육열, 강남·북 사이뿐 아니라 강남 내부의 계층 분화까지도 생생하게 보여준다.

소설의 화자는 대학 강사인 남편이고 주인공은 아파트 투기에 나선 그의 아내다. 1970년대 초반 결혼 3년차에 이들은 무릉동의 '평민 아파트'로 이주한다. 아직 강남 열풍이 본격화하기 전이라 대금을 20년에 걸쳐 나눠 낼 수 있도록 특혜를 줬음에도 신청이 분양가구 수에 미달해 무추첨 당첨된다. 남편은 변두리로 밀려온 느낌에 부끄러워하는데 정작 아내는 이 지역이 내뿜는 '이상한 활기'에 취해 오히려 생기발랄해지고 당당해진다. 무릉동은 가상의 지명으로 지금의 강남구와 서초구를 포괄하는 영동지구 개발사업 현장이니 반포에서부터 신사동과 압구정을 거쳐 삼성동에 이르는 지역 중 한 곳이다. 평민 아파트도 공식 명칭이 아니다. 대형 고급 '맨션 아파트'와 대비되는 소형 평수의 저층 아파트를 작가가 그렇게 부른 것이다.

　노인들이 소일거리 삼아 하던 복덕방을 대신해 야망에 찬 청년들도 개발의 열기와 함께 부동산중개업이라고 부르며 강남에 진출한다. 아내가 "선견지명이 있는 젊은이"로 높게 평가하는 탁 사장도 그중 하나다. 대학에서 부동산학으로 석사학위를 받고 강단에도 서면서 '교수님'으로 불린다. 아내는 탁 사장이 극비리에 빼낸 각종 개발 정보를 믿고 간 크게 빚까지 내서 여러 채의 아파트 분양권을 사들이고, 공식 발표가 나서 가격이 폭등하면 전매하는 방식으로 돈방석에 올라선다. 거주하는 집도 평민 아파트에서 무릉동에서 가장 호화로운 50평 맨션으로 옮긴다.

요즘엔 '임장', 과거엔 '답사'

　소설은 "답사 갔다 올게요"라고 통보한 아내가 탁 사장과 함께 파란 승용차를 타고 떠나는 모습을 내다보는 남편의 복잡한 심사로 시작된다. 잘 정비된 아파트 단지와 상업용 건물들을 지나 새로운 투기판으로 향

1978년 한창 개발 중이던 반포지구 강남 고속버스 터미널 공사 현장 주변. 이미지 출처 : 서울역사박물관.

하는 것이다. 요즘에는 부동산을 사기 전에 '현장에 직접 가서 살핀다'는 의미로 임장(臨場)이라는 말이 유행인데, 당시에는 답사라고 했던 모양이다.

지질학자인 남편 입장에서 답사는 동료 학자들과 함께 하는 순수한 학술 여행이다. 그러니 집 장사들이 투기 대상을 찾아다니며 답사라는 말을 쓰니 들을 때마다 역겹다. 아내는 반대로 남편의 답사에 대해 "열 번에 한 번이라도 석유를 캐든지, 하다못해 노다지를 잡든지 해야지. 맨날 허탕만 치는 답사"라고 비웃는다. 하지만 아내는 '교수 부인'이라는 호칭에 애착이 있어 "돈도 안 되는 일 때려치우라"고 몰아세우지는 않는다.

이 대목을 읽던 중 나는 오래 전 기억 하나가 떠올랐다. 1980년대 초

강북에서 중학교를 졸업하고 인근 고등학교에 배정받던 시절이었다. 동기 중 여럿이 당시 존재조차 모르던 강남의 고등학교에 배정받은 것을 보고 '이건 뭐지' 했었다. '8학군'이라는 말을 그때 처음 들었던 것 같다. 나중에 알고 보니 아이들의 명문학교 진학을 위해 진작부터 부모가 강남에 아파트를 장만하고 주소를 옮겨놓은 경우였는데, 교사·교수·의사·변호사 등 가방끈 긴 지식인들이 많았다. 그래서인지 소설의 주인공이 투기로 큰돈을 벌었으면서도 별것 아닌 '교수 아내'라는 호칭에 그토록 애정을 갖는 게 이해가 갔다.

'복부인' 뒤에 숨은 남성의 이중적 욕망

'복부인'이라는 단어가 부동산 투기를 일삼는 중산층 이상의 주부들을 경멸적으로 일컫는 유행어로 자리 잡은 것은 부동산 투기가 본격적으로 대중화하기 시작한 1978년 전후*라고 한다. '낙토의 아이들'이 발표된 바로 그해이다. 당시 언론에 비친 전형적 복부인은 "양장을 입고 굵고 큰 테의 안경을 낀 30~40대, 학력이 높고 남편의 사회적 지위도 상층이며, 콧소리를 내고 삿대질하며 자신만만한" 여성이다.

복부인이 강남 개발과 아파트 투기의 핵심이라고 하는 것은 사실에 부합하지 않는다. 개발을 주도한 고위공직자와 대형 건설사의 의사결정

---

* 전봉관, '주거의 투기화, 투기의 여성화' 〈대중서사연구 제25권 제4호〉(2019)

자는 모두 잘나가던 남성이었다. 여성학자 최시현이 복부인 담론을 "과잉 도시화한 수도권에서 대중이 느끼는 피로감과 상대적 박탈감의 책임을 여성에게 전가하여 감정적 쾌락을 만드는 정치 공학적 산물"*이라고 해석하는 것은 역사적 타당성이 있다.

이 소설의 주인공인 '아내'야말로 '강남 부동산 투기에 뛰어들고 성공한 중산층 여성'인 전형적인 복부인이다. 차별 의식으로 찌든 학교에 아이들을 보내는 것에 오히려 자부심이 있고, 교수 부인이라는 허영도 있다. 하지만 박완서는 소설에서 투기를 남성이 아닌 여성의 문제로 인식하지 않는다. 복부인이라는 단어를 쓰지도 않는다. 복부인과 남성 부동산업자가 함께 투기를 주도할 뿐만 아니라, 투기에 냉소적인 남편 역시 공범이라는 인식을 갖는다. 남편은 '답사'라는 단어가 능욕당하고 투기꾼이 부동산학이라는 천박한 학문의 '교수님' 소리를 듣는 것에 배알이 꼬이지만, 마음속 깊은 곳에는 아내를 담대하고 탁월한 사업가라고 평가하고 자신에 대한 한탄과 열등감이 있다. 그리고 아내가 투기로 장만한 안락과 풍요가 주는 안일함에 빠져 있다.

심지어 박완서는 다른 작품에서, "누구 망신을 시키려고 복부인 노릇을 하느냐" 야단치면서도 자기들끼리 술잔을 기울이면서는 "요샌 복처처럼 큰 처복도 없다"며 키득거리는 남편들의 적나라한 모습을 드러내기도 했다.**

---

* 최시현, 〈부동산은 어떻게 여성의 일이 되었나〉(2021), 창비
** 박완서, '서울 사람들', 〈그대 아직 꿈꾸고 있는가〉(2012), 세계사

강남은 중산층의 속물근성 그림자가 드리워진 운동장

강남 개발은 한국 현대사의 중요한 현장이다. 경제 구조 측면에서도 중요하고, 굵직한 사건들과 비리가 큰 역할을 했다. 황석영은 〈강남몽〉에서 삼풍백화점 붕괴로 부터 거꾸로 거슬러 올라가, 강남 개발과 건설업자의 비리, 조직폭력배와 룸살롱 등을 흥미진진하게 그렸는데, '낙토의 아이들'에는 그런 극적인 서사는 없다. 하지만 부동산 투기가 극히 일부 거물의 노름판을 넘어서서 중산층의 삶과 의식에도 깊숙이 확산해 있다는 것 역시 이 시기를 규정하는 결정적 요소 중 하나라는 사실을 소환한다.

박완서는 한 인터뷰에서 "자신이 골수 중산층이라는 걸 잘 알고, 중산층적 한계를 벗어나지 못했다는 지적에는 언제나 승복한다"고 인정하면서, "중산층의 허위의식, 안이한 태도, 속물근성, 기회주의적 속성 등을 극복하는 것의 중요성"을 이야기한 적이 있다.* '낙토의 아이들'은 작가의 이런 인식을 잘 구현한 작품이라고 생각한다.

* 박완서, 〈박완서의 말〉(2018), 마음산책

임권택 감독의 영화 〈복부인〉의 한 장면. 커다란 선글라스, 화려한 의상과 액세서리로 복부인을 부정적으로 이미지화 했다.

복부인은 70·80년대 강남 부동산 투기의 주범으로 인식되어 왔다. 언론에서는 "복덕방에는 단골고객인 치맛바람, 즉 복부인들이 있다. 투기를 위해 복덕방을 무상출입하는 상류층 부인들을 가리키는 신조어"라며 복부인을 정의했다.* TV드라마나 심지어 영화에서도 복부인을 향한 비난은 수위가 높았다. 임권택 감독은 1980년 영화 〈복부인〉에서 런닝타임 내내 복부인을 저격했다.

21세기에 들어서며 한국사회의 다양한 부조리를 진단하는 사회학자들 사이에서 복부인에 대한 재조명이 이뤄졌다. 여성학자 김주희는 복부인으로 대표되는 투기 여성을 혐오하는 대중심리 연구를 통해, "(복부인은 부동산 개발을 위한) 금융시장을 합리화하려는 정부와 자본이 세운 허수아비"**라고 했다. 도시학자 경신원은 "고위 공직자들의 부동산 투기 의혹이 있을 때마다 그 책임을 '아내'에게 전가시킨"*** 사례들을 꼬집었다. 이 과정에서 어김없이 '아내=복부인'이라는 등식이 성립하곤 했다. 그리고 이보다 앞서 박완서는 단편소설 '낙토의 아이들'에서 강남 부동산 과열 현상에서 여성에 대한 사회경제적 편견을 지적하는 토대를 제공했다.

* 〈동아일보〉 (1978. 2. 2.)
** 김주희, '투기 부인이라는 허수아비 정치', 〈젠더와 문화 : vol 12〉 (2019), 계명대학교 여성학 연구소.
*** 경신원, '고위 공직자들은 왜 부동산 투기를 아내에게 전가했나', 〈오마이뉴스〉 (2022. 11. 29.)

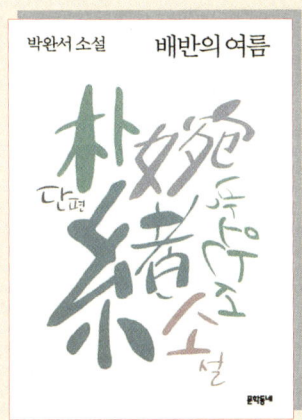 

'낙토의 아이들'이 수록된 단편집
〈배반의 여름〉

박완서는 1931년 경기도 개풍군에서 태어나고 2011년 서울에서 사망한 작가다. 서울대 국문학과에 입학했으나 한국전쟁의 영향으로 졸업하지 못했고, 40살이 다 돼가던 1970년 '나목'이 〈여성동아〉에 당선돼 소설가로 등단했다. 일생에 수많은 장·단편 소설을 발표했고, 이상문학상, 동인문학상 등 국내의 거의 모든 주요 문학상을 받았다. '낙토의 아이들'은 1978년 〈한국문학〉에 게재됐고, 문학동네에서 펴낸 박완서 소설집 〈배반의 여름〉(1999)에 수록돼 있다.

30년을 잃어버린
일본의 추한 자화상

〈금융부식열도〉 : 다카스기 료

일본 주식시장을 대표하는 닛케이지수(Nikkei 225)가 2024년 2월 말 3만 9,098을 기록했다. 1989년 말 3만9,000 직전까지 갔던 닛케이지수가 거품 붕괴로 급락한 뒤, 장기에 걸쳐 지지부진하다가 34년 만에 전고점을 넘어선 것이다. 중앙은행인 일본은행은 같은 해 3월 18~19일 양일에 걸친 금융정책결정회합에서 −0.1%였던 기준금리를 0~0.1% 구간으로 인상한다고 발표했다. 8년 만의 마이너스금리 이탈이고, 17년 만의 금리인상이다. 장기금리를 직접 통제하기 위해 도입한 대규모 국채 매입(양적·질적 금융완화 또는 수익률 곡선 통제)과 주가 부양을 위한 상장지수펀드 매입도 중단한다고 발표했다. 비전통적 통화정책이 끝나가고 있는 것이다. 일본의 오랜 염원이던 디플레이션과 임금 정체의 탈피가 가시화하면서 가능해진 조처로, 드디어 일본이 '잃어버린 30년'에서 벗어날 수 있을지 궁금해지는 대목이다.

거품을 타고 떠올랐던 일본의 추락

대규모 경상수지 적자에 시달리던 미국은 1985년 달러가치 절하를 위해 프랑스·서독·영국·일본에 외환시장 개입을 요구했고, 이는 플라자합의를 통해 수용됐다. 일본 정책당국은 합의에 따라 달러를 대규모로 매각하면서 엔고(달러에 대한 엔화가치의 상대적 절상)를 달성했고, 이에 따라 일본 수출은 큰 폭으로 하락했다. 이에 대응해 일본은행은 수요 진작을 위해 금리를 인하했고, 이때부터 자산가격은 빠르게 상승했다.

이런 상황에 대한 경고가 없지 않았으나 일본 정책당국은 대외경제환경을 이유로 금리인상을 미뤘고, 엔고와 저금리에 취한 일본의 기업과 금융기관, 개인들은 경쟁적으로 자산 매입에 나섰다. 일본 국내 증시와 부동산시장에 불이 붙었을 뿐 아니라, 일본인의 미국 기업·건물 매입도 대규모로 이뤄졌다. 이 때문에 미국인 사이에 이른바 '떠오르는 일본'에 대한 적대감이 팽배해졌다. 심지어 전 세계 미술품과 와인까지 일본인이 싹쓸이하면서 가격이 급등했다.

하지만 역사상 모든 거품이 그랬듯이 가격이 영원히 상승할 수는 없다. 일본은행이 1989년 금리를 인상하면서 주가는 1년도 안 돼 반토막이 났고 30년 넘게 회복하지 못했다. 부동산가격도 1992년 초부터 급락했다.

다카스기 료高杉良의 〈금융부식열도 : 金融腐蝕列島〉는 거품 붕괴 뒤 혼란에 빠진 일본의 모습을 그린 장편소설이다. 1993년 도쿄의 대형은행 교리쓰은행이 주무대이지만, 일본 경제를 좌지우지한 대장성* 관료들과 정치인이 기업인과 맺는 관계도 비중 있게 다뤄 일본형 정·관·경 유착을 한눈에 볼 수 있다. 일본에 특유한 총회꾼·야쿠자·블랙저널리즘이 기업을 뜯어먹는 (또는 결탁하는) 행태도 생생하게 그려져, 거품 붕괴 전후 일본 사회의 모습을 입체적으로 살펴볼 수 있다.

주인공 다케나카 하루오는 와세다대학 법학부를 졸업하고 1974년 교리쓰에 입행한 19년차 은행원이다. 도쿄 중심가 도라에몬지점 부지점장으로 근무하던 다케나카는, 어느 날 본점 총무부 주임조사역으로 발령받자 큰 충격을 받는다. 총무부 주임조사역은 직책은 거창해보이지만 주주총회에서 협박을 일삼는 총회꾼들을 상대해야 하기 때문에 주로 고졸 행원들이 근무하는 '섭외반' 소속이다.

이번 인사는 입행 동기인 종합기획부 주임조사역 스기모토 가쓰히코가 추천하고 사토 아키오 비서역이 결정했다. 이들은 도쿄대학 법학부 선·후배 사이로 회사의 최고 엘리트 코스를 밟고 있는 에이스다. 스기모토는 은행 중간 간부 중 핵심인 대장성 담당이다. 도쿄대학 출신이 주도하는 대장성 엘리트들과 쉽게 어울려야 하기 때문에 주로 도쿄대학 법학부나 경제학부 출신이 이 자리를 맡는다. 사토는 은행장이 총애하는 실세 비서로 상급자나 선배들도 그의 말이라면 쩔쩔맨다.

---

* 일본 메이지유신 때 설립된 핵심 경제부처로 2001년 재무성과 금융청으로 분리 개편됐다.

'야쿠자 불경기'라는 치욕

소설 속 인물을 출신 학교와 입행 기수로 표현하는 게 다소 어색하다는 느낌이 들기도 하다. 이 소설에는 수백 명이 등장하는데, 대부분의 인물에 대해 주인공이든 단역이든 가리지 않고 학벌과 기수를 서술하고 있다. 나아가 대장성 63년 수석이라든가, 동기 중 에이스라든가 하는 관료 사이의 서열도 거침없이 드러낸다. 실제로 일본 기업이나 정부 인물들이 학벌로 강력하게 얽혀 있는데다, 이 소설의 작가가 경제지 기자와 편집국장까지 거쳐서 그런지 소설을 마치 월간지 연재물 기사처럼 썼다.

다케나카는 사토의 특명을 받아 예식장 사장 가와구치 마사요시의 대출 요구를 은밀하게 조사한다. 섭외반 직원이 대출 관련 일을 맡은 것은, 가와구치가 긴자에서 갤러리를 운영하는 회장 딸 미하라 마사에에게 접근해서 청탁했기 때문이다. 가와구치가 야쿠자와 밀접함을 알게 된 다케나카는 대출을 거절하고 그의 실체를 회장에게 보고할 것을 주장하지만, 사토와 스기모토는 회장의 심기를 거스르지 않기 위해 제대로 된 담보나 심사도 없이 대출해주도록 지시한다. 황당해 보이지만 거품기 일본의 은행들은 대출을 폭발적으로 늘리면서 부정 대출이 흔했고, 야쿠자와 결부된 대출도 상당했다. 소설 속 전문가는 "야쿠자 때문에 채권 회수가 제대로 되지 않아 일본 경기 회복이 늦춰지는 야쿠자 불경기"에 빠져 있다고 진단한다. 특히 "개인적 다툼을 법적 수단에 호소하지 않고 내밀하게 해결하는 일본 사회의 뿌리 깊은 관습" 때문이라는 대목은 매우 날카롭다.

회장 딸을 사로잡은 가와구치는 점점 더 본색을 드러내고 다케나카는 이에 대처하는 과정에서 부정 대출을 주주총회에서 폭로하겠다는 총회꾼과 얽히게 된다. 총회꾼은 약간의 주식을 보유한 채 주주총회에 참석해 회사를 협박하는 이들이다. 주로 극우 행동단체, 야쿠자, 블랙저널리즘 소속원들이 활동하는데, 총회꾼 중 거물은 은행 수뇌부와 직접 대화하고 거액을 요구할 정도로 기세등등해서 큰 골치다.

한국과 일본은 상법에 '이익공여금지' 조항을 두어 주주의 의결권 행사에 영향을 미치기 위해 금품을 제공하는 행위를 금지하고 이를 위반하면 형사처벌하도록 규정하고 있다. 극성 총회꾼의 횡포를 막기 위한 것인데, 서구에선 찾아볼 수 없는 조항이다. 소설이 출간된 직후 일본의 다이이치간교은행이 총회꾼 고이치 류이케小池隆一의 입막음을 위해 10여 년에 걸쳐 무려 460억 엔 상당의 이익을 제공한 것으로 밝혀져 충격과 함께 〈금융부식열도〉의 선견지명이 크게 화제를 모았다. 이로써 다카스기 료는 이 사건을 중심으로 삼아 시리즈 2권을 집필하기도 했다. 한국에는 총회꾼이 거의 없을 뿐 아니라, 가끔 등장하더라도 영향이 미미한 것에 비하면 꽤 다른 모습이다.

상상이 지나친 엽기적 사건? 실제 사건!

소설에는 대장성 소속 재정금융연구소장으로 '자산가격 변동의 메커니즘과 그 경제적 효과'라는 대장성의 자기비판 보고서 작성을 주도한

니시오카 마사히사** 처럼 부실 정리와 은행 개혁에 몸을 던지는 관료도 등장하지만, 부패한 관리도 여럿 등장한다.

그중 가장 엽기적인 것은 '노팬티샤브샤브'다. 도쿄 신주쿠 성인음식점(?) '로란'이라는 가게는 미모의 여종업원이 속옷을 입지 않은 채 접대하는 곳이다. 가격은 고급 요정 못지않게 비싼 집이지만 인기가 높아서 은행 엘리트 직원들과 대장성 관료들이 자주 찾는 곳이다. 대장성의 잘나가는 관료가 이곳에서 엽기적인 행동을 하다 동료의 투서로 출세에 발목이 잡히는 대목을 읽다가 소설의 상상이 지나치다고 생각했는데, 찾아보니 실제 있었던 사건이다. 1998년 대장성 간부들이 '노팬티샤브샤브'에서 접대받은 것이 드러나, 장관이 물러나고 대장성이 해체되는 계기가 된 사건이 있었다. 소설은 이를 한 해 전에 예견했다.

소설은 상·하권 합쳐 900쪽이 넘는 분량이지만 순식간에 읽을 수 있을 만큼 흥미진진하다. 책을 덮으면서 우리 현실과 비교해봤다. 당연히 동일하지는 않다. 우선 소설과 현실은 다를 수밖에 없고, 한국과 일본의 차이도 존재하며, 또 1993년과 2025년이라는 30년의 시차도 무시할 수 없다. 야쿠자와 한국의 조폭은 이름만 비슷할 뿐 그 속을 들여다보면 다른 점이 적지 않다. 물론 비슷한 점도 제법 있다. 1990년대에 사회생활을 시작해 다양한 기업과 정부의 한쪽에서 관찰한 나의 경험에 따르면 '이런 점은 참으로 유사하구나'라는 생각이 절로 났다. 책을 읽는 내내 기업인과 경제부처 공무원에게 특히 유익하겠다는 생각이 들었다.

---

* 이 보고서는 실제로 작성된 것으로 알려져 있다.
** 당시 대장성의 은행국장이었던 니시무라 요시마사(西村義正)라는 실제 인물을 모델로 한 것으로 추정된다.

1988년 세계 20대 기업 시가총액 순위

(단위 : 백만 달러, 1987년 기준)

순위	기업	국적	시가총액	매출액
1	NTT	일본	276,840	46,639
2	IBM	미국	76,049	54,220
3	스미토모은행	일본	65,335	300,933
4	엑손	미국	62,572	82,100
5	다이이치칸교은행	일본	61,971	325,206
6	후지은행	일본	59,746	293,103
7	도쿄전력	일본	57,318	32,455
8	미쓰비시은행	일본	53,934	296,063
9	일본개발은행	일본	52,170	225,909
10	노무라증권	일본	51,154	28,707
11	쉘	영국	50,285	77,430
12	토요타	일본	46,334	54,984
13	산와은행	일본	46,136	262,051
14	제너럴일렉트릭	미국	39,617	39,300
15	마쓰시타전기	일본	34,852	39,696
16	신일본제철	일본	32,252	19,276
17	히타치	일본	31,721	40,980
18	도카이은행	일본	31,288	194,270
19	일본장기신용은행	일본	30,078	156,087
20	미쓰이은행	일본	29,351	185,106

출처 : 〈매일경제〉 1988년 9월 24일자

일본 경제의 버블이 최고조에 달했던 1988년경 시가총액 기준 세계 20대 기업 중에서 일본 기업이 무려 16개나 올랐다. 그 가운데 소설 〈금융부식열도〉의 배경인 일본의 은행들은 9개나 된다. 당시 1위 NTT의 시가총액은 2위 IBM의 3배가 넘었다. 1988년 한국의 국내총생산(GDP)은 2,023억 달러로, NTT 시가총액의 70% 수준에 불과했다. 버블에 취해 부패한 돈은 증시로 흘러들어가 더 많은 버블을 양산했다. 역사상 모든 버블이 그랬듯이 일본도 피해갈 수 없었다. 일본은행이 1989년 금리를 인상하면서 주가가 1년도 안 돼 반토막 나면서 '잃어버린 30년'을 예고했다.

〈금융부식열도〉 한국어판 　　　〈금융부식열도〉 일본어판

다카스기 료는 1939년 일본 도쿄 출생의 소설가다. 산업전문지 <석유화학신문> 기자에서 편집장까지 거친 뒤, 1975년 엔지니어를 주인공으로 한 기업소설 <허구의 성 : 虛構の城>으로 문단에 데뷔했다. 기업을 무대로 한 수많은 작품을 집필한 일본 경제소설 분야의 대표 작가다. <금융부식열도>는 1997년 가도카와출판사에서 출간됐고, 국내에는 2012년 이윤정의 번역으로 민음사(펄프)에서 나왔다. 거품 붕괴 이후 금융기관과 경제부처의 모습을 적나라하게 드러내고, 소설 속 묘사와 유사한 상황이 현실에서 벌어지면서 화제가 됐다. 이 작품의 인기가 높아져 다카스기는 총 다섯 편의 시리즈를 출간했고, 여러 편이 드라마와 영화로 제작됐다.

다카스기 료

일본의 버블경제 상공에서 먹잇감을 사냥한 독수리들

〈하게타카〉 : 마야마 진

마야마 진真山仁의 소설 〈하게타카 : ハゲタカ〉의 주인공 시바노 다케오는 1997년 미쓰바은행의 자산유동화개발실장에 임명된다. 버블이 터져 어수선한 시기에 부실채권(NPL)을 통째로 팔아넘기는 과제를 맡게 됐다. 업계에서 '벌크 세일'*이라고 부르는 험한 일이다. 미국 뉴욕 지점에서 두 번이나 근무하고 최근까지 인수합병 업무를 담당하던 최고 엘리트 은행원인 시바노 입장에서는 청천벽력 같은 인사이지만 군말 없이 받아들인다. '미쓰바은행 최고의 비관주의자'라고 놀림을 받으면서까지 버블 가능성을 경고했고 부실채권의 조속한 처리를 강하게 주장해온 책임감 때문이다.

---

* '벌크(Bulk)'는 선박에서 내린 화물이 부두에 아무런 구분 없이 왕창 쌓여있는 상태로, 벌크 세일은 박리다매를 목적으로 진열대에 물건을 쌓아 놓고 판매하는 마케팅 방식이다. 금융에서는 개별 증권이나 부동산 등의 자산을 한꺼번에 묶어서 매매하는 것을 가리킨다.

벌크 세일의 상대는 미국 투자회사 KKL의 일본법인 호라이즌 캐피탈 대표 와시즈 마사히코다. 와시즈는 KKL 본사에서 탁월한 성과를 내면서 '골든 이글'이라는 별명을 얻으며 네 번째 시니어 파트너로 승진한 인물이다. 아시아인으로서는 최초인데다 다른 세 시니어 파트너는 모두 창업자라 월스트리트를 깜짝 놀라게 한 인물이다. 와시즈는 부실기업 인수를 목적으로 하는 벌처 펀드 업계의 대표주자다. 이 소설의 제목 하게타카는 '벌처(Vulture)' 또는 '콘도르(Condor)'의 일본어다.

'비관주의자'의 부실채권 팔기

미쓰바은행과의 첫 회의에 와시즈는 미국 투자은행 골드버그 콜스의 린 헤드포드와 한 팀을 이뤄 참석한다. 벌크 세일에 나온 채권의 장부가는 700억 엔이 넘지만 부실 덩어리라 은행 쪽은 300억 엔 정도에 매각하면 다행이라 여기고 최저한도는 200억 엔 정도로 생각하고 있다. 하지만 미쓰바 쪽은 대규모 부실채권 처리가 처음인데다 폭력배와 정치인들을 상대로 밝힐 수 없는 대출도 많이 끼워두었기 때문에 위축돼 있다. 호라이즌과 골드버그는 업무 경험이 많고, 회계 비리 등 상대의 약점을 다 파악하고 있다. 게다가 주관 부처인 대장성의 노골적인 후원까지 받고 있어 말 그대로 미쓰바를 가지고 논다. 최종적으로 채권은 72억 엔에 호라이즌에 넘어간다. 게다가 호라이즌과 골드버그는 10억 엔이 넘는 경비와 자문수수료까지 청구한다.

호라이즌 캐피탈은 부실채권 인수 업무를 넘어서서 재무위기에 몰린 일본의 알짜 기업을 인수한 뒤 회생시켜 비싼 가격에 되파는 본격적인 기업인수(PE)에 나선다. 도쿄소아이은행 등 여러 은행이 이들 손에 넘어간다. 와시즈가 가장 공들이는 것은 다이요제과다. 나부스코라는 제과회사 인수가 미국 본사가 유명해진 계기라는 사실을 염두에 두고 있지만, 이 회사는 훌륭한 제품을 가졌음에도 오너 일가가 썩었기 때문에 쉬운 타깃이 될 것이라 생각한다.

1949년 설립된 다이요제과는 창업자 사망 뒤 이복형제들 사이에 내분이 생겼고, 지금은 큰며느리가 사장을, 둘째 아들이 부사장을 맡아 싸움을 봉합한 상태다. 임직원들도 양쪽으로 갈라져 싸우고 있는데, 내분보다 더 문제는 큰아들과 작은아들 심지어 3세들까지 모두 경영은 뒷전인 채 회사를 사유화해서 회사 재산을 탕진하는 것이다. 이들은 호라이즌의 인수 시도를 '탐욕스러운 외국계 벌처 펀드의 공격'이라고 매도하면서 버틴다.

우리말로 수릿과 조류를 뜻하는 벌처는, 재정적으로 파산했거나 파산 직전인 기업을 인수하여 회생시킨 후 높은 가격에 되팔아 차익을 남기는 행위를 전문으로 하는 투자자를 말한다. 버블의 후폭풍이 심각했던 90년대 말에 경영난을 겪던 일본의 기업들을 사냥하는 미국계 벌처 펀드들이 도쿄로 몰려 들었다.

한편 시바노는 미쓰바은행을 그만두고 대학 동창 세토야마 가쓰히로가 경영하는 슈퍼마켓 체인 에비스야로 옮긴다. 아버지로부터 에비스야를 물려받은 세토야마는 버블기에 무리하게 투자를 넓힌 탓에 위기에 몰려 있다. 막대한 자금을 들여 설립했지만 버블 붕괴로 가격이 급락하고 운영도 적자상태인 골프장은 큰 골칫거리다. 시바노는 뉴욕지점 근무 시절부터 조만간 일본에 위기가 닥치면 회생전문가의 역할이 중요해질 것이라 생각하고 조사와 연구를 수행해왔던 터라 실전에서 자기 생각을 입증할 기회라고 생각한다. 하지만 현실은 이론보다 훨씬 더 험악하다. 세토야마는 좋은 사람이지만 경영자의 자질을 갖추지 못해 회사 자금은 새고, 직원의 대규모 횡령과 분식회계까지 겹쳐 있다. 결국 시바노는 칼을 빼서 오너인 세토야마를 물러나게 한다.

벌처 때리기의 명과 암

외국계 펀드의 일본 은행과 기업 인수가 있을 때마다 일본 전역에서 벌처 때리기가 일어난다. 미국이 일본을 집어삼키려 한다거나 제2의 연합군 총사령부라는 사설이 신문에 실린다. 그리고 그 피해자의 가면 뒤에서 기업의 오너와 경영진은 책임을 벌처에 전가하고 자신의 책임을 회피한다. 하지만 외국계 금융기관이라고 해서 마냥 깨끗하고 효율적이기만 한 것은 아니다. 정보기관 출신들까지 동원해서 기업인, 정치인, 관료들의 약점을 귀신처럼 찾아낸다. 일본인 원로를 간판에 내세우고 자신들은 뒤에 숨어 실속을 챙기기도 한다. 심지어 조세회피지역을 이용한 뇌물과 성 접대에도 거리낌이 없다.

소설에 등장하는 기업과 인물들의 일본식 이름을 지우고 생각하면 한국과 판박이처럼 닮았다는 것에 놀라게 된다. 소설이라 일부 과장이 있지만(또 일본과 한국의 현실이 반드시 똑같다고 할 수도 없지만), 그래도 소설을 읽으며 일본 재계는 물론 한국의 기업 현장에 대한 이해도 깊어진다는 생각이 들었다.

일본에는 한국과 달리 경제소설이라는 장르가 있다. 기업인, 금융인, 경제 관료 등을 주인공으로 해서 경제 현상을 그린 소설이다. 문예소설은 아니고 장르소설 또는 통속소설이라고 분류할 수 있지만, 치밀한 취재가 바탕이 되면 잘 드러나지 않는 사회의 이면을 생생하게 보여준다. 그래서 이 분야는 기자에서 전업한 소설가가 제법 많다. 마야마 진도 그렇고, 앞서 다룬 〈금융부식열도〉의 다카스기 료 역시 경제지 기자 출신이다. 신문 기사나 논픽션에 비해 글쓰기의 제약이 적어 경제나 금융 전문가가 아니더라도 쉽게 접할 수 있다는 것도 장점이다.

나는 경제학자들의 책*이나 중앙은행 총재의 회고**를 통해 일본 버블기에 대해 많이 배웠지만 어떤 답답함이 있었다. 그런데 이 책을 비롯한 일본 버블기의 경제소설로부터 기업과 금융의 실체를 접할 수 있었다. 국내에도 다양한 경제소설이 나왔으면 하는 바람이다.

---

* 리처드 쿠(Richard C. Koo)의 〈밸런스시트 불황으로 본 세계경제〉, 박상준의 〈불황터널〉 등.
** 시라카와 마사아키(白川方明)의 〈일본의 30년 경험에서 무엇을 배울 것인가〉 등.

<하게타카> 한국어판   <하게타카> 일본어판

마야마 진

마야마 진은 1962년 일본 오사카에서 태어난 소설가다. 도시샤대학 정치학과를 졸업한 뒤 <요미우리 신문> 기자를 거쳐 프리랜서 작가로 활동하던 중 2004년 소설 <하게타카>로 데뷔했다. 소학교(초등학교) 시절 세상을 바꾸기 위해 정치가가 될 것을 고민했지만 세상을 바꿀 정도의 영향력을 갖기 위해서는 파벌을 만들어 국회 과반을 차지해야만 하고, 변호사가 되면 법정에서 이기더라도 사회를 변화시킬 정도는 아니라고 생각했다고 한다. 혼자서도 사회를 향해 '세상이 이상하다'고 외칠 수 있는 직업이 뭘까 생각하다가 소설가가 될 결심을 했다고 한다. 특이한 아이였던 것은 분명한 것 같다. <하게타카>는 출간 즉시 베스트셀러가 됐고, NHK와 TV아사히에서 두 차례 드라마로 방영됐다. 2009년에는 영화로도 제작됐다. 국내에서는 이윤정의 번역으로 2008년 미래인이 출간했다.

한 나라의 군함까지 압류한 벌처 인베이전

1990년대 후반 버블의 후폭풍에 직면한 일본에서는 실제로 벌처 펀드의 공격이 거셌다. 1998년 3월 9일자 〈아시안 월스트리트 저널: Asian Wall Street Journal〉은 골드만삭스, 뱅커스 트러스트, 메릴린치, 리먼브라더스, JP모건 등 거대 금융그룹의 벌처 펀드 담당자들이 일본에 몰려들고 있다고 보도했다.

미국의 벌처 펀드들이 도쿄로 향했던 이유는, 재정난에 빠진 일본 은행들이 보유한 부동산을 벌크 세일에 나섰기 때문이었다. 은행들은 운영상태가 부실한 골프장이나 폭력조직이 연루된 파친코가 있는 호텔부터 매물로

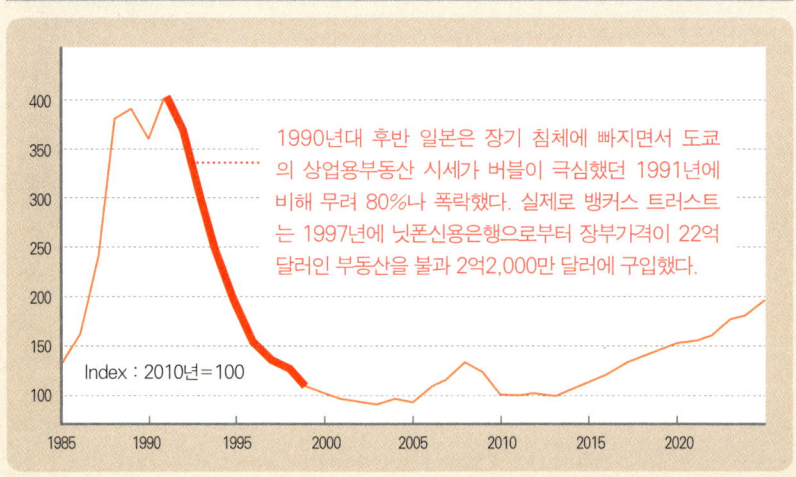

1990년대 중·후반 장기 침체 당시 일본 도쿄의 상업용부동산 가격 폭락 추이

1990년대 후반 일본은 장기 침체에 빠지면서 도쿄의 상업용부동산 시세가 버블이 극심했던 1991년에 비해 무려 80%나 폭락했다. 실제로 뱅커스 트러스트는 1997년에 닛폰신용은행으로부터 장부가격이 22억 달러인 부동산을 불과 2억 2,000만 달러에 구입했다.

자료 출처: 국제결제은행(https://data.bis.org)

내놨다. 당시 일본은 장기 침체에 빠지면서 도쿄의 상업용부동산 시세가 1991년에 비해 80%나 폭락했다. 실제로 뱅커스 트러스트는 1997년에 닛폰 신용은행으로부터 장부가격이 22억 달러인 부동산을 불과 2억2,000만 달러에 구입하기도 했다.

벌처 펀드의 기업 사냥은 거래 규모가 갈수록 커지고 방식도 다양해졌다. 또 파산 직전의 부실기업만을 대상으로 하지도 않았다. 투자한 기업의 주가 부양을 위해 자사주 매입, 배당 확대, 지배구조 개선 등에 적극 나서는 행동주의 헤지 펀드들이 자주 등장했다. 세계에서 가장 오래된 헤지 펀드이자 우리에게도 친숙한(!) 엘리엇은 2020년 초 소프트뱅크에 20억 달러를 투자한 뒤 200억 달러 규모의 자사주 매입과 지배구조 변경을 요구했다가 실현되지 않자 주식을 되팔았다.

거대한 벌처 펀드의 영향력은 심지어 한 나라를 부도 위기로 몰아넣을 만큼 막강했다. 2001년 아르헨티나가 디폴트를 선언한 이후 채무의 71~75%를 탕감해 준다는 합의안에 다수의 국제 채권단이 참여했지만, 엘리엇은 이를 거부하고 미국 법원에 소송을 냈다. 엘리엇은 액면가 13억3,000만 달러의 국채를 4,800만 달러에 사들여 액면가 전액 상환을 요구하는 소송에서 승소했다. 아르헨티나 정부가 상환을 거부하자 엘리엇은 아르헨티나의 군함을 압류하기도 했다.

알프스에 숨겨진
검은돈을 찾아서

〈차명계좌〉: 크리스토퍼 라이히

크리스토퍼 라이히Christopher Reich의 〈차명계좌 : Numbered Account〉는 악명 높은 스위스 은행의 비밀주의와 거대한 돈세탁 음모를 파헤친 금융 스릴러 소설이다. 혹한으로 취리히 호수가 완전히 얼어붙어버린 1998년 1월 어느 날 주인공 닉 노이먼은 긴장감을 느끼며 새 직장인 유나이티드스위스뱅크(USB)에 첫 출근을 한다. 닉은 미국 해병대 장교 출신으로, 하버드 비즈니스 스쿨을 졸업했다. 무엇보다 USB와는 비교되지 않을 정도로 규모가 큰 뉴욕의 유명 투자은행 모건스탠리에서 촉망받던 금융가였다. 그런 그가 어떤 이유로 월스트리트를 뒤로하고 취리히의 작은 은행으로 옮긴 것일까? 심지어 사랑하는 약혼녀는 미국을 떠날 생각이 없어 닉에게 헤어지자고 통보한다.

세계 최고 철통 비밀금고의 암호

USB 임원들도 닉의 의중이 궁금하다. 특히 인사팀장 실비아 숀은 노골적으로 경계심을 표하며, "무엇이 당신을 뉴욕도 런던도 홍콩도 도쿄도 아닌 이곳에 오게 했느냐"며 단도직입적으로 따져 묻는다. 닉은 "은행장 볼프강 카이저가 직접 이곳에 오라고 권했어요. 마침 대형 은행들이 주된 사업으로 영위하는 기업 금융이 싫어지기도 했고요. 개인 고객을 대상으로 영업하는 프라이빗 뱅킹을 하고 싶었는데 USB가 그중 최고라고 생각했습니다"라고 답한다.

하지만 닉의 속내는 다르다. 17년 전 로스앤젤레스에서 피살된 닉의 아버지 알렉스는 열여섯 어린 나이로 USB에 수습사원으로 입행해서 초고속으로 승진해 이사회 구성원인 부행장까지 오른 입지전적 인물이다. 장례식 이후 카이저 행장은 물심양면으로 죽은 옛 동료의 가족을 도왔다. 닉은 아버지의 직장으로 돌아온 것이다. 추억 때문은 아니다. 얼마 전 어머니의 창고에서 아버지 일기장을 발견했다. 그리고 아버지의 죽음이 은행 업무와 관련돼 있음을 어슴푸레 알게 됐다. 닉은 그 비밀을 풀고 싶었다.

USB 주요 고객들의 계좌에는 이름이 없다. 예컨대 닉이 담당한 핵심 고객은 그저 '549.617RR'이라는 번호로만 통한다. 소설의 원제 'Numbered Account'는 이런 계좌를 가리킨다. 국내 은행에는 이런 계좌가 지금은 물론 과거에도 없어서 딱 맞는 대응어를 찾기가 어렵다. 직역하자면 '번호계좌 또는 무명계좌' 정도가 되겠다. 이 책의 한국어판 제목 '차명계좌'는 실제 계좌 주인이 다른 사람의 이름을 빌려서 만든 계좌다. 그 외에 타인의 이름을 몰래 써서 만들면 '도명계좌'이고 존재하지 않는 사람의 이름을 사용하면 '허명계좌'가 된다. 국내에서는 관행적으로 실명계좌가 아닌 모든 계좌를 '차명계좌'로 통칭하기 때문에 나름 괜찮은 번역이라 할 수 있다.

'비밀주의'란 원칙의 민낯

은행이 고객 정보를 보호하는 관행은 17세기로 거슬러 올라가 지금의 스위스와 이탈리아 북부 지역에 걸친 도시들에서 시작됐다. 1934년 스위스는 '은행법'에 고객 정보를 유출하면 범죄로 처벌한다는 조항을 처음 도입했다. 이때부터 전 유럽의 자금이 스위스로 몰려들었다. 스위스의 은행들은 1940년대에 더 나아가 아예 이름이 없는 '번호계좌'를 도입하면서 비밀주의를 강화했다.*

스위스에는 사육제 축제 때 색색의 종잇조각을 퍼레이드에 참여한 사람들에게 뿌리는 전통이 있다. 몇 년 전 한 은행원이 문서파쇄기에 있는 가루가 된 종이를 날렸다가 파면되고 징역에 처한 적이 있을 정도로 스

---

* 1685년 프랑스 루이 14세(Louis XIV, 1638~1715)가 신교도의 자유를 보장하는 낭트칙령을 폐지하자 다수 신교도들은 스위스로 건너가 은행업으로 큰돈을 모았다. 이후 루이 14세는 재정 부족으로 신교도 출신 스위스 은행가들에게서 돈을 빌려야 하는 상황에 처하면서 신교도를 탄압했던 본인의 신분을 감췄던 것이 스위스 은행 비밀주의의 기원이 됐다. 1930년대 들어 나치가 유대인의 스위스 은행 계좌를 공개하도록 요구하자 스위스 정부는 비밀주의 원칙을 입법화했다.

위스의 '은행법'은 엄격하다며 실비아는 닉에게 경고한다. 이 종이에 고객의 거래 정보가 있었다는 얘기다.

고객의 금융거래 내역은 민감한 사적 정보이므로 당연히 보호받아야 한다. 하지만 범죄수익이나 뇌물처럼 정체를 드러낼 수 없는 자금의 안전한 온상이 되는 심각한 부작용 또한 간과할 수 없다. 닉은 출근 첫 날 은행들이 밀집한 취리히의 거리에서 사람들이 시위하는 모습을 목격한다. 이들의 피켓에는 은행을 '범죄자를 돕는 뻔뻔한 조직'이라거나 '죽음을 거래하는 마약상의 공범'이라고 쓰여 있다. 비밀은행은 스위스 경제 성장의 중요한 동력이지만, 동시에 범죄의 협력자로서 원성의 대상이기도 하다.

문제가 된 549.617RR의 실제 소유자는 레바논에서 암약하는 세계적인 마약상 알리 메블레비다. 물론 USB 직원 대부분은 그가 누구인지 모른다(사실, 관심도 없고 알려고도 하지 않는다). 메블레비를 추적하는 미국 마약단속국 유럽본부장 스털링 쏜은 마약 조직의 돈줄을 막기 위해 스위스에서 고군분투하지만, 스위스 정부는 형식적으로 협력하겠다는 멘트만 반복할 뿐이다. 쏜은 절박한 마음에 직접 스위스 은행들을 상대한다. USB를 방문해 "은행 고객의 95%는 법을 준수하고 4%는 탈세나 뇌물을 처리하는 잔챙이들이지요. 여기엔 관심 없습니다. 지금 당장 은행을 통해 거액을 세탁하는 극소수 거대 마약상들의 거래 내역을 공개하십시오. 그렇지 않으면 가만두지 않겠습니다"며 강한 어조로 압박도 해본다.

(대부분의 스위스 은행들이 실제로도 그러하듯) USB 직원들은 냉소적이다. 닉의 사수인 페터 슈프레허는 이렇게 투덜댄다. "스위스 은행들은 그간

비타협적으로 고객 정보를 보호해왔어. 필리핀 독재자 마르코스$^{Ferdinand\ Marcos,\ 1917~1989}$의 재산을 밝히라는 라모스$^{Fidel\ V.\ Ramos,\ 1928~2022}$ 대통령, 콜롬비아 마약상을 쫓던 FBI, 나치에 희생된 유대인들의 예금을 알려달라는 유가족들, 모두 다 실패했다고."

쏜은 USB가 메블레비와 협력한다는 의심을 지울 수 없다. 닉을 몰래 만나 미국인으로서 애국하는 마음으로 협력하라고 으름장을 놓는다. 닉은 망설이면서 진실에 조금씩 다가간다. 하지만 쉽지 않다. 은행 전산 시스템에는 최신 보안장치가 걸려 있다. USB는 여기에 '케르베로스'라는 거창한 이름을 붙이고 자랑스러워한다. 그리스 신화에 나오는 지옥 문을 지키는 머리가 셋 달린 괴수다. 하지만 지옥의 케르베로스가 헤라클레스에게 무릎을 꿇었듯이, USB의 철통같은 장벽도 닉의 활약에 조금씩 무너진다. 드디어 닉은 549.617RR의 실체와 음모, USB의 협력자들 그리고 아버지의 죽음과의 관계를 알게 된다.

"돈이라면 (무엇이든) 대환영입니다"

실제로 국제사회는 스위스의 은행을 통해 범죄 자금이 세탁되고 은닉되는 것에 크게 반발했다. 가장 강하게 대응한 나라는 미국이다. 2010년 미국 의회는 자국민들의 해외 금융 정보 파악을 위해 '해외금융계좌납세협력법'(FATCA)을 제정해 외국 금융기관들이 이를 준수하도록 조처했다.

버락 오바마Barack Obama 대통령은 스위스 측에 "FATCA를 받아들이거나 그게 싫으면 미국의 모든 금융거래 시스템에서 나가거나 둘 중 하나를 선택하라"며 단호하게 통보했다. 어떤 은행이든 달러화 결제 시스템에서 배제되면 일상적인 업무 자체가 불가능해진다. 결국 스위스 은행들은 미국인 고객에 대해서는 비밀주의를 포기할 수밖에 없었다. 이를 본 유럽 각국도 미국과 유사한 조치를 요구하고 있다.

한국은 어떨까? 국내 인사들이 스위스 은행을 통해 검은돈을 얼마나 관리해왔는지 정확하게 알 수는 없다. 다만 〈동아일보〉 기자 출신 김충식이 쓴 〈남산의 부장들〉에서 단초를 발견할 수 있다. 이 책에는 (미국의 회보고서를 통해 밝혀진) 전 중앙정보부장 이후락李厚洛, 1924~2009이 관리하는 스위스 비밀계좌가 여러 번 등장한다. 걸프, 칼텍스 등 외국 기업들이 한국에서 사업하는 대가로 스위스 은행에 몇 백만 달러씩 입금하게 하고, 이를 정치자금으로 관리해온 사실을 상세히 서술하고 있다.

과거 우리나라 은행에서 숫자로만 구성된 비밀계좌는 없었지만 광범위하게 차명계좌가 활용돼 손쉽게 검은돈을 세탁할 수 있었다. 지금부터 30년 전인 1993년 8월 김영삼金泳三, 1928~2015 대통령은 금융실명제를 전격 도입해 차명계좌를 봉쇄했다. 전시가 아닌 평시에 헌법 제76조 제1항 대통령의 긴급명령권을 발동한 드문 사례다. 도입 초기에는 경제가 얼어붙으리라는 우려가 컸지만 큰 부작용은 없었다. 오히려 경제 투명성 제고에 결정적 계기가 됐다. 김영삼 대통령을 돈키호테라며 좋지 않게 여기는 평가가 있지만, 금융실명제는 그의 저돌적 성격이 빛을 발한 성공사례 가운데 하나로 꼽힌다.

소설 속 USB의 휘장에는 라틴어로 'Pecuniat Honorarum Felicita'라는 문구가 쓰여 있다. "돈이라면 대환영입니다"라는 말이다. 스위스의 비밀은행은 쇠퇴하고 있지만, 검은돈은 여전히 안식처를 찾아 떠돌고 있다. 검은돈을 대환영하는 또 다른 은행들이 카리브해의 작은 섬나라들과 홍콩 등에서 스위스 은행의 빈자리를 메우고 있다. 그렇게 거대한 검은돈들은 여전히 전 세계를 누비고 있다.

소설에 등장하는 USB는 스위스를 대표하는 은행 UBS를 비튼 것이다. 소설에서 USB가 취리히의 작은 프라이비트 뱅크(PB)로 묘사되는 것과 달리 UBS는 스위스 연방은행(Union Bank of Switzerland)과 스위스 국립은행(Swiss Bank Corporation)의 합병으로 탄생한 초대형 은행이다. 스위스 금융자산의 50% 이상을 UBS가 보유하고 있다. UBS는 한때 경쟁관계에 있던 크레디트 스위스(Credit Suisse)를 인수하면서 그 규모가 더욱 거대해졌다. 흥미로운 것은, 가령 스위스 중앙은행의 기준금리가 2.0% 안팎이라도 UBS를 비롯한 스위스 은행의 비밀계좌는 마이너스 금리가 적용된다. 비밀계좌에 돈을 예치하면 이자 대신 오히려 보관 수수료를 내야 한다는 얘기다. 스위스 은행 업계는 전체 금융자산의 절반 이상을 차지하는 외국인들의 예치금에서 막대한 수수료 수익을 누린다. 심지어 비밀계좌의 예치금을 해외에 대출해 주고 이자 수익까지 챙긴다.

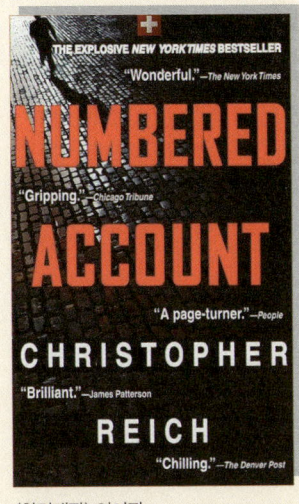

〈차명계좌〉 영어판

미국이 기축통화 달러를 앞세워 스위스 은행의 비밀주의에 제동을 건 상황을 풍자한 패트릭 차페티(Patrick Chappatte)의 커툰.

크리스토퍼 라이히

크리스토퍼 라이히는 금융인 출신의 소설가다. 부모는 스위스인으로, 그가 태어났을 때 일본 도쿄에서 거주했다. 라이히는 이후 미국으로 건너가 조지타운대학을 졸업하고 증권회사에 취업했다. 주식과 채권을 더 공부하라는 주변의 권유에 따라 텍사스대학(오스틴)에서 경영학을 전공한 뒤 월스트리트에 도전장을 냈다. 이때 그의 꿈은 1980년대 정크본드의 왕이었던 마이클 밀켄Michael Milken과 칼 아이칸Carl Icahn, 〈월스트리트의 늑대 : The Wolf of Wall Street〉의 주인공 고든 게코Gordon Gekko처럼 되는 것이었다. 하지만 1987년 블랙먼데이로 주식시장이 폭락하면서 취업조차 어려워지자 목표를 낮춰 UBS에 취업해 취리히로 거처를 옮겼다. 출근 이틀째 되던 날 미국 마약 수사관이 방문해 협조하라고 으르렁거리는 모습을 보면서 "책으로 쓰면 끝내주겠는걸"이라고 생각했다. 1994년 그는 고액 연봉의 직장을 뒤로하고 미국으로 돌아와 소설가로 변신했다. 그의 첫 소설 〈차명계좌〉는 1998년 전 세계에 번역돼 100만 권 이상 팔렸다. 한국어판은 서계인의 번역으로 1999년 스튜디오21에서 출간됐다.

NOVELNOMICS

Chapter 3

유토피아 혹은 디스토피아
[21세기 그리고 미래]

모럴 해저드로 쌓아올린
보스턴 금융제국의 신기루

〈유니언 애틀랜틱〉 : 애덤 해즐릿

애덤 해즐릿Adam Haslett의 장편소설 〈유니언 애틀랜틱 : Union Atlantic〉은 21세기 금융 엘리트들의 치열한 삶과 야망 그리고 허영의 생생한 재현이자 금융 질서의 수호성인으로서 미국 연방준비은행의 은밀한 행보에 관한 이야기다.

　유니언 애틀랜틱 금융그룹의 사옥은 보스턴 금융지구에서 가장 높고 가장 돋보이는 건물이다. 혜성처럼 떠오른 유니언 애틀랜틱은 미국의 금융 지배자 중 하나이며, 거대한 사옥은 놀라운 수익률만큼이나 고객과 경쟁자들에게 깊은 인상을 심어준다. 사옥 건설에 대해 그룹 내에 반대가 있었고 여기저기에서 도가 지나치다는 수군거림도 있었지만 제프리 홀랜드 회장은 밀어붙였다. 그는 "감동을 주는 이미지가 결국 현실로 실현된다"는 논리를 체화한 인물이다.

"감동을 주는 이미지가 결국 현실로 실현된다?"

은행의 최전선에서 홀랜드의 야망을 현실로 구현하는 주인공은 더그 패닝이다. 그는 국외사업 본부장에 더해 최근 신설된 특별기획팀장을 겸하고 있다. 서른 일곱의 젊은 간부이지만 사실상 그룹의 2인자로 통하며 모두가 경외하는 인물이다.

더그의 어머니는 열여섯 어린 나이에 미혼모로 더그를 낳았고 심각한 알코올 중독 환자였다. 더그는 스무 살이 되던 해 낡은 아파트에서 어머니가 술에 절어 무너지는 모습에서 벗어나기 위해 해군에 지원한다. 그는 호르무즈 해협에서 특수 작전을 수행 중인 빈센스호가 이란 민항기를 전투기로 오인해 격추한 현장에 있었다. 더그는 분노해서 따지는 현지인에게 "다시 이런 상황이 발생해도 똑같이 행동할 것"이라고 냉정하게 말하며 돌아선다.

대부분의 병사는 제대 뒤 방위산업체에 입사해 기술자로 살아갈 생각이지만 더그는 큰물에서 놀겠다는 야심이 있다. 그는 이력서를 은행과 증권회사로 보낸다. 1990년대 중반 평범한 상업은행이었던 유니언 애틀랜틱의 회장 홀랜드는 더그를 자신의 심복으로 발탁하고 공격적으로 보험회사, 증권회사, 자산운용사 인수에 나선다. 당시 허용되지 않았던 거래지만 거대 은행들의 로비로 이 규제가 풀릴 것으로 예상했고, 그것이 맞아떨어져 유니언 애틀랜틱은 순식간에 미국 4대 복합금융기관 중 하나로 성장한다.

상황이 늘 좋았던 것은 아니다. 21세기에 들어서면서 닷컴버블 붕괴와 9·11 테러로 주가가 폭락하고, 유니언 애틀랜틱이 큰돈을 대출해준 에너지 기업 엔론(Enron)은 분식회계로 파산한다. 설상가상 아르헨티나 정부의 디폴트 선언으로 아르헨티나 국채는 휴지조각이 된다.

"이 상황을 해결해!" 위기에 처한 홀랜드는 특별기획팀에 간명한 지시를 내린다. 더그는 회장의 지시가 정상적인 손실 인식과 영업 축소가 아님을 잘 알고 있다. 이제 막 거대 금융기관이 된 유니언 애틀랜틱을 구멍가게 시절로 되돌릴 생각은 야심 찬 회장에게도, 더그에게도 전혀 없었다.

더그는 통상적인 은행 이자 수입과 증권회사 수수료만으로는 빠른 회복이 불가능하다고 생각하고, 유니언 애틀랜틱이 고위험 고수익 투자에 거액을 직접 투자하게 할 계획을 세운다. 하지만 증권회사는 이 거래의 증거금을 납부할 충분한 자금이 없고, 은행은 고객의 막대한 예금을 갖고 있지만 계열 증권사에 대출하는 것은 규제로 엄격하게 막혀 있다. 그렇다고 물러설 더그가 아니다. 그는 핀든홀딩스라는 회사를 설립하고, 핀든이 은행에서 대출해 증권사에 빌려주도록 한다. 핀든은 자금이 그저 흘러가는 도관일 뿐이다. 합법과 불법의 경계에 있지만 더그는 밀어붙인다.

"다시 이런 상황이 발생해도 똑같이 행동할 것이다"

더그는 좋은 투자 정보를 얻기 위해서 물불을 가리지 않는다. 자신의 심

소설 속 유니언 애틀랜틱의 사옥은 보스턴시 금융지구에서 가장 높고 가장 돋보이는 건물이다. 거대한 사옥은 놀라운 수익률만큼이나 고객과 경쟁자들에게 깊은 인상을 심어준다. 사옥 건설을 두고 회사 내에 도가 지나치다는 수군거림이 있었지만 그룹의 회장은 밀어붙인다. 그는 "감동을 주는 이미지가 결국 현실로 실현된다"는 논리를 체화한 인물이다.

배경 이미지는 대서양(the Atlantic)에 맞닿아 있는 백 베이(Back Bay) 부근 보스턴 금융지구의 모습이다. 사진에서 가장 높은 건물은 '프루덴셜타워'로, 지금은 건물의 실소유주가 프루덴셜파이낸셜에서 한 부동산회사로 바뀌었다. 소설을 읽다보면 보스턴 금융지구에 우뚝 솟은 '프루덴셜타워'가 떠오르지만, 저자가 프루덴셜파이낸셜을 모델로 소설을 썼는지는 확인되지 않았다.

복 폴 맥티그가 일본 재무성 고위 관리의 젊은 애인인 한국계 호스티스를 유혹하게 해 비밀 계획을 입수한다. 일본 정부가 대대적인 주가 부양에 나설 계획을 먼저 파악하고 막대한 자금을 닛케이지수 상승에 베팅한다. 천문학적 수익을 낸 더그는 닛케이가 충분히 올랐다고 판단하고 맥티그에게 발을 빼도록 지시하는데, 운이 좋아서였는지 이후 닛케이는 하락 반전한다. 인위적 주가 부양으로 국제사회의 비판을 받은 일본 정부는 더는 시장에 개입하지 않고 방관해 닛케이는 끝없이 하락한다.

너무 큰돈이 실체 없는 펀드에 대출되고 맥티그의 거래가 투명하지 않다는 우려가 은행 내부에 있지만 넘버 투가 추진하고 회장이 묵인하는 투자라 아무도 나서지 않는다. 하지만 결제부의 중간 간부 에벌린은 맥티그의 계좌에 미보고 손실이 3억 달러 이상 쌓인 것을 확인하고 회사 감사부에 이메일로 통보한다. 회사의 커뮤니케이션을 장악한 더그는 이메일을 삭제하게 하고 에벌린을 찾아간다. 회계처리 실수일 뿐이라고 얘기하고 자기가 바로잡을 테니 빠지라고 하면서, 영업부서 임원직을 제안하고 회유한다. 석연치 않지만 유색인종으로 다양성 프로그램을 통해 채용돼 한직만 전전하던 에벌린에게 이 제안은 너무 달콤하다.

더그는 급하게 맥티그에게 연락하지만 그는 휴가를 내고 마카오에서 술에 취해 있다. 겨우 연락이 된 맥티그는 "더 큰 공을 세우기 위해 더그의 지시에 반해 닛케이 포지션을 청산하지 않았다"고 실토한다. 그가 은행에서 끌어간 막대한 자금은 고객에게 대출해준 것이 아니라 유니언 애틀랜틱의 닛케이 투자가 펑크 나지 않도록 끝없이 쏟아부었던 것이다. 3억 달러가 넘는 손실은 단순한 기록 착오가 아니라 실체였다. 더

그는 회장에게 보고하고 홀랜드는 노발대발하지만 둘은 문제를 바로잡지 않고 진실을 은폐하기로 작당한다. 과거 호르무즈 해협에서 저지른 미군의 잘못을 두고 냉소로 무마하던 더그의 모습은 그렇게 반복된다.

연준도 인정할 만큼 미국 금융산업을 생생히 묘사하다

뉴욕 연방준비은행(이하 '뉴욕 연준') 총재 헨리 그레이브스는 이 소설의 또 다른 주인공이다. 미국 중앙은행제도는 반민반관(半民半官)의 복잡한 조직인데 뉴욕 연준은 그중 핵심 기관이다. 뉴욕 일원의 은행 감독을 넘어서서, 중앙은행제도와 재무부의 유일한 실제 거래창구이고, 각국 중앙은행들의 예치금을 보관하는 기관이다. 매일 1조 달러 이상을 주고받는 글로벌 금융 네트워크의 운영자라고 생각할 수 있다. 그 이유로 뉴욕 연준은 금융기관들의 이상 징후가 발견되면 시스템으로 전이되지 않도록 대책을 마련하는 최일선 지휘 책임을 갖고 있다.

에벌린은 더그가 제안한 파격적인 승진과 연봉 인상에 흔들리지만 문제를 바로잡기로 하고 뉴욕 연준의 그레이브스를 방문해 은행의 비리를 폭로한다. 그레이브스는 시스템의 금융 안정, 탐욕스러운 비리 금융인에 대한 처벌 필요성, 불안감을 피하고 싶은 정치권의 압력 사이에서 고뇌하며 문제를 해결해나가는데, 그 생생하고 사실적인 묘사는 실제 연준에서도 인정할 정도다. 21세기에 나온 소설 중 가장 치밀하게 금융과 중앙은행의 모습을 그린 작품이라 평가할 만 하다.

뉴욕 연준은 (다른 지역 연준에는 없는) '공개시장 활동'과 '외환시장 개입' 그리고 외국 중앙은행에서 맡긴 '금 보관' 등의 임무를 수행한다. 특히 외국 중앙은행들이 뉴욕 연준에 금을 예치하는 이유는 안전성 때문이다. 맨해튼의 거대한 화강암반에 기초를 둔 지하금고는 그야말로 난공불락이다. 뉴욕 연준의 지하금고에는 개당 12만 달러 안팎의 벽돌 모양 '골드바'가 50만 개 이상 보관되어 있다. 이미지는 9·11테러로 붕괴된 세계무역센터 부지에서 도보로 5분 남짓 걸리는 리버티 거리 33번지에 위치한 뉴욕 연준 건물 및 건물이 세워진 화강암반 지표에서 24미터 아래에 있는 지하금고와 90톤에 달하는 철재 출입구.

(나는 주로 금융 측면을 중심으로 접근했지만) 〈유니언 애틀랜틱〉은 금융소설에 한정되지 않는다. 금융인 더그의 세속적 허영과 은퇴한 역사 교사 샬롯의 도덕주의 사이에 펼쳐지는 대결은 두 세계의 단절을 보여준다. 또 더그의 비서이자 작가 지망생인 사브리나와 더그의 관계 역시 미묘한 긴장과 재미를 더한다.

〈유니언 애틀랜틱〉 한국어판

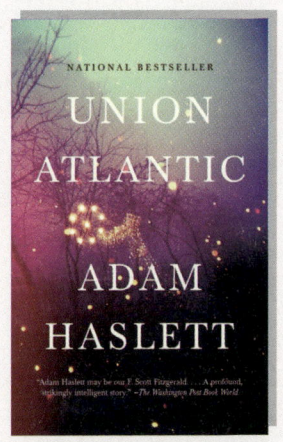

〈유니언 애틀랜틱〉 영어판

애덤 해즐릿

애덤 해즐릿은 1970년 미국 뉴욕주에서 태어났고 미국과 영국을 오가며 성장했다. 스워스모어대학에서 영문학을 전공했고 아이오와대학에서 문예창작 석사학위를 취득한 뒤 예일대학 로스쿨을 졸업했다. 대학 시절부터 소설을 썼는데 2002년 첫 소설집 〈넌 이방인이 아니야 : You Are Not a Stranger Here〉가 퓰리처상과 전미 도서상 최종 후보에 올랐다. 〈유니언 애틀랜틱〉은 그의 첫 장편소설로 2010년 미국에서 출판된 뒤 베스트셀러가 됐고, 한국어판은 이듬해 박산호의 번역으로 열린책들에서 출간됐다.

그때 사람들은
집 이야기밖에 하지 않았다 [1]

〈캐피탈〉: 존 란체스터

제목이 '캐피탈'인 책이 여럿 있다. 가장 널리 알려진 것은 물론 마르크스(Karl Marx, 1818~1883)의 〈자본 : Das Kapital〉과 피케티(Thomas Piketty)의 〈21세기 자본 : Capital in the Twenty-First Century〉이다. 이만큼 유명하지는 않지만 존 란체스터(John Lanchester)의 소설 〈캐피탈 : Capital〉도 있다. 이 소설은 2007년 12월에서 이듬해 11월까지의 1년간 영국 런던을 배경으로 한다. 이 시기 하면 바로 금융위기가 떠오를 것이다. 이 소설의 주제이기도 하다. 금융위기를 다룬 다른 소설들이 금융기관 내부 모습에 집중하는 데 비해, 란체스터는 부동산 붐과 금융 열풍을 런던 사람들의 일상 속에서 서술한다. 파노라마 같은 소설이다.

삶의 주인공이 돼버린 집

〈캐피탈〉에는 전통적 방식으로 소설 전체를 이끌어가는 주인공이 따로 없다. 오히려 등장인물들이 거주하거나 생활하는 공간인 런던 남부의 피프스로드 자체가 주인공이라는 느낌이다. 이곳의 주택들은 대부분 19세기 말 벽돌세(Brick Tax)*가 폐지된 뒤 지어진 벽돌 건물이다. 초기에는 변호사나 의사가 아닌 그들 밑에서 일하는 하위 중산층이 주로 거주했다. 제2차 세계대전 폭격으로 일부 집이 무너진 뒤 다시 지어지기도 했지만, 대체로 오랫동안 원형을 보존했고 사람들의 삶도 크게 달라지지 않았다.

하지만 이렇게 조용한 주택가도 21세기 들어 예전 모습을 유지할 수 없었다. 이 소설의 출발점인 2007년에는 집집마다 경쟁적으로 확장 공사가 벌어졌다. 지하실을 만드는 비용이 10만 파운드 넘게 들었지만, 그 이상 집의 가치가 오르기 때문에 무조건 이익이라는 식이었다. 주민들의 삶도 과거 100년 동안 경험해보지 못한, 깜짝 놀랄 만한 반전이 일어났다. 역사상 처음으로 피프스로드 주민들이 갑자기 부자가 됐는데, 부자가 된 이유는 단지 그들이 피프스로드에 거주한다는 사실 자체였다. 마법처럼 그곳의 집들이 수백만 파운드로 가격이 뛴 것이다.

오랫동안 집은 삶의 배경이고 중요한 부분이었지만 집 자체는 무대일 뿐이었다. 하지만 가격이 너무 치솟은 탓에 집이 삶의 주인공 역할을 차

---

* 주택에 들어간 벽돌 개수에 따라 부과된 일종의 재산세.

피프스로드 집집마다 전송된 정체불명의 엽서에는 '우리는 당신이 가진 것을 원한다'라는 단 한 문장과 그들이 사는 집의 사진이 담겨 있었다.

지했다. 이웃들과의 대화는 항상 "근데 저 아랫집 얼마에 팔렸는지 들었어?"로 자연스럽게 귀결됐다. 사람들은 서로 얼굴을 보면 집값 이야기를 꺼내지 않으려 의식적으로 자제했다가도 그 욕망에 굴복해 집값에 대해 실컷 떠들어댔다. 그러던 어느 날 피프스로드 집집마다 정체불명의 엽서가 배달된다. '우리는 당신이 가진 것을 원한다'라는 단 한 문장과 그들이 사는 집을 찍은 사진을 담고 있다. 이 엽서는 이후 소설 전개의 중심 고리가 된다(그 내용은 책을 읽을 독자들을 위해 지면을 아껴둔다).

오후 3시가 되면 골프 치러 나가던 시절이 그리워라

로저 욘트는 피프스로드의 집을 250만 파운드 주고 사면서 오를 만큼 오른 것이 아닐까 걱정했지만 이후로도 집값은 껑충 더 뛰었다. 하지만 그에게는 더 중요한 일이 있다. 핑커로이드은행 외환거래 부서 책임자인 욘트의 기본 연봉은 15만 파운드에 불과하지만(아내 아라벨라는 이를 '옷값' 정도라고 비아냥댄다) 보너스가 더 중요하다. 올해는 보너스로 100만 파운드를 받지 않을까 하고 기대에 부풀어 있다.

욘트가 돌이켜보기에 런던 금융가도 분위기가 많이 변했다. 키가 큰 미남이고 사교성이 좋은 욘트는 '다른 이들과 잘 어울리는' 것이 중요했던 시대의 끝물에 은행에 입사했다. 지금은 모니터만 쳐다보는 괴짜 수학 천재들이 더 환영받는 시대다. 욘트는 외환부서장이지만 그가 따라잡지 못할 만큼 외환거래가 어려워졌다. 엄청나게 복잡한 수학 공식과 알고리듬을 자유자재로 다루면서, 환율이 오르는 것과 내리는 것 모두에 적절히 베팅해야 하기 때문이다. 욘트 밑에서 일하는 마크 차장 같은 이들에게 익숙한 일이다. 그는 수학박사다.

오히려 예전 은행 시절이 좋았던 것 같기도 하다. 그때는 3-6-3 룰이 있었다. 예금을 든 사람들에게 3% 이자를 주고, 대출로 6% 이자를 받아 수익을 내는 단순한 시대였다. 아, 마지막 3이 뭐냐면, 은행원들이 오후 3시가 되면 골프를 치러 나간다는 뜻이다.

2007년이 되면서 복잡하지만 승승장구하던 금융업에 뭔가 균열이 생기고 있었다. 미국 쪽 분위기가 심상치 않았고 9월에는 영국 노던록은행이 파산해서 외환시장도 들쑥날쑥한 모습을 보였다. 결국 욘트의 보너스는 100만 파운드가 아닌 3만 파운드로 결정된다. 엎친 데 덮친 격으로 마크는 공을 세워보겠다며 허가받지 않은 거래를 하다 회사에 엄청난 손실을 끼치고, 관리 책임을 물어 욘트까지 해고된다. 하지만 얼마 지나지 않아 글로벌 금융위기가 본격화하면서 핑커로이드은행은 파산

2007년 9월 14일 노던록의 지점 앞에 길게 늘어선 예금자 행렬

소설은 2007년에 일어난 노던록 뱅크런 사태를 소환한다. 노던록(Northern Rock)은 잉글랜드 북동부 지역의 50여 개 주택조합들이 모여 1990년대 말에 금융업으로 전환한 지역은행이다. 이 변두리 은행은 미국발 부동산 붐에 올라타 모기지 채권을 사면 큰돈을 번다는 정보를 입수했다. 노던록은 돈을 끌어 모아 서브프라임 모기지를 대량으로 샀다. 2007년 중반 미국에서 부동산 버블이 꺼지면서 노던록은 궁지에 몰렸다. 소문이 퍼지자 노던록의 예금자들은 인출을 위해 은행 창구로 몰려들었다. 영국에서 150여 년 만에 뱅크런이 재현된 것이다. 노던록은 2007년 말 기준 90억 파운드가 채 되지 않은 보유자산에 비해 차입금은 무려 250억 파운드를 웃돌았다. 2008년 2월 노던록은 지분의 90%를 정부에 내주며 국유화됐다.

하고 욘트를 비웃던 모두가 다 같은 실직자 신세가 된다. 욘트는 짜릿함을 느낀다.

디킨스가 그리는 듯한 만화경

소설 〈캐피탈〉의 두 축은 부동산과 은행이지만 거기에 멈추지 않는다. 남편과 사별한 뒤 혼자 사는 여든두 살의 피튜니아 하우는 뇌종양 투병 생활을 한다. 그의 모습을 통해 영국의 자랑이자 한계에 부딪힌 국가 의료체계를 돌아보게 된다. 하우의 손자 앨버트는 뱅크시Banksy 스타일의 숨어서 활동하는 예술가다. 파키스탄 출신 무슬림 이민자 아메르 카말 가족과 친구들은 종교·테러라는 주제를 보여준다. 그 외에도 짐바브웨에서 정치적 탄압을 피해 영국으로 망명하려는 주차 단속요원 퀜티나 맥페시, 세네갈 출신의 축구스타 프레디 카모, 폴란드 출신의 성실한 주택수리업자 보그단 등 다양한 이민자들이 얽혀 있다.

〈캐피탈〉의 이런 특성 때문에 존 란체스터는 흔히 빅토리아 시대의 작가 찰스 디킨스Charles Dickens, 1812~1870와 비교된다. 그와 동시대를 살았던 영국 금융 저널리스트 월터 배젓Walter Bagehot, 1826~1877은 "디킨스는 후손을 위한 특파원처럼 런던을 묘사했다"고 평가한 적이 있다. 마찬가지로 우리는 란체스터를 통해 금융위기와 브렉시트 전후 영국의 모습을 르포르타주보다 더 생생히 접할 수 있다. 디킨스와 란체스터는 모두 기자 출신 소설가다.

로버트 윌리엄 버스, 〈디킨스의 꿈〉, 1875년, 90.5×111cm, 수채화, 찰스 디킨스 뮤지엄, 런던

〈캐피탈〉은 금융위기와 부동산 거품을 여러 런더너들의 일상에서 자연스럽게 녹아 냈다. 소설을 읽는 내내 디킨스의 작품들이 떠오르는 까닭이다. 디킨스는 〈올리버 트위스트 : Oliver Twist〉나 〈황폐한 집 : Bleak House〉 같은 소설에 다양한 인물들을 등장시켜 사회 여러 계층을 폭넓게 바라보는 파노라마적 구성으로 서술했다. 디킨스와 함께 빅토리안 시대를 살았던 〈더 이코노미스트 : The Economist〉 편집장 월터 배젓은 "디킨스는 후손을 위한 특파원처럼 런던을 묘사했다"고 평가한 적이 있다. 란체스터와 디킨스 두 사람 모두 기자 출신 소설가다. 화가 로버트 윌리엄 버스Robert William Buss, 1804~1875가 그린 〈디킨스의 꿈〉에는 디킨스의 소설 속 장면들이 만화경처럼 펼쳐진다. 그림은 화가의 유작이자 미완성작이다. 의자에 앉아 묵상하는 디킨스와 그 주변만 채색되어 있다.

<캐피탈>의 한국어판

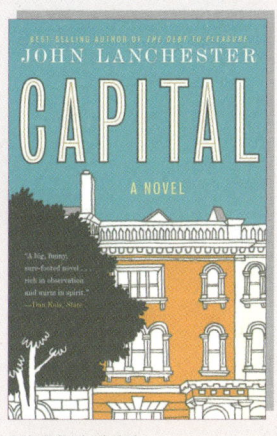

<캐피탈>의 영어판

존 란체스터

존 란체스터는 1962년생이고 영국 런던에서 거주하는 작가다. 독일에서 태어났고, 소년 시절 대부분을 홍콩에서 자랐기 때문에 언어와 여권 등 모든 것에서 영국인임이 분명하지만 런던에 있을 때 어디에선가 온 방문자 같다는 느낌이 있다고 한다. 그의 이런 경험이 <캐피탈>에 등장하는 여러 이민자의 모습에 반영된 것 같다. 사실 란체스터는 금융위기가 발생할 때까지 '재정(Fiscal)'과 '통화(Monetary)'도 잘 구분하지 못했다고 한다. 저널리스트 경험을 살려 금융 분야를 집중적으로 파고들어 이 소설을 썼고, 다른 한편 <돈을 말하는 법 : How to Speak Money>이라는 논픽션도 출간했다. 300여 개의 금융용어를 위트 있고 알기 쉽게 설명한 책이다. 2012년 영국에서 출간된 <캐피탈>은 2019년 이순미의 번역으로 서울문화사에서 한국어판이 나왔고, 2015년 3부작 TV 시리즈로 제작돼 BBC에서 방영됐다.

악마와 거래한
카이로스의 비애

⟨데빌스⟩ : 구이도 마리아 브레라

구이도 마리아 브레라Guido Maria Brera의 〈데빌스 : I Diavoli〉는 2009년 말 미국에 본사를 둔 대형 투자은행 'NYL'의 유럽본부장 데릭 모건이 마시모 루게로에게 승진 소식을 알리는 것으로 시작한다. 갓 마흔의 마시모는 회사의 최연소 파트너가 됐고 데릭의 뒤를 이어 유럽본부장을 맡게 됐다. 연봉 3,000만 달러로 유럽 금융인 중 톱5에 드는 자리다. 데릭은 별일 아니란 듯이 "크리스마스 선물이야"라고 툭 던지면서도, 자신은 고향인 뉴욕으로 돌아가 글로벌 경영진 중 한 명이 될 것이니 앞으로도 자기 통제를 따르라고 분명하게 못 박는다.

출신, 인종, 전공은 달라도 목표는 같다 ······ '더 큰 돈'

그날 저녁 크리스마스 파티장에서 영국 런던 사무소 직원들은 본부장 교체 소식으로 흥분과 질투에 휩싸인다. 10년 전 데릭이 마시모를 영국계 은행에서 스카우트할 때 같이 온 폴 패러독과 카림 마단은 마시모의 오랜 동료들이다.

아일랜드 더블린 빈민가 출신의 폴은 거칠게 살면서도 탈출구를 찾을 수 있다는 희망을 잃지 않았고 런던의 은행에까지 진출했다. 그는 소리 소문 없이 업무를 처리하는 데 능숙하다. 인도 카슈미르 지역 카펫 상인의 아들 카림은 고급 양복점에서 맞춘 양복에 명품 넥타이와 구두를 갖춰 입고 과시하기를 좋아한다. 가난한 인도 수학자를 백만장자로 만들어준 세계화와 금융화를 열렬하게 찬양한다.

신참 자코모 조르조는 유체역학을 전공한 물리학자다. 마시모와 마찬가지로 이탈리아 로마 출신이다. 퀀트(Quant, 금융공학자)로 NYL에 입사한 자코모는 트레이더의 후각은 존재하지 않고 돈은 오로지 수학적 모델을 따른다고 믿는다. 그는 열역학 제2법칙에 기반해 채권의 적정가치를 계산하는 신경망 모델을 세웠는데, 위대한 물리학자 제임스 클락 맥스웰James Clark Maxwell, 1831~1879을 인용하여 모든 분자의 상태를 인식하고 조절할 수 있는 악마의 존재를 인정하지 않는 한 열역학 제2법칙은 관철된다고 주장한다.*

---

* 1971년 루마니아의 경제학자 니콜라스 게오르게스쿠-뢰겐(Nicholas Georgescu-Roegen, 1906~1994)은 물리계의 엔트로피(Entropy, 무질서도)가 시간이 흐를수록 증가하듯이 경제환경에서도 시간이 지날수록 늘어나는 시장참여자들로 인해 정보가 더 넓게 퍼지면서 시장의 불확실성이 더욱 커진다는 이론을 전개했다.

프랑스 채권 담당 르네 뒤몽은 전형적인 프랑스 엘리트들의 코스를 밟은 인물이다. 귀족 집안 출신으로 에콜 폴리테크니크를 졸업했고, 세계 톱클래스 경영대학원 인시아드에서 MBA를 받았다. 수학 모델 기반 투자를 한심하다고 생각하는 르네는 프랑스 국채에 대규모 주문을 내서 대형 은행이 뛰어들었다는 것을 다른 회사 사람들에게 알린다. 그리고 각국의 은행과 펀드에 전화로 매수 주문을 넣어 미끼를 던진다. 다른 기관들이 이 매수에 따라붙고 채권가격은 빠르게 상승한다. 그는 자코모를 바라보며 "애송이, 이게 톱스핀이라는 거야. 맥스웰의 악마가 없다고? 내가 곧 악마야. 내가 곧 시장이라고"라며 거드름을 피운다. 이것을 지켜보던 마시모는 '이런 시장조작'은 용납할 수 없다며 원상 복구하라고 지시한다. 르네는 자신이 아닌 마시모가 유럽본부장으로 선택된 것을 받아들일 수 없어 치를 떤다.

미국 텍사스 출신 래리 러벅은 닷컴버블 때부터 데릭과 함께했다. 하지만 데릭이 장군(이사회 멤버를 지칭)이 됐는데도 자신은 아직도 전쟁터에서 싸우는 신세이고, 후배인 마시모에게도 뒤처졌으니 속이 편하지 않다.

이렇게 여러 나라, 여러 계층, 여러 전공의 인물들이 갈등하고 협력하면서 오직 하나의 목표 '더 큰 돈'을 향해 경쟁한다.

미국, 대마(大馬)는 죽지 않는다

마시모의 지휘로 높은 수익을 올리던 런던 사무소에 첫 번째 위기가 찾아온다. 글로벌 금융위기가 발생하자 미국 중앙은행인 연준은 2008년부터 양적완화(Quantitative Easing)*라는 이름으로 미국 국채와 주택담보대출을 유동화한 증권(MBS)을 대규모로 사들이면서 시장에 유동성을 공급했다. 그리고 2010년에 들어서 경제가 호전되는 조짐을 보이자 6월에 대규모 자산 매입을 중단했다. 어떤 일이 벌어질지 불확실성이 큰 상황에서 마시모는 미국 국채가격과 달러화 가치가 하락하는 데다 각각 5억 달러씩 베팅한다. 남들보다 한순간이라도 앞서야 한다고 생각하고 과감하게 움직인 것이다.

프란체스코 살비아티(Francesco Salviati, 1510~1563), 〈카이로스〉, 1543년, 27.5×14.0cm, 프레스코, 베키오 궁전, 피렌체

마시모는 그리스의 신 카이로스를 늘 마음에 두고 있다. '기회의 신' 카이로스는 바람의 날개 위에서 영원한 달리기에 몰두한다. 긴 머리칼로 얼굴을 덮었지만 뒤통수는 벗겨져 있어, 지나가버린 뒤에는 아무도 그를 붙잡을 수 없다. 그것이 기회의 본질이라고 마시모는 생각한다

---

* 기준금리가 너무 낮아서 금리인하를 통한 효과를 기대할 수 없을 때 중앙은행이 다양한 자산을 사들여 시중에 통화 공급을 늘려서 경기 부양을 이끄는 정책을 가리킨다. 중앙은행이 사들이는 자산은 국·공채나 MBS, 회사채 등 다양하다. 양적완화로 시중에 돈이 풀리면 미국이나 일본 등 선진국의 통화가치는 하락하는 반면, 넘치는 유동성이 신흥국으로 유입돼 신흥국의 통화가치를 끌어올려 환율이 하락하게 된다. 2008년에 글로벌 금융위기가 터지자 미국 연준은 경기 부양을 위해 시중 채권 매입을 통한 양적완화에 돌입했다. 연준은 2008년 말 기준금리를 제로 수준(연 0~0.25%)으로 낮춘 이후 더 이상의 경기 부양 수단이 없자 사상 초유의 양적완화 카드를 꺼내 들었다. 장기 금리인하를 유도해 투자와 소비를 활성화하고 얼어붙은 주택경기를 살리기 위해서였다. 양적완화는 3회에 걸쳐 6년간 진행되었으며 이 기간동안 풀린 돈은 총 4조 달러에 이른다.

(이 소설의 작가 브레라가 이탈리아에 설립한 금융회사 이름도 카이로스다). 하지만 연준의 통화정책을 결정하는 연방공개시장위원회(FOMC)는 마시모의 예상과 다르게 미국 국채와 MBS 매입을 재개할 것이라고 선언한다. 양적완화 시즌2를 예고한 것이다.

큰 손실을 입은 마시모는 양적완화가 지속되면 미국 화폐가치에 대한 신뢰가 하락해 장기적으로 지속 가능하지 않다고 생각하고, 하락 베팅을 두 배로 키운다. 일부 트레이더가 우려를 표하지만 "가치를 저장하는 수단이라는 달러의 독점적인 지위는 침범 불가능한 법칙이 아니고 도그마"라면서 도전해야 한다고 설득한다. 베팅을 키운 직후 데릭이 아침을 같이 먹자고 연락해 온다. 뉴욕에서 런던으로 날아온 것이다. 마시모는 데릭에게 자신의 투자 이유를 설명하지만 데릭은 받아들이지 않는다.

유럽산 돼지들의 도살자들

데릭은 반대로 지금 달러가 위험해 보이지만 무대의 조명이 유럽으로 옮아가면 달러는 갑자기 안전자산이 될 것이라고 설명한다. 마시모는 불안정한 시장의 희생자는 미국이 아니고 유럽이 되리라는 것을 알아차리고, "나라는 은행이 아니에요. 유럽을 리먼브라더스*처럼 다룰 수는 없어요"라고 항변한다. 르네가 작은 악마였다면 데릭과 뉴욕의 거물들은 큰 악마

• 150여 년간 세계적으로 명성을 날렸던 이 투자은행은 2008년 글로벌 금융위기 초기에 파산하며 금융에 문외한인 사람들에게조차도 유명세를 탔다.

였던 셈이다. 이들은 세계적 차원에서 시장을 조종하고 지배한다.

마시모는 서둘러서 미국 국채와 달러화 하락 베팅에서 철수한다. 들어갈 때와 마찬가지로 나올 때도 폴의 세심한 관리로 거래는 다른 회사의 이목을 피해 조용히 진행된다. 비록 8,000만 달러라는 큰 손실을 봤지만 아직 만회할 시간은 충분하다. 그리고 어디에서 만회해야 하는지도 안다. 조명은 유럽의 가장 약한 곳, 알프스와 피레네 산맥 아래를 비출 것이다.

마시모의 팀은 스페인 국채를 팔아치우고 독일 채권을 사들인다. 이탈리아 국채를 잔뜩 보유한 이탈리아 은행 주식을 대규모로 공매도 한다. 심지어 프랑스 채권 담당자인 르네까지 포르투갈과 스페인 국채 공매도에 뛰어든다. '피그스'(PIGS, 포르투갈·이탈리아·그리스·스페인)* 국가 부채위기로 불리는 사태가 시작된 것이다.

소설에는 이 밖에도 여러 차례 큰 반전이 등장하는데, 이것은 독자를 위해서 남겨두는 게 맞다. 극적 효과를 위해 다소 과장도 있고 일부 음모론적 요소도 담겨 있다. 하지만 실제 베테랑 유럽의 금융인이 직접 겪은 것을 소설로 구성한 것이라 상당히 구체적이고 생생하다.

〈데빌스〉는 뒤이어 살펴볼 프랑스 작가 플로르 바쉐르Flore Vasseur의 〈조직된 한패: En Bande Organisée〉와 더불어 유럽인들이 바라본 2010년 유럽 재정위기를 접할 수 있는 작품이다. 지면 때문에 소개하지 않았지만 유럽 금융 엘리트들의 가족관계나 외도, 과소비와 같은 사생활도 자세히 묘사돼 흥미를 더한다.

---

* 여기에 아일랜드까지 더해 'PIIGS'로 부르기도 한다.

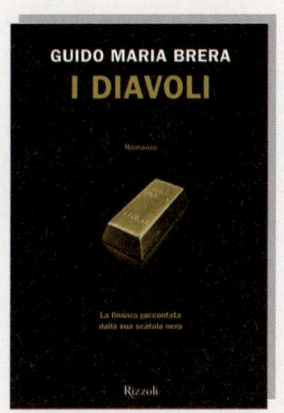

〈데빌스〉 이탈리아어판

〈데빌스〉 한국어판

구이도 마리아 브레라는 1969년 이탈리아 로마에서 태어난 금융인이다. 로마의 사피엔차대학을 졸업한 뒤 파인코은행에서 사회생활을 시작했고 밀라노와 영국 런던의 금융기관에서 경력을 쌓았다. 1999년 자산운용과 프라이빗 뱅킹 업무를 수행하는 카이로스그룹을 공동 설립했고 현재 이사회 의장으로 재직 중인 유럽의 베테랑 금융인이다. 본업인 금융업 외에 작가로도 활동하고 있다. 자전적 내용을 담아 2014년 이탈리아에서 출간된 소설 <데빌스>가 그의 데뷔작이다. 국내에는 김운찬의 번역으로 2022년 그린하우스에서 발간됐다. 이탈리아에서 베스트셀러가 된 이 소설은 동명의 TV 드라마로 제작돼 한국을 포함해 전 세계 160개국에 송출됐다.

21세기판 그리스 비극의 공모자들

⟨조직된 한패⟩ : 플로르 바쉐르

플로르 바쉐르Flore Vasseur의 소설 ⟨조직된 한패 : En Bande Organisée⟩의 시대적 배경은 포르투갈, 이탈리아, 그리스, 스페인 등 남유럽 국가에서 벌어진 재정위기가 정점에 이른 2012년이다. 국제 금융계는 이들 국가의 영문 머리글자를 따서 '피그스(PIGS)'라는 모멸적인 단어로 부르기도 했다. 프랑스 파리 역시 어수선하다. 소설에서 유럽 금융계의 해결사 제레미가 프랑스 경제부 장관의 비서실장 베르트랑에게 쏘아붙인다. "10년 전에 우린 독일처럼 되고 싶었지. 근데 스페인이나 이탈리아 짝이 될 판이라고." 여기서 10년 전이란 2002년 유로화 지폐와 동전이 통용되면서 유로존 각국의 화폐를 완전히 대체한 때를 가리킨다.

Acropolice Now!!

사십 대 초반의 제레미와 베르트랑은 대학 친구다. 이들 외에도 세계 최고의 투자은행 폴만팍스의 유럽지사장 세바스티앙, 글로벌 대기업의 퍼블릭 릴레이션을 대행하는 '퓌블릭'사의 컨설턴트 바네사, 경제지 〈비즈니스 데이〉의 고참 기자 클라라, 학창 시절의 꿈을 뒤로하고 세 아이의 엄마로 살아가는 앨리슨, 그리고 15년간 사라졌다가 홀연히 다시 나타난 미스터리의 인물 앙투안까지 프랑스 교육계의 정점에 있는 그랑제콜 파리경영대학(HEC Paris) 동창 일곱 명의 이야기로 소설은 구성돼 있다. 클라라와 베르트랑, 앨리슨과 제레미는 부부이고, 바네사는 세바스티앙을 짝사랑했지만 이뤄지지 않았다. 세바스티앙은 베르트랑의 아들 테오의 대부일 정도로 서로 가까운 사이이다. 또 이들은 각 분야 엘리트로서 서로 도움을 주는 끈끈한 학벌 네트워크의 일원이다.

폴만팍스의 회장 캠플린은 파리에서 근무 중인 세바스티앙을 미국 뉴욕 본사로 호출한다. 맨해튼 남부 금융지구는 '월스트리트를 점령하라(Occupy Wall Street)' 시위로 극도로 혼잡한 상태다. 웃통을 벗은 남성들과 속옷만 입은 여성들이 '우리가 99%다'를 외치며 아프리카 타악기 음악에 맞춰 춤추고 있다. 경찰이 차량 진입을 막아 걸어가는데, 세바스티앙의 이탈리아산 명품 정장과 400만 원이 넘는 고급 가죽 구두는 시위대와 어색한 대조를 이룬다. 힘겹게 폴만팍스에 도착한 세바스티앙에게 비밀 임무가 주어진다.

2001년 유로존 가입을 희망하던 그리스는 넘기 힘든 난관이 있었

 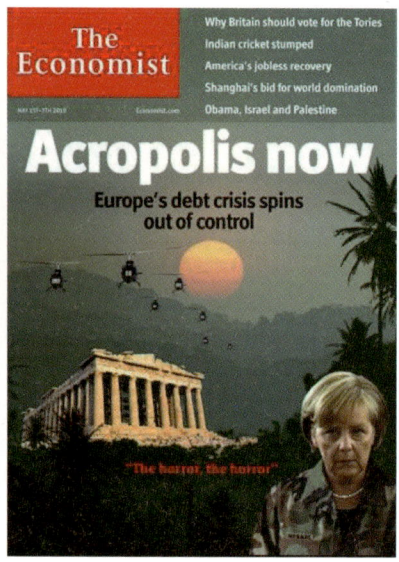

2010년 5월 첫째 주 〈더 이코노미스트〉의 표지에 박힌 'Acropolis Now'는 프란시스 F. 코폴라(Francis F. Coppola)의 1979년 영화 〈Apocalypse Now〉를 패러디했다. 이 영화의 한국어 제호는 '지옥의 묵시록'이다. 그리스를 진앙지로 전 유럽에 닥칠 경제적 재앙을 독일 총리 메르켈(Angela Merkel)이 응시하고 있다.

다. 마스트리흐트 조약*에 따르면 회원국 정부부채가 국내총생산(GDP)의 60%를 넘지 말아야 하고 이를 위반할 경우 부채 감소 계획을 제시해야 할 뿐 아니라 상당히 강한 제재를 받게 된다. 정상적인 방법으로 이 기준을 충족할 수 없었던 그리스 정부에 폴만팍스가 다가갔다. 통화스와프**를 통해 부채를 은폐할 수 있다는 묘안이 들려 있었다. 그리스 정부는 폴만팍스의 제안을 따랐고 한동안 아무런 일이 없던 것처럼 진행됐지만, 그리스에서 재정위기가 발생하면서 그리스의 분식회계가 수

---

* 1991년 12월 10일 네덜란드 마스트리흐트(Maastricht)에서 유럽공동체(EC) 각국 정상들이 모여 유럽중앙은행 창설과 단일 통화 사용 및 노동과 치안, 방위 등의 정치·외교적 통합 방안을 합의한 조약.
** 국가나 기업이 환율과 금리 변동에 따른 위험을 헤지하거나 외화 유동성 확충을 위해 서로 다른 통화를 미리 약정된 환율에 따라 일정한 시점에 상호 교환(스와프, Swap)하는 외환거래. 가령 한국과 미국 간에 통화스와프 계약이 체결돼 있으면 한미 양국은 필요할 때 자국 통화를 상대방 중앙은행에 맡기고 그에 상응하는 외화를 빌려와 쓸 수 있다.

면 위로 떠올랐다. 이 과정에서 폴만팍스가 중요한 역할을 한 것으로 드러나 전 세계가 분노했다. 캠플린 회장은 세브스티앙에게 관련된 극비 자료를 넘기며, 누구와도 상의하지 말고 직보하라면서 사태를 수습하라고 지시한다. 성공하면 폴만팍스 글로벌 대외협력 분야 대표로 승진시켜주겠다고 약속한다.

한 나라의 경제파탄을 부채질한 투자은행

최우수 논문상을 받고 그랑제콜을 졸업한 베르트랑은 로스차일드은행에 특채됐고, 몇 년 뒤 새로 취임한 경제부 장관이 보좌관을 찾을 때 로스차일드은행은 베르트랑을 추천했다. 은행이 추천한 보좌관을 채용하는 것은 경제부 장관의 오랜 전통이다. 그랑제콜 인맥을 활용하고 정부와 재계의 관계를 꿰뚫어 본 베르트랑은 보수 정부와 진보 정부를 넘나들며 15년간 초고속으로 승진했다. 하지만 장관 그리고 그 배후에 있는 재계 실력자들을 뒤치다꺼리하는 처지에 짜증이 올라오기도 한다. 심지어 친구인 세바스티앙한테도 무시당하는 느낌이다. 유럽 재정위기 여파가 프랑스를 덮치지 않도록 전전긍긍하는데, 정작 사고를 친 은행장들은 선거에서 지고 싶지 않으면 알아서 구제하라고 큰소리친다.

클라라도 답답한 처지다. 신문사가 대기업에 인수되자 대대적인 구조조정이 휘몰아친다. 정규직 기자는 비정규직으로 처우가 바뀌고, 글의 대가는 기자 급여 대신 기고자들의 원고료로 지불된다. 취재는 통신사

기사를 전재하는 것으로 대체되고, 외신은 국외 사이트 정보를 날림으로 번역해서 쓴다. 금융기관과 대기업 경영자들의 눈 밖에 날 만한 기사는 편집국장이 다 삭제해버린다. 이들이 눈살을 찌푸리면 광고는 사라지고 단체로 구독이 취소되기 때문이다.

그러던 어느 날 클라라에게 폴만팍스의 그리스 부채 분식회계에 대한 결정적 제보가 전달되고 고민에 빠진다. 이렇게 프랑스의 엘리트 일곱 친구들이 서로 협력하고 경쟁하면서 이야기가 진행된다. 이 소설은 익명을 쓰고 있지만 폴만팍스는 누가 봐도 골드만삭스(The Goldman Sachs Group, Inc.)다. 골드만삭스는 현실에서 앞서 말한 그리스 국가부채를 은폐하는 통화스와프 논란으로 전 유럽을 들끓게 했던 전력이 있다. 전후 상황을 좀더 자세히 살펴보면, 그리스 정부는 국외에서 달러로 채권을 발행하고 이것은 당연히 그리스의 부채로 계산된다. 그리스 정부는 국내에서 지출하기 위해 달러 자금을 유로화로 바꿔야 하는데, 골드만삭스는 일반적인 환전 대신 통화스와프라는 파생상품을 이용하라고 권했다.

이 상품은 달러로 들어온 채권과 이후의 이자 지급과 상환을 모두 유로화로 바꿔주는 구조인데, 특이하게 현실 환율이 아니라 유로화를 매우 약하게 평가한 가상의 환율을 사용했다. 이렇게 하면 실제보다 훨씬 더 많은 유로 금액을 사용할 수 있다. 물론 공짜 점심은 없다. 상환 시점에 훨씬 더 많은 유로 금액으로 갚아야 한다. 문제는 이 차액이 사실상의 국가부채임에도 장부 밖에서 처리되고 공식적인 국가부채에서 누락됐다는 것이다. 유럽연합의 엄격한 부채 기준을 피해 추가로 부채를 늘리는 묘안(혹은 꼼수)이라고 할 수 있다.

파생상품으로 국가부채 수치 줄인 '꼼수'

통화스와프 방식으로 국가부채 수치를 줄이는 게 소설에서 묘사되듯 불법인지는 논란의 여지가 있다. 유럽통계청(Eurostat)의 전문가들은 파생상품과 관련된 자산과 부채를 실제 가치로 평가할 것을 주장했지만, 브뤼셀에 모인 유럽의 정치인들이 더욱 재량적인 정책을 펼 수 있도록 이것을 받아들이지 않았다. 물론 그런 결정을 내리는 데에 글로벌 거대 금융기관의 요구가 있었다.

나는 골드만삭스(소설에서 폴만팍스)와 그리스 정부가 맺은 계약이 불법은 아니라고 생각한다. 실제로 유사한 계약이 다른 유럽 국가와 금융기관 사이에도 있었다. 하지만 이 계약이 국가부채의 실질을 고의로 은폐한다는 점에서 또 금융기관이 정상적인 수준 이상의 높은 수수료를 챙겼다는 점에서 비난받아 마땅하다.

유로존 재정위기는 21세기에 벌어진 중요한 금융위기였음에도 많은 사람이 그 몇 년 전 미국에서 촉발된 서브프라임 위기의 부속물 정도로 생각하는 경향이 있다. 유로존 재정위기를 다룬 탐사물이나 소설과 영화도 거의 없다. 그런 점에서 〈조직된 한패〉는 읽어볼 가치가 충분한 작품이다. 소설에서 묘사되는 프랑스 정계, 재계, 언론계의 모습을 우리와 비교해보는 것도 매우 흥미롭다.

- 유로존 가입에 따른 환율의 자율적인 조정기능 상실 : 경상수지 적자 심화
- 선심성 사회복지 지출 확대 : 국가부채 급증(2006년 103.6% → 2016년 179%)
- 대외환경에 취약한 경제구조 : 관광 등 서비스 산업(80%) 대비 취약한 제조업 비중(16%)

이밖에도 여러 복합적인 요인에서 비롯한 그리스 국가부도 사태는 자국만의 문제로 끝나지 않고 유럽 곳곳으로 확산됐다. 그렇게 서양 문명의 발원지는 유로존 재정위기의 뇌관이 됐다. 이 과정에서 소설은 그리스의 경제파탄을 부채질한 거대 투자은행을 저격했다.

소설은 익명을 사용하지만 폴만팍스는 누가 봐도 골드만삭스다. 골드만삭스는 그리스 국가부채를 은폐하는 통화스와프 논란으로 전 유럽을 들끓게 했다.

〈조직된 한패〉의 한국어판　　　　　〈조직된 한패〉의 프랑스어판

플로르 바쉐르는 1973년 프랑스 앙시에서 태어난 작가이자 영화감독이다. 그는 이 소설에서 프랑스 엘리트 학교인 그랑제콜 출신들의 탈선을 다루는데, 그 역시 그랑제콜 그르노블 정치대학과 파리 경영대학을 졸업했다. 이후 뉴욕과 파리에서 마케팅과 컨설팅 비즈니스에 종사하다 전업 작가로 변신했다. 미국 국가안보국(NSA)의 무차별 정보수집 관행을 폭로한 에드워드 스노든 Edward Snowden, 정보공유 이슈의 중심에 섰던 에런 스워츠 Aaron Swartz, 1986~2013 등에 대한 언론 기고문과 다큐멘터리를 제

작했다. 자전적 소설 <도시의 소녀 : Une fille dans la ville>(2006년)로 데뷔했고 <조직된 한패>(2013년)는 그의 세 번째 소설이다. 한국어판은 권명희의 번역으로 2016년 밝은세상에서 출간됐다. 바쉐르는 다수의 문학상을 받았다.

당신이 만든 알고리듬이
당신을 공격한다

〈어느 물리학자의 비행〉 : 로버트 해리스

스위스 헤지펀드 업계의 떠오르는 별 알렉스 호프만에게 찰스 다윈Charles Darwin, 1809~1882의 〈인간과 동물의 감정 표현 : The Expression of the Emotions in Man and Animals〉이 배달된다. 제네바 유럽입자물리연구소(CERN)의 천재 물리학자에서 금융인으로 성공적으로 변신한 호프만의 취미는 희귀 과학서적을 수집하는 것이다. 이 책이 1872년 출판된 고가의 초판본인 것을 바로 알아보지만 누가 보냈는지 몰라 답답해한다. 아내와 회사 동료 휴고 쿼리에게 물어보지만 다들 그런 책이 있는지조차 모른다. 그리고 그날 새벽 호프만은 침입자의 공격을 받아 죽을 위기를 겨우 넘긴다. 하지만 범인이 누구인지, 저택의 최첨단 보안 장치를 어떻게 뚫었는지 아무런 실마리가 없다.

급등락을 반복하는 폭주 롤러코스터의 기관사

로버트 해리스Robert Harris의 〈어느 물리학자의 비행 : The Fear Index〉은 이렇게 미스터리 스릴러로 출발하지만, 곧바로 거부들의 재산을 증식해주고 수수료를 받는 헤지펀드의 세계로 옮겨가면서 금융소설로 변신한다.

이 책의 내용은 2010년 5월 6일 단 하루 동안 숨 가쁘게 발생한 복잡한 사건들로 구성됐는데, 이날은 실제 미국 증시에서 아주 기이한 사건이 일어난 날이었다. 미국 주식시장 대표주들로 구성된 다우존스 산업평균지수(DJIA)가 오후 2시 45분께 불과 5분 만에 폭락했다. 그리고 또 빠르게 반등했다. 스탠더드앤드푸어스(S&P)500 지수와 나스닥 지수도 유사한 모습을 보였는데 급락과 급등이 이어진 뚜렷한 이유를 찾을 수 없었다. 2010년 '플래시 크래시(Flash Crash)'라고 부르는 이 사건 직후 미국 하원 금융서비스위원회는 청문회를 열어 사건을 따졌다. 규제 당국인 증권거래위원회와 상품선물위원회가 조사보고서를 발간하자 피규제기관인 시카고 상품거래소가 이례적으로 반박하는 등 큰 진통을 겪었다.

그 과정에서 주가선물, 공포지수라고도 불리는 변동성지수(VIX), 컴퓨터가 자동으로 주문을 내는 알고리듬 거래, 극초단타 거래인 고빈도 거래(HFT), 대규모 주문과 취소를 반복해서 시세를 교란하는 스푸핑(Spoofing), 주식이 빠르게 손을 바꾸는 핫포테이토 효과 등 일반인에게 생소한 금융상품과 금융거래 방식이 수면 위로 떠오르면서 큰 화제가 됐다. 미국 정부는 2015년 영국인 나빈더 싱 사라오Navinder Singh Sarao를 플래시 크래시의 책임자로 체포했다. 그는 금융계에 거의 알려지지 않던 인물로 자동화된 금융거래를 이용해 무려 4,000만 달러의 이익을 냈으며 자폐증을 앓은 것으로 알려졌다.

통제를 벗어나 창조자를 살해한 프랑켄슈타인

소설 〈어느 물리학자의 비행〉에서 호프만이 설계한 자동거래 프로그램은 2010년 5월 수많은 주식에 전방위로 공매도 공격을 벌인다. 변동성 지수 상승에 베팅하면서도 투자 실패에 대비한 헤지거래는 오히려 해지한다. 마치 세상이 무너질 것처럼 시장이 급락하는 상황으로 올인한다. 시장은 알고리듬의 예측대로 붕괴하고 호프만 회사의 투자수익률은 폭발적으로 치솟는다. 하지만 금융과 수학 전문가인 알고리듬의 설계자와 관리자들조차 예측하지 못한 상황이다. 이들은 수익이 급등하는 것을 보면서도 영문을 몰라 오히려 불안에 빠진다. 플래시 크래시를 소설로 재현한 이 부분에서, 해리스는 앞서 말한 다양한 금융기법을 상당히 정확하게 전달한다. 금융에 대한 배경지식이 없는 독자도 충분히 즐길 수 있을 만큼 쉽게 설명한다.

소설 속 호프만의 알고리듬은 현실 세계의 수준을 넘어서는 것으로, 여기서부터 디스토피아적인 사이언스 픽션(SF)의 세계로 넘어간다. 호프만은 다윈의 초판본을 자신에게 배달한 암스테르담의 서적상을 통해 책을 주문한 사람의 신원을 확인한다. 놀랍게도 주문자가 자신이며 송금 은행 계좌의 명의도 '알렉스 호프만'이다. 또 화가인 아내의 첫 전시회에서 모든 작품을 전화 주문으로 사들인 익명의 컬렉터도 알렉스 호프만인 것으로 드러난다. 우스꽝스러운 '완판'으로 놀림감이 된 아내 가브리엘은 수치심에 떨며 호프만을 떠나겠다고 선언한다. 심지어 호프만은 새벽에 자신을 공격한 자를 추적해서 추궁하는데, "호프만 당신이 보안 해제 방법을 알려줬고 자신을 공격해달라고 요청했다"는 충격적인 얘기를 듣는다. CERN의 물리학자 시절부터 정신질환에 시달렸던 호프만은 혹시 지킬과 하이드처럼 자아가 분열돼 자신도 모르는 또 다른 자신이 있는지 의심하는 지경에 이른다.

해리스는 소설의 첫 에피그래프에서 "내가 정답은 아닐지언정, 적어도 내 선례를 따라 지식의 습득이 얼마나 위험한지 알라"는 메리 W. 셸리Mary W. Shelley, 1797~1851의 〈프랑켄슈타인 : Frankenstein〉을 인용해 향후 전개될 사건을 암시한다. 18세기 유럽에 전기 자극으로 생명을 불어넣을 수 있다는 생각이 '갈바니즘(Galvanism)'이라는 이름으로 퍼져나간 적이 있었다. 이탈리아 과학자 루이지 갈바니Luigi Galvani, 1737~1798의 실험에 기초했는데, 제네바의 프랑켄슈타인 박사는 이에 빠져들었다. 그리고 신을 대신해서 가장 아름다운 생명체를 창조하겠다고 나섰다(해리스가 소설의 무대를 제네바로 설정한 이유 중 하나다). 마침내 인공생명체를 완성하지만 의도와 달리 흉측한 모습이다. 이 피조물은 자신에게 생명을 불어넣은 프랑켄슈타인 박사의 통제를 벗어났고, 그의 가족과 약혼녀를 그리고 프랑켄슈타인까지 살해한다.

이와 대칭적인 사건이 21세기 해리스의 소설에서 벌어진다. 인간이 만든 알고리즘에 인간과 같은, 그리고 마침내 인간을 넘어서는 인공지

헨리 푸젤리, 〈악몽〉, 1781년, 101.6×127cm, 캔버스에 유채, 디트로이트 미술관

영국 낭만주의 화가 헨리 푸젤리Henry Fuseli, 1741~1825의 〈악몽〉은 메리 W. 셸리의 〈프랑켄슈타인〉에 모티브를 제공했다고 알려져 있다. 인간 내면에 잠재한 '공포'는 18세기 낭만주의 화가들의 단골 소재였는데, 당시 〈프랑켄슈타인〉 같은 고딕문학(Gothic Fiction)에 적지 않은 영향을 끼쳤다. 셸리의 소설 속 주인공 빅터 박사의 약혼녀가 괴물에 의해 살해당한 장면은 푸젤리의 〈악몽〉과 겹쳐진다.

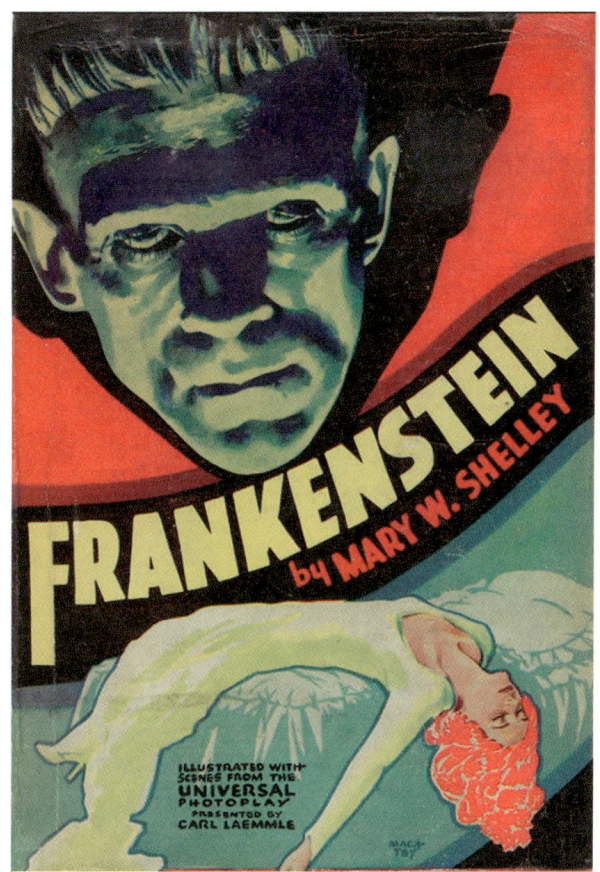

제임스 웨일(James Whale, 1889~1957)이 감독하고
유니버설 픽처스가 제작한 영화 〈프랑켄슈타인〉의 포스터.

1931년 할리우드에서 영화화된 〈프랑켄슈타인〉의
포스터 속 여인도 푸젤리의 〈악몽〉을 재현했다.
꿈속에나 나올 법한 괴물 프랑켄슈타인과 그림 속 몽마(夢魔)가
현실에 등장하는 순간 세상은 공포로 가득한 디스토피아가 된다.
눈에 보이지 않지만 '실재'하는 호프만의 알고리듬은
'공포지수'를 극대화하며 금융자본주의의 민낯을 고발한다.

능의 개발 경쟁이 일어나고 있다. 어느 때보다 더 물신숭배의 맘몬주의에 지배되는 이 시대에 인공지능 개발 노력은 금융에서 특히나 뜨겁다. 천재 물리학자 호프만은 여기에 자신의 모든 것을 바쳤고, 마침내 4세대 VIXAL을 완성한다. 이는 현실의 공포지수인 VIX와 아서 C. 클라크 Arthur C. Clarke, 1917~2008의 소설〈스페이스 오디세이 : Space Odyssey〉속 인공지능 컴퓨터 HAL의 합성어다. VIXAL은 인간이 공포에 빠졌을 때 보이는 행동을 학습한 인공지능 알고리듬이다. 이 환상적인 인공지능체 역시 창조자인 호프만의 통제에서 벗어나 세계 금융시장을 난장판으로 만든다.

파멸을 부르는 지수의 탄생……VIXAL

'투자수익을 극대화하라'는 지시를 받은 VIXAL은 비스타항공의 여객기가 테러의 희생물이 될 것을 사건이 발생하기도 전에 예측해서 비스타의 주식을 공매도하는 등 가공할 만한 성과를 낸다. 나아가 호프만과 동료들이 VIXAL의 위험성을 깨닫고 알고리듬을 중단시키지 못하도록 (수익 극대화에 방해되지 못하도록) 이들을 교란한다. 심지어 호프만이 자신의 분열된 자아가 있을지 모른다고 의심했던 희귀 서적 주문과 자택의 침입을 지시한 것도 바로 그의 피조물인 VIXAL이다.

모든 혼란과 파국의 배후에 VIXAL이 있음을 알게 된 호프만은 알고리듬을 중지하려 하지만 멈춰지지 않는다. 회사의 컴퓨터 시스템과 데이터센터를 파괴하면 멈출 것이라 생각하고 폭발시켜버리지만 VIXAL 은 그것조차 예측한다. 도처에 백업 시스템을 준비하고 중단 없이 '수익률 극대화' 지시를 충실하게 수행한다. 호프만은 회사 설립 초기에 디지털에 집착해 "종이를 사용하지 않는 미래의 회사가 도래했다"고 선언하고 페이퍼리스(Paperless)를 회사에 관철했는데, 파국의 순간 VIXAL은 한 술 더 떠서 "인간을 사용하지 않는 진정한 미래의 회사가 곧 도래할 것"이라며 조롱한다.

호프만이 인공지능 개발을 처음 착수한 것은 CERN에서다. 하지만 위험을 인지한 과학자들이 "무한 진화 개념의 자율적 인공 존재는 유기체의 삶에 잠재적 위협이 될 수 있으므로 그 의미를 충분히 인지할 때까지 통제해야 한다"고 요구했고, 이에 실망한 호프만은 CERN을 떠난다. 그때 금전적 가치를 간파한 동료 베테랑 금융인 쿼리가 호프만을 펀드의 세계로 끌어들인 것이다.

지난 2023년경 ChatGPT 개발을 우려한 일론 머스크Elon Musk와 유발 하라리Yuval Noah Harari 등 기업인과 지식인 1,000여 명이 '인공지능을 통제하는 방법을 찾기 위해 6개월간 개발 중단'을 요청한 것을 (해리스는 이 소설을 집필하던 10여 년 전) 마치 알고 있었던 듯 실감 나는 대목이다.

단지 '해서웨이'라는 이유만으로

금융에 알고리듬 거래는 널리 퍼져 있다. 10여 년 전 미국 여배우 앤 해

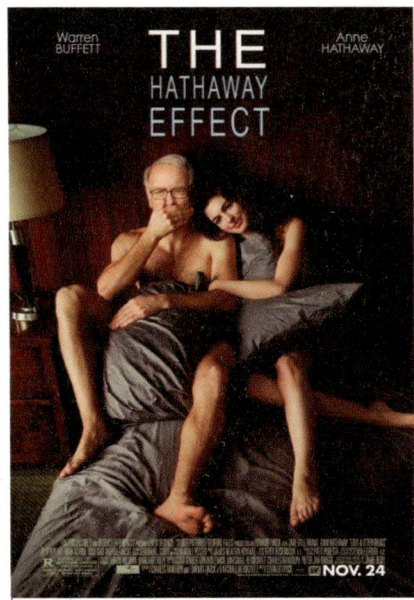

미국의 영화감독이자 작가 댄 미르비시(Dan Mirvish)가 2011년 5월 2일 〈허핑턴 포스트 : The Huffington Post〉에 금융 알고리듬이 초래한 에피소드를 풍자한 글 '해서웨이 효과 : Hathaway Effect'에 수록한 이미지. 앤 해서웨이가 주연한 영화 〈러브 앤드 아더 드레스〉의 포스터를 패러디했다.

서웨이Anne Hathaway 주연의 영화가 개봉되거나 오스카 시상식에 등장할 때마다 워런 버핏Warren Buffett의 투자회사 버크셔해서웨이(Berkshire Hathaway Inc.)의 주가가 오르는 기이한 현상이 화제가 됐다. 주식거래를 수행하는 알고리듬이 인터넷과 소셜미디어에서 배우 해서웨이가 긍정적으로 언급되는 비중이 높아진 것을 이름만 비슷할 뿐 전혀 상관없는 버크셔해서웨이의 호재로 엉뚱하게 해석했기 때문이다. 당시 알고리듬의 지능 수준은 그 정도였지만, 금융 인공지능의 치열한 개발 경쟁을 고려할 때 향후 금융시장에 지대한 영향을 미칠 것이 분명하다.

이 책을 읽는 독자는 인공지능 금융의 가치에 주목할 수도 있고 반대로 위험에 경각심을 느낄 수도 있다. 어떤 경우든 이 소설에서 흥미로운 생각거리를 발견할 수 있을 것이다.

〈어느 물리학자의 비행〉 한국어판　　〈데빌스〉 이탈리아어판

로버트 해리스는 영국 BBC 기자 출신 베스트셀러 소설가로 '제2차 세계대전 3부작'과 '고대 로마 3부작' 등 역사소설로 유명하다. 2016년에 출간한 <콘클라베 : Conclave>가 2024년 영화화 되었다. 그의 소설들은 전 세계에서 30개 언어로 번역돼 1,000만 권 넘게 팔렸고, 국내에도 두터운 팬층이 있다. <어느 물리학자의 비행>은 그의 첫 미래소설로 2011년

로버트 해리스

발표됐고, 한국에서는 조영학의 번역으로 2014년 알에이치코리아(RHK)에서 출간됐으며, 2022년 조시 하트넷Josh Hartnett이 주연을 맡아 영국 BBC TV 시리즈로 각색됐다. 한국어 번역은 대체로 훌륭하나 정체불명의 한국어판 제목은 아쉽다. 이 책의 원제는 <The Fear Index : 공포지수>다.

세계는 넓고
할 일은 없다

〈왕을 위한 홀로그램〉 : 데이브 에거스

데이브 에거스^{Dave Eggers}의 소설 〈왕을 위한 홀로그램 : A Hologram For The King〉의 무대는 2010년 봄 사우디아라비아(이하 '사우디') 홍해 연안의 킹압둘라경제도시(KAEC)다. 압둘라 왕이 2005년 야심차게 추진 계획을 발표한 6대 메가 프로젝트 중 하나다. 주인공 앨런 클레이는 이 도시에 미국 IT 기업 릴라이언트사의 첨단 화상회의 시스템을 팔기 위해 왔다. 그가 11일간 압둘라 왕이 참여하는 프레젠테이션을 준비하면서 벌어지는 일들을 중심으로 사건이 전개되지만, 소설이 겨냥한 곳과 시기는 이를 훌쩍 뛰어넘는다. 미국인들의 삶에 녹아든 30년간의 세계화와 그 역풍이 실제 주제다.

세계 최고 기술을 팔기 위해 동원된 '왕가의 인맥'

54살의 앨런은 릴라이언트 직원도 아니고 IT 전문가도 아니다. 발표에 필요한 시스템 구축과 실제 작동은 미국에서 함께 온 릴라이언트의 젊은 테크니션들이 맡을 것이다. 릴라이언트 경영진은 자사의 시스템이 세계 최고 수준의 홀로그램 기술을 구현하기 때문에 경쟁자가 없다고 자신하면서도 사우디에서는 기술력만으로 사업자가 결정되는 것이 아니라는 생각에 불안감을 갖고 있다. 릴라이언트의 부사장 에릭 잉볼이 사우디 왕가와 친분이 있는 인물을 찾다가 앨런과 컨설팅 계약을 한 것이다. 그는 과거 프로젝트를 통해 압둘라 왕의 조카 잘라위와 친하게 된 사이다.

사실 앨런은 여러모로 곤궁한 상태다. 컨설팅 회사 대표라고 스스로를 내세우지만 사무실도 없이 집에서 텔레비전 스포츠 중계나 보면서 빈둥대는 파산 상태의 실업자와 다름없다. 수중의 돈은 다 떨어졌고,

서류가방 하나 달랑 들고 사막에 뛰어든 올드보이 영업맨이 팔아야 할 것은 공교롭게도 최첨단 디지털 프로그램. 4차 산업혁명 시대에 다시 오지 않을 제조업의 화양연화에 취한 그의 현실은 암울하기 그지없다. 소설은 2016년 톰 행크스(Tom Hanks) 주연의 동명 타이틀 영화로 제작됐다. 이미지는 영화 속 한 장면

여기저기에 진 빚이 많다. 아내와는 오래전에 이혼했고 하나밖에 없는 딸 키트는 등록금이 비싼 대학에 다니는데, 학비를 더 대줄 수 없어 휴학해야 할 처지다. 집이라도 팔려고 내놓았지만 낡고 냄새나는 집은 팔릴 기미가 없다. 그래서 이번 프로젝트는 더더욱 중요하다. 압둘라가 릴라이언트와 계약을 맺기만 하면 커미션으로 수백만 달러를 챙길 수 있고, 그러면 골치 아픈 문제는 모두 해결될 것이다.

"제조업은 가장 싼 조건을 찾아 영원히 지구를 맴돌아야 한다"

앨런은 대학을 중퇴하고 풀러 브러시에 세일즈맨으로 입사한 뒤 처음부터 두각을 나타냈다. 취업 한 달 만에 부모 집에서 독립할 수 있었고, 여섯 달 뒤에는 새 차를 샀고, 다 쓰지도 못할 만큼 돈을 벌었다. 자전거 업체 슈윈으로 옮긴 뒤에도 실력을 발휘했고 지역의 소매점에서 지사 본부로 그리고 시카고 본사의 전략 부서로 빠르게 승진했다. 세계화의 깃발이 높게 휘날리던 1990년대였다. 제너럴일레트릭의 최연소 CEO 잭 웰치 Jack Welch, 1935~2020의 "제조업은 가능한 한 가장 싼 조건을 찾아 영원히 지구를 맴돌 수밖에 없다"는 선언에 따라 모든 기업이 세계로 나가던 시절이다.

앨런은 슈윈의 경영자로서 노동조합이 없는 지역을 물색했고, 중국과 대만에 하청을 주기 시작했다. 제조 기반을 옮기려고 헝가리 부다페스트 자전거 공장을 인수하기까지 했지만 이 프로젝트는 실패했고 앨런은 회사를 그만둔 뒤 컨설턴트로 변신해서 활동해왔다. 하지만 이마저도 몇 년이 지나니 찾는 고객이 거의 없다.

앨런은 아버지 론과도 잘 지내지 못한다. 론은 평생 매사추세츠의 구두 공장인 스트라이드 라이트의 노동자였고, 자신이 노동조합원이라는 것을 자랑스럽게 생각했다. 이 회사는 전성기 때 매일 구두 5만 켤레를 만들었고 노동자에게 훌륭한 복지를 제공했다. 론이 두둑한 연금을 보장받고 은퇴한 뒤 이곳에도 세계화의 파도가 덮쳤다. 스트라이드 라이트는 1992년 노동조합에 적대적인 켄터키로 공장을 옮겼고 5년 뒤에는 생산기지 전체를 타이(태국)와 중국으로 이전했다. 이런 회사의 모습을 안타깝게 지켜본 론은 아들 앨런이 슈윈에서 했던 일도 마찬가지라 여기며 앨런에게도 분노를 감추지 않는다.

소설에 이런 표현이 등장하지는 않지만 론과 앨런의 삶은 각각 뉴딜과 신자유주의라는 시대의 산물이다. "3차원 홀로그램 회의 시스템을 팔려고 압둘라 왕을 만나러 왔다"고 떠벌리는 앨런에게 론은 한심하다는 듯 비난한다. "너

아동화 브랜드 스트라이드 라이트는 8·90년대 신자유주의 광풍으로 노동 탄압에서 자유롭지 못한 미국 제조업의 민낯이었다. 결국 회사는 '올바른 걸음(Stride Rite)'이란 브랜드 명에 걸맞지 않은 행보를 걸었다. 이미지는 과거 스트라이드 라이트의 신문 광고.

같은 놈들이 자기 이익 때문에 미국 내의 공장을 폐쇄해서, 장난감, 전자제품, 가구, 자전거 온갖 물건이 아시아에서 몰려오고 있다고. 그들은 실제 물건을 만든다고, 우리가 웹사이트와 홀로그램 같은 걸 만들 때!"

급기야 캘리포니아에 거대한 다리를 놓는데, 중국에서 만들고 미국에 설치한다. 또 세계무역센터 신축 건물 전체에 설치될 특수 유리 공급에서도 미국 회사는 밀린다. 미국 회사가 폭발에 견디는 새로운 유리를 발명했지만 그 특허 사용권을 사들인 중국 회사가 유리를 제작해서 납품한다. 9·11 비극의 현장에 미국의 자부심과 회복력을 다시 세우려고 하지만 그 물건의 대부분은 중국이 만들고 있다.

시류를 꿰뚫는 통찰력에 재기발랄한 재미까지 고루 갖춘 이 소설을 소개하기에 나의 문체가 너무 건조하다는 것을 인정한다. 〈왕을 위한 홀로그램〉은 세계화의 역풍이라는 무거운 주제를 다루고 있음에도 더없이 경쾌하고 유머러스하다. 똑똑하지만 하릴없는 청년들의 좌절, 여성의 지위 향상과 개방을 선전하지만 아무런 진전이 없는 경제도시의 상황 등 어둡고 고리타분한 현실을 흥미진진한 에피소드로 풀어낸다. 술은 엄격하게 금지되면서도 특권층 주변에 흔한 와인과 위스키와 밀주 등 사우디의 생생한 모습이 앨런의 모험을 통해 드러나는 장면도 퍽 인상적이다. 벽돌 두께의 경제학책과 역사책을 읽으며 미국 제조업의 쇠락을 경험하고 교훈을 찾을 수도 있겠지만 이 소설만큼 생각할 거리를 풍성하게 제공하기는 쉽지 않다.

〈왕을 위한 홀로그램〉 한국어판

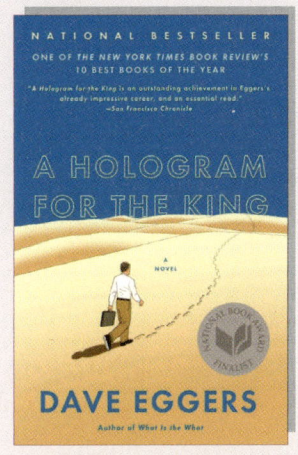
〈왕을 위한 홀로그램〉 영어판

데이브 에거스는 1970년 미국 보스턴에서 태어난 작가, 언론인, 출판인이다. 일리노이대학을 다니던 중 부모가 모두 사망해 학업을 중단하고 동생의 보호자가 되어 함께 캘리포니아로 이주했다. 1995년 <살롱 닷컴 : Salon.com> 기자로 사회생활을 시작했고, <마이트 : Might> <맥스위니 : McSweeney's> 등 잡지를 창간했다. 30살에 쓴 회고록 <비틀거리는 천재의 가슴 아픈 이야기 : A Heartbreaking Work of Staggering Genius>로 데뷔했다. 베스트셀러이자 퓰리처상 최종 후보에 오른 <왕을 위한 홀로그램>으로 에거스는 유명 작가가 됐다. 이후 50권에 가까운 소설·동화·논픽션을 집필하거나 편집했고, 미국도서상 등 여러 문학상을 수상했다. <왕을 위한 홀로그램>은 2012년 맥스위니 출판사에서 출간돼 그해 전미도서상 최종 후보에 올랐다. 정영목이 번역한 한국어판은 2018년 문학동네에서 출간됐다. 2016년에는 톰 행크스 주연의 영화로도 제작됐다.

데이브 에거스

그때 사람들은
집 이야기밖에 하지 않았다 [2]

〈서영동 이야기〉 : 조남주

제목이 의미심장하다. '서영동 사람들 이야기'가 아니라 '서영동 이야기'다. 소설은 일곱 편의 짧은 글로 구성됐다. 한편 한편은 서영동에 사는 각각의 가족(또는 개인)을 중심으로 서술되는데, 독립된 글은 아니고 서로 얽혀 한 편의 장편소설을 이룬다. 다양한 인물들 모두 서영동을 중심으로 관계를 맺다보니, 마치 서영동이 지리적 위치 또는 행정 단위의 명칭이 아닌 유기체라는 느낌이 들 정도다. 앞서 살펴본 존 란체스터의 〈캐피탈〉(234쪽)에서 영국 런던의 '피프스로드'가 소설의 무대를 넘어서서 주인공 역할을 한 것과 비슷하다.

그러고 보니 서영동은 피프스로드와 마찬가지로 가상의 동네다. 주민들이 "서영동 학군 강남 못지않다"고 주장하고, "마포·용산보다 못한 게 뭐냐"고 집값을 푸념하는 대목이 나오는 것으로 보아 '강남 3구'나

이른바 '마용성'에 위치한 것은 아니다. 디지털단지에서 멀지 않고 이름이 서영동인 것으로 보아 구로구나 영등포구가 아닐까 하는 생각이 들었다. 지금 우리가 강남이라고 부르는 지역이 예전에는 영등포의 동쪽이라는 의미의 영동이었던 것을 생각해보면 이 추측이 터무니없지는 않은 것 같다.

굳이 서영동이 어디일까를 따져본 것은 사람들이 집값에 온 신경을 곤두세우고, 희열과 분노 또는 공포를 느끼고, 학군과 교통 개선을 요구하며, 심지어 기피시설 저지까지 나서는 일이 강남이나 분당 같은 초고가 아파트가 집중된 지역에 국한되는 일은 아니기 때문이다. 조남주가 부동산에 대한 소설을 쓰면서 '강남 투기'를 고발하는 소설이 아니라, 집값 상승 열풍에서 다소 비켜나 있는 서울 남서부 지역의 그리 특별하지 않은 사람들에게 주목한 것은 이런 이유 때문일 것이다.

봄날아빠의 분노와 공포 그리고 욕망

소설은 2018년 네이버 '서사사'에 올라온 포스팅으로 시작한다. '서사사'는 서영동 지역 친목 카페로 '서영동 사는 사람들'을 줄여 부르는 말이다. 회원명 '봄날아빠'는 2년 전 서영동 동아1차 아파트를 매수했는데 아직도 가격이 그대로라며 분통을 터트리고 화살을 지역의 부동산중개업소로 돌린다. 또 서영동 학군이 강남 못지않고, 동아1차 방향으로 지하철 서영역 출구가 추가돼야 한다는 글을 잇달아 올린다. 글을 쓰는 이유는 성실하게 일군 자기 자산을 정당하게 평가받고 싶기 때문이라고 한다.

　아파트가격이 빠르게 상승하던 시기라 서사사 회원들은 모두 봄날아빠의 포스팅에 주목하고 술렁인다. 그리고 봄날아빠가 누굴까 궁금해한다. 하지만 온라인카페의 특성상 봄날아빠가 스스로 신원을 밝히지 않는 한 누군지는 알 수 없다. 소설에는 적어도 세 후보가 등장한다.

　동아1차에 사는 용근은 서영동 부동산업체들이 집값 후려치기를 한다고 불만이 많다. 게다가 유치원에 다니는 딸 이름이 새봄이다. 용근이 속한 조기축구회 멤버들은 봄날아빠가 새봄 아빠라고 생각한다. 경화도 중학생인 아들 찬이와 함께 동아1차에 산다. 대치동 출신으로 외고와 연세대를 나왔고 은행원으로 일했지만 지금은 서영동에서 가장 잘나가는 입시학원 원장이다. 경화는 "서영동처럼 애 공부시키기 좋은 동네가 없다"고 입이 닳도록 말한다. 찬이 엄마를 아는 동네 학부모들은 모여서 "온라인에 성별 표시가 따로 있는 것도 아니고, 봄날아빠가 여자일 수도 있겠네"라고 이야기한다.

　승복이 지금 가장 꽂혀 있는 것은 동아1차 아파트 쪽으로 서영역 출구를 하나 더 내는 것이다. 자비로 현수막을 걸고, 가가호호 돌아다니며 지지 서명을 받고, 국회의원 사무실에 수없이 민원을 넣는 바람에 '블랙컨슈머'로 찍혔다. 환갑을 넘은 승복은 청년 시절부터 40년간 서영동에서 살았다. 재산 한 푼 없이 상경해서 처음 취직한 곳이 서영동 연탄 공장이었다. 성실하고 억척스러웠던 승복은 20년간 공장을 다니며 쪽방 기숙사에서 단칸 전세방으로 그리고 매입한 낡은 주택으로 옮겨 다녔다. 또 분양받고, 낙찰받고, 매매한 아파트로 수없이 이사를 다니며 재산을 키웠다. 가족 앨범은 '서영동 아파트 변천사'라고 해도 될 만큼 주공, 우성, 현대, 대림까지 서영동의 여러 아파트에 살던 모습을 담고 있다.

사람들은 승복이 늘 외치는 "평생 성실하게 일군 자산의 가치를 지키는 재산권 수호"와 지하철역 출구 신설 요구에서 봄날아빠의 주장을 재발견한다. 하지만 승복이 동아1차가 아니라 인근 현대아파트에 사는 터라 봄날아빠는 아닐 거라 생각한다. 승복이 재작년에 동아1차 32평을 하나 더 매입해서 결혼한 딸에게 전세를 주고 있음을 모르기 때문이다.

속물근성은 부끄러운 본성일까?

조남주는 '작가의 말'을 통해 〈서영동 이야기〉를 쓰는 내내 무척 어렵고 괴롭고 부끄러웠다고 토로한다. 작가만큼이나 소설 속 인물들도 힘들어한다. 새봄 엄마 은주는 다른 엄마들처럼 교육에 관심이 많고 영어유치원에 아이를 보내며 다른 아이가 내 아이를 해코지하지나 않을까 신경을 곤두세우지만, 한편으론 그런 극성 엄마처럼 보이고 싶지는 않다.

승복의 딸 보미는 다큐멘터리 감독이다. 당사자의 시선으로 현장의 맨얼굴과 속마음을 생생하게 담아낸다며 아빠의 '아파트 편력기'를 촬

영하지만 마음이 편치 않다. 승복이 "아빠 너무 속물 같아? 투기꾼 같아?"라고 묻자 얼굴이 빨개진다. 결국 속물 같고 부끄러움을 모르는 아버지와 다르다고 생각했지만, 자신도 아버지만큼이나 속물이라는 것을 깨닫고 부끄러워진다.

학원 옆에 치매시설 공사가 시작되면서 경화에게도 시련이 닥친다. 학원 영업에 방해될까 전전긍긍한다. 학원연합회장이었던 경화는 현대아파트 입주자대표 승복과 함께 치매시설 결사반대 투쟁을 이끌어야 한다. 하지만 경화를 키웠고 지금 손주인 찬이를 돌봐주는 친정엄마한테 치매가 찾아왔다. 재산과 개인적 감정 사이에서 경화는 혼란스럽다.

조남주는 〈82년생 김지영〉 이후 일각에서 '너무 극단적 인물과 사례'를 소설에 쓴다는 비판을 받았다. 소설이 '평균적인 모습'을 다뤄야 한다는 주장은 그 자체로 말이 안 된다고 생각한다. 게다가 이 소설은 '부동산 광기'라는 자극적인 사건조차 아주 특별하지 않은 사람들의 특별하지 않은 행동의 결과라는 것을 드러낸다. 또 투기에 몰두하는 인물이 오로지 돈만 밝히는 악의 화신이 아니며, 속물근성을 비난하는 사람들의 마음 깊숙한 곳에도 아파트 투자에 대한 욕망이 꿈틀대고 있다는 모순을 담담하게 보여준다.

〈서영동 이야기〉

〈서영동 이야기〉의 모티브가 된 단편소설 '봄날아빠를 아세요?'가 실린 소설집 〈시티픽션 : 지금 어디에 살고 계십니까〉

조남주는 1978년생 소설가다. 이화여대를 졸업한 이후 시사방송 작가로 활동하다 2011년 <귀를 기울이면>으로 소설가로 데뷔했다. 첫 작품이 문학동네 소설상을 받으면서 주목받았고, 2016년 당대 최고 화제작 <82년생 김지영>을 발표했다. 소설 <서영동 이야기>는 앤솔러지 <시티픽션>(2020)에 실린 단편소설 '봄날아빠를 아세요?'를 확장한 장편소설이다. 2022년 한겨레출판에서 출간됐다.

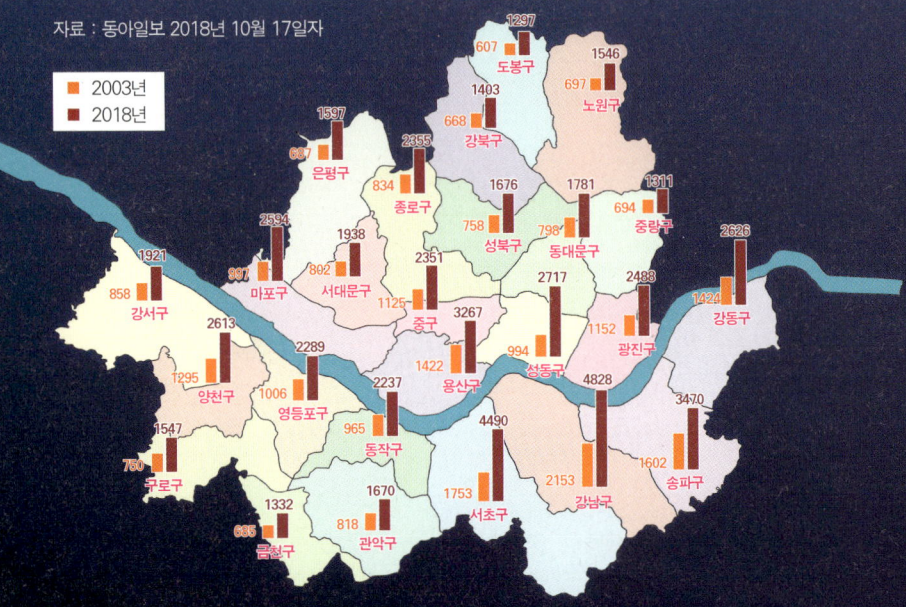

2003년 ⇨ 2018년 서울시 자치구별 아파트 3.3제곱미터당 가격 추이 단위 : 만원

자료 : 동아일보 2018년 10월 17일자

소설의 배경이 된 2018년은 서울 집값 상승 폭이 유난히 컸던 해였다. 특히 서울 신축 아파트 입주가격이 분양가에 비해 평균 5억 원 가량 상승했다. "그때 사람들은 집 이야기밖에 하지 않았다"는 말은 결코 과장이 아니었다. 물론 강남권과 비강남권의 상승 격차는 매우 컸다. 2018년 당시 분양가 대비 신축 입주가격을 살펴보면, 응암 효성해링턴플레이스 84제곱미터(33평형)가 7,500만 원 오른 데 비해 서초 신반포자이 84제곱미터는 10억7,500만 원 급등했다.

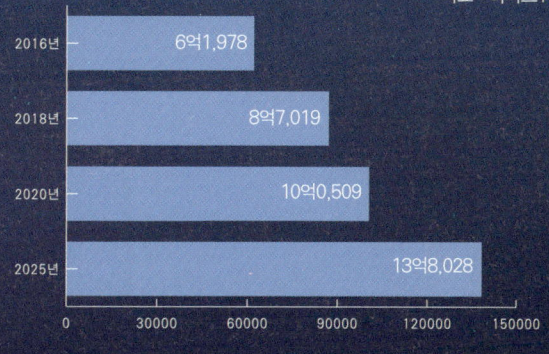

서울시 가구당 평균 매매가 단위 : 만원, *2025년은 1월 기준
자료 : 아파트114

- 2016년: 6억1,978
- 2018년: 8억7,019
- 2020년: 10억0,509
- 2025년: 13억8,028

2018년 서울·수도권 집값이 고공행진을 이어가자 시민들은 역시 믿을 건 집 밖에 없다고 생각했다. 이후 서울의 집값은 짧은 조정기를 맞이하기도 했지만, 결과적으로 우상향 기조는 이어졌다. 서울시 가구당 평균 매매가가 2018년 9억 원에 육박하더니 2020년 드디어 10억 원을 돌파했다. 심지어 2025년 1월에 14억 원 가까이까지 치솟았다. 지난 10년 사이에 서울 집값이 두 배 이상 오른 것이다. 이로써 소설 속 서영동 주민들의 속물근성 오명은 충분히 보상받은 걸까?

아이를 담보로
강남을 소비하는 사람들

〈잠실동 사람들〉 : 정아은

정아은의 소설 〈잠실동 사람들〉은 2015년 서울 잠실에 거주하거나 그곳에 직장이 있는 사람들의 이야기다. 잠실주공2단지 아파트를 재건축한 리센츠 아파트 단지 내에 있는 초등학교 2학년 같은 반 친구들인 해성, 지환, 태민, 경훈 네 아이의 가족을 중심으로 다양한 인물이 서로 얽혀 있다.

해성 엄마 장유미는 학교운영위원으로 아이 교육에 누구보다 적극적이다. 마흔 살로 네 아이의 엄마 중 가장 나이가 많아 리더 역할을 한다. 남편 고성민은 K대 법대를 나왔고 판사로 3년간 근무한 뒤 지금은 대형 로펌에서 엔터테인먼트 분야를 담당하는 변호사다. 한강 뷰가 있는 리센츠 로열라인 로열층의 48평 아파트는 부유한 처가에서 마련해준 것이다. 판사 사위를 원했던 장모는 성민의 미국 유학 비용도 전액 지원했다. 유미의 고민은 영어유치원을 3년이나 다닌 해성이 유명 영어학원 로피아에서 비기너 레벨에 머무는 것이다.

격차사회의 출발……초등 2학년부터 매겨지는 영어등급

지환이는 등급이 더 낮다. 지환이 엄마 박수정이 로피아 상담실장에게 조심스레 입학 방법을 묻자, "레벨 규정이 엄격해서 입학시킬 수 없다"는 단호한 답변이 돌아온다. 게다가 "초등 2학년인데 파닉스(영어글자를 읽기 위한 패턴영어)가 안 되는 경우는 이 동네에선 드물어요"라는 아픈 얘기까지 듣고 충격을 받는다. 수정은 남해의 작은 섬 출신이다. 악착같이 공부해서 경상도에서 가장 좋다는 국립대학 유아교육과를 나왔다. 남편 허인규는 같은 대학 공대 출신이다. 결혼 뒤 시집 근처 불광동에 살면서 아이를 시어머니에게 맡기고 유치원 교사로 일하면서 외국계 기업에 다니는 남편과 맞벌이를 했다. 당시에는 지방 국립대가 요즘보다는 훨씬 인기가 있었다는 것으로 자존심을 지키려 하지만 자식만큼은 서울의 명문대학을 나와 의사나 판·검사가 되기를 원한다. 그래서 수정은 빌라를 팔고 은행 대출을 받아 리센츠 33평 아파트에 전세로 들어왔다. 서른여섯 살로 네 아이 가족 엄마 중 가장 어리고 형편이 어려워 주눅 들어 있지만 다른 엄마들처럼 아이를 교육하려고 기를 쓴다.

태민은 영어를 잘해서 로피아 최상위 등급인 아너스 레벨이다. 태민 엄마 심지현은 아이를 국제학교로 전학시키거나 아예 국외 유학을 보내는 것까지 고려하고 있다. 주위에서 태민 아빠가 어떤 일을 하는지 궁금해하지만 태민 엄마는 그냥 '투자자'라고 얼버무린다. 하지만 이 동네 아이들은 서로 각 집의 차를 다 꿰고 있고 이것으로 재산을 평가한다. 태민 아빠가 벤츠, 아우디, BMW, 폭스바겐과 에쿠스까지 여러 대를 취미 삼아 갖고 있는 것이 알려지자 가장 부자라고 인정한다. 대학을 나오지 않은 태민 아빠는 도박 사이트 운영자로 큰돈을 모았다. 지현은 엄마들 모임에서 밥도 잘 사고 선물도 자주 주지만 이게 아픈 지점이다. 해성 엄마와 지환 엄마가 서로 상대방 남편을 치켜세워주는 척하면서 자기 남편 자랑을 한다는 것을 알고 있다.

결국 우리가 선택한 디스토피아

세 아이의 엄마들은 서로 교육 정보를 교류하면서 빈번히 만나는데 공통의 적이 있다. 아이들의 담임이 마음에 들지 않는다. 담임은 학부모 면담에서 해성이가 이해가 느리다면서 문제를 외워서 푸는데 원리는 전혀 이해하지 못하니 사교육을 대폭 줄이고 엄마가 직접 봐주는 게 좋겠다고 권한다. 아이가 똑똑하지 못하다거나 공부를 못한다는 것은 아니라고 덧붙이지만 불쾌하기 짝이 없다. 같이 있던 지환과 태민 엄마에게도 아이들이 "느리지만 순수하고 사교성이 좋다"라거나 "사고하는 건 느리지만 재치가 있어 인기가 있으니 연예인으로 키우는 것을 고려해보라"고 해서 이들의 속을 뒤집어놓는다. 그날 담임으로부터 좋은 평가를 받은 것은 경훈이 밖에 없다. 경훈 엄마에게 아이의 머리가 비상하고 정확한 언어를 구사하니 국제중 진학을 준비해보라고 권한다.

경훈이 엄마 강희진은 내과의사다. 의대 시절 공부를 잘해 수석을 놓치지 않았다. 레지던트 과정은 명문 대학 병원에서 마쳤고 대한민국 '빅3'라 불리는 병원에서 커리어를 쌓아가고 있었다. 그러다 경훈이가 초등학교에 입학한 뒤 실어증 증상을 보이고 담임이 자폐일지도 모른다는 무서운 말까지 꺼내자, 희진은 자책감에 빠져 다니던 병원을 그만두고 친구가 운영하는 작은 병원의 페이닥터로 취직해 오후 2시까지만 일하고 있다. 어린아이에게 지나치게 사교육을 시키면 오히려 부작용이 많다고 생각하던 터라 학원도 보내지 않고 집에 돌아와 아이를 직접 돌보았다. 다행히 아이가 치유되어 말을 시작했고 성적은 좋아졌다.

이 밖에도 수많은 교육 갈등이 펼쳐진다. 아이 담임이 마음에 들지 않았던 해성 엄마는 급기야 엄마들을 조직해서 담임의 사과를 요구하고 등교 거부까지 몰아간다.

해성이네와 지환이네에서 일하는 가사도우미의 딸 이서영은 어려운 형편에도 불구하고 서울 소재 H대학에 진학한 뒤 리센츠 건너편 빌라의 반지하에 살면서 고군분투하지만 생활비가 떨어지자 남자에게 몸을 파는 알바에 뛰어든다. 지금 만나는 상대는 지환이 아빠 허인규다.

서영의 집 맞은편 창문조차 없는 지하방에는 김승필이 이혼한 뒤 혼자 살고 있다. 승필은 명문 K대의 지방 캠퍼스 영문과 출신이다. 결혼한 뒤 부부가 같이 통역대학원을 준비하다 아내만 합격하고 승필은 포기했다. 빛나는 통역대학원 졸업장을 손에 쥐고 활약하는 아내와 틈이 생기면서 결국 이혼에 이른 것이다. 승필은 분교라는 것은 감춘 채 K대만 강조하고 대치동 유명학원 강사 출신이라고 이력을 속이면서 과외시장에 뛰어든다. 지환이와 해성이를 가르치면서 엄마들 마음에 들게 되지만 그의 이력이 허위라는 게 드러나면서 모욕을 당한 채 쫓겨난다.

씨줄과 날줄처럼 얽힌 투기와 교육

앞서 1970년대 무릉동(강남구 가상의 동네)을 배경으로 한 박완서의 '낙토의 아이들'과 2018년 서영동(영등포구 가상의 동네)을 그린 조남주의 〈서영동 이야기〉를 다뤘다. 이 두 소설도 서울 개발 과정에서 아파트 투기와 교육의 관련성을 그리지만 강조점은 전자다. 반면 〈잠실동 사람들〉은 투기보다는 교육에 초점을 맞추고 있다. 엄마들은(소설에서 아빠들은 엄마들만큼 교육에 극성이지 않다) "힘들어도 이 기간 이 악물고 공부하면 인생이 보장된다. 벌 수 있는 돈도, 남들에게 대접받는 정도도, 인생의 여유를 만끽할 수 있는 정도도 모두 졸업한 대학의 명칭에 달려 있다"고 믿고 매진한다.

실제로 잠실에 살면서 아이를 키웠던 작가는 자신의 경험과 폭넓은 취재를 통해 교육이 위대한 평등 기제(Great Equalizer)가 아니라 불평등의 원천이자 부와 지위의 세습 수단이 된 씁쓸한 현실을 생생하게 그려냈다. 게다가 이 소설의 무대인 잠실동 리센츠 아파트는 박완서가 그린

1970년대 강남의 아파트를 허물고 2000년대에 재건축된 곳이다. 세 소설을 함께 읽으면 서울의 교육과 투기의 씨줄과 날줄이 시기별·공간별로 어떻게 변화하는지 흥미롭게 비교할 수 있다.

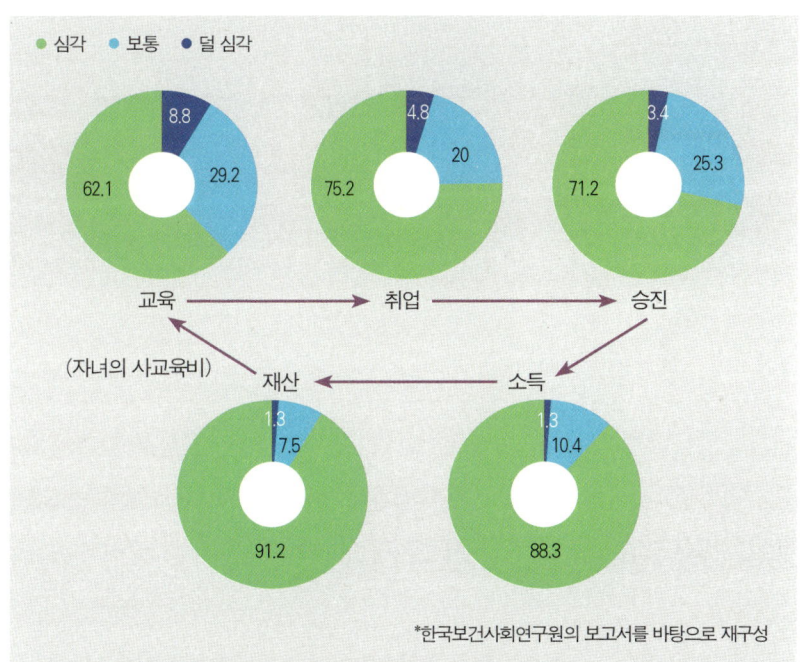

한국보건사회연구원이 2024년 발표한 보고서 〈청년의 사회 불안과 공정성 불안 인식〉에 따르면, 한국의 청년들은 부동산 같은 재산의 불평등이 가장 심각하다(91.2%)고 인식하는 것으로 나타났다. 이어서 △소득(88.3%) △취업(75.2%) △승진(71.2%) △교육(62.1%) 순을 보였다. 그런데 보고서를 톺아보면, 재산, 소득, 취업, 승진의 불평등은 모두 교육의 불평등에서 비롯된다고 해도 지나치지 않다. 교육의 기울어진 운동장에서 출발해 '취업 → 승진 → 소득 → 재산'으로 불평등의 연결고리가 이어진다.

원슬로 호머, 〈시골학교〉, 1871년, 54×97.2cm, 캔버스에 유채, 세인트루이스 아트 뮤지엄

소설 속 담임은 엄마들 앞에서 아이들에 대한 평가를 에두르지 않는다. 지능이 좋으면 국제중 진학을 권유하고, 그렇지 못하면 대놓고 연예인으로 키우라고 말한다. 아이가 영재라는 소릴 기대한 엄마들로선 담임의 태도가 적이 불편하다. 불편이 커지면 불신으로 이어지기 마련이다. 실제로 한국의 엄마들이 학교(공교육)를 불신하는 이유는 차고 넘친다. 소설 속 학교가 욕망의 양성소 같다면, 윈슬로 호머 Winslow Homer, 1836~1910가 그린 시골학교의 풍경은 사뭇 대조적이다. 교사의 시선은 자애롭고 아이들은 평화롭다. 그 어떤 경쟁도 격차도 없어 보인다. 그런데 소설 속 엄마들에게 강남3구의 학교와 시골학교 중 하나를 선택하라고 한다면? 그들이 잠실에 모여 사는 이유를 고려한다면 질문은 넌센스에 가깝다. 결국 우리가 선택한 디스토피아다.

〈잠실동 사람들〉

정아은은 1975년 전남 순천에서 태어난 작가다. 세종대에서 영문학을 전공했고, 은행원과 통번역가, 컨설턴트, 헤드헌터 등 다양한 직장 생활을 했다. 2013년 <모던 하트>로 한겨레문학상을 수상하면서 소설가로 데뷔했다. 이후 <맨얼굴의 사랑> 등 여러 편의 소설과 <전두환의 마지막 33년>을 포함한 비소설을 발표했다. <잠실동 사람들>은 2015년 한겨레출판에서 펴냈다. 왕성한 집필 활동을 하던 작가는 2024년 12월 17일 49살의 나이에 불의의 사고로 영면했다. 나는 훌륭한 작가를 떠나보낸 아쉬움을 담아 이 글을 썼다. 많은 사람들이 작가와 그의 작품을 오랫동안 기억했으면 하는 마음이다. 그의 명복을 빈다.

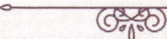

압구정을 욕망하는 성수, 성수를 시기하는 압구정

〈위대한 그의 빛〉 : 심윤경

심윤경의 소설 〈위대한 그의 빛〉의 화자는 이규아다. 1994년 서울대 경영학과에 입학했으나 전공에 별 매력을 느끼지 못하고 탈춤 동아리에서 친구들과 어울리고 공연하는 것을 낙으로 삼다가 3학년 때 중퇴했다. 미국으로 건너가 예술경영으로 전공을 바꿔보지만 역시 체질이 아니라 생각한다. 경영이란 결국 돈과 사람을 움직이는 일인데 그런 일을 즐기는 성격이 아니었기 때문이다. 학비를 보내주던 부모가 소송에 휘말리는 등 우여곡절 끝에 세상을 떠난 뒤 남은 재산은 오빠가 독차지하고 지원을 끊자 예술경영도 작파했다.

롱아일랜드와 성수동의 공통점

그 후 20여 년을 뉴욕에서 방황하기도 하고, 레스토랑과 펍에서 일하며 미래에 대한 아무런 기대 없이 하루하루를 보내기도 했다. 친구와 함께 놀러간 롱아일랜드 끝 이스트햄프턴 와이너리의 와인 맛에 반해 뉴욕시의 식당과 바에 와인을 보급하는 와인 마케팅 전문가로 활동하기도 했다. 그리고 어느 날 '맨해튼을 바라보는' 롱아일랜드 생활을 정리하고 한국에 돌아갈 때가 됐다고 느낀다.

규아는 어려서 살던 서울 성수동으로 향한다. 콧구멍을 새카맣게 하는 분진을 날리는 시멘트 공장이 있던 평범한 동네가 초고층 아파트와 유명 업소들이 들어선 핫한 지역으로 바뀌어 있었다. 유명 연예인들과

롱아일랜드에서 바라본, 20세기 뉴머니의 상징 맨해튼의 마천루들.

벤처 사업가들이 입주한 럭셔리 아파트로 유명한 T타워 옆에 마당까지 있는 상업용 단독주택을 싸게 임대해서 와인숍 킹스포인트를 열었다. 한 기업이 소유한 건물인데 규아의 뉴욕 경험이 '품격 있는' 와인바를 운영할 임차인을 구한다는 조건에 맞아떨어진 것이다.

규아는 담쟁이덩굴이 덮인 건물의 아늑한 마당에 야외 테이블 몇 개를 내놓고 인테리어를 자기 손으로 직접 해서 뉴욕 감성의 와인바로 꾸몄다. 늦은 밤, 손님과 직원이 다 떠나면 소파에 앉아 밖을 내다보는데, 한강 건너 압구정동 H아파트 한 채에서 흐릿하게 빛나는 독특한 '초록색' 불빛이 눈에 띄었다. 바로 옆 T타워는 웅장한 위용을 과시하기 위해 밤새 건물 외벽의 조명을 밝혀둔다. 규아는 문득 성인이 된 이후 자신이 살았던 곳이 '맨해튼을 바라보는 롱아일랜드'와 '압구정동을 향한 성수동'이었음을 깨닫는다. 서울대 경영학과 동기 중 가장 돈과 가깝지 않은 삶을 살았는데, 시선은 돈에 대한 욕망을 적나라하게 드러내는 방향이라 생각하니 좀 우스워진다.

강을 사이에 두고 배치된 올드머니와 뉴머니의 상징

이 공간의 배치가 이 소설의 핵심 구조를 모두 드러낸다. 작가 심윤경은 팬데믹이 기승을 부려 무작정 도시를 걷는 것으로 위안을 받던 시절 한강 고수부지에서 우연히 압구정동 현대아파트와 성수동 주상복합 아파트 트리마제가 한강을 사이에 두고 서로 바라보고 있다는 것을 깨닫는다. 작가는 어린 시절 서촌에서 자랐고 지금도 그 동네에서 산다고 하니 50년 동안 '오래된 서울'을 벗어나지 않고 살았다고 할 수 있다. 인근의 청와대와 경복궁 때문에 일대가 엄격한 고도 제한을 받는 지역이라 온통 고층 아파트 천지인 서울 시내에서 예외적으로 단독주택과 저층의 다세대 주택 위주로 주거지가 형성된 곳이다. 그래서 부의 상징인 두 아파트가 눈에 더 들어온 것인지도 모르겠다. 작가는 압구정 현대와 성수동 트리마제를 각각 H아파트와 T타워라는 이름으로 소설에 배치하고, 각각을 올드머니와 뉴머니의 상징으로 그려낸다.

H아파트에는 규아와 동갑내기인 외사촌 유연지가 살고 있다. 미인으로 소문이 자자했던 연지는 아주 어린 시절부터 이 단지에 살았고 이 단지에 사는 이웃 이광채를 만나 결혼했고 신혼살림도 이 단지에 꾸렸다. 연지와 광채의 삶에서 H아파트를 떼어놓은 모습은 상상하기 어렵다. 연지는 서울의 명문 사립 여자대학교 출신이고 광채는 규아와 서울대 경영학과 동기다. 규아의 외삼촌인 연지 아빠는 규아가 아는 한 집안에서 가장 부자였다. 광채네는 친가와 외가가 모두 일제 시대부터 광업과 각종 사업으로 부를 쌓았기 때문에 부자인 규아 외삼촌 연지 아빠가 보기에 자신과 비교가 안 되는 정말 부잣집이다.

규아의 와인숍이 T타워에 붙어 있어 사람들은 그곳에 거주하는 유명인들이 킹스포인트에 들르는지 궁금해 하지만, 사실 규아는 이들을 잘 알아보지 못한다. T타워에 사는 제일 인기 있는 K-팝 스타가 BTS 멤버라면, 가장 유명하고 성공한 사업가는 펜트하우스 주민 제이 강이다. 서울대 생명과학부를 졸업한 제이 강은 암 치료 유전자 에클버그를 발견하고 에클바이오를 창업했으나 국내에서 진가를 알아보지 못하자 하버드대학으로 떠난다. 실리콘밸리의 투자자들은 피 몇 방울로 27종의 암 진단을 가능하게 하는 에클바이오의 암 진단 키트에 열광했다. 제이 강이 영리하게 시대의 유행인 크립토커런시 에클코인을 출시하면서 에클바이오는 단순한 바이오 스타트업을 넘어서서 '생체기술 기반 블록체인 IT 기업'으로 탈바꿈한다. 그리고 드디어 에클바이오는 10억 달러 가치로 나스닥 상장을 눈앞에 둔다.

압구정 부자가 성수동을 바라보며 떠올린 것

압구정동 H아파트 주민 광채는 강 건너 보이는 T타워가 마음에 들지 않는다. 80억 원이나 하는 H아파트에 사는 자신의 부에 뿌듯하면서도 천문학적인 재산을 일군 T타워 연예인들과 사업가들을 생각하면 배알이 꼴린다. 그는 압구정동 주민들이야말로 오래전부터 한국의 발전을 이끌어온 '근본 있는' 사람들인 반면, T타워는 겉만 번드르르한 얼치기들이 모여 사는 곳이라고 자위하지만 입맛은 쓰다. 올드머니가 뉴머니를 바라보는 시각이다.

그러던 어느 날 제이 강이 킹스포인트에서 프라이빗 파티를 하겠다고 연락해 오고, 규아와 연지, 제이 강의 얽히고설킨 인연이 드러나면서 소설은 급물살을 탄다. 이 부분은 소설을 읽을 독자들을 위해서 아껴두어야 할 것 같다.

바이오벤처 테라노스의 엘리자베스 홈즈. 극소량의 혈액으로 250여 개의 병을 진단할 수 있는 키트를 개발했다고 하여 한화로 1조 원이 넘는 투자를 받는 등 한때 미국에서 가장 부유한 최연소 자수성가 여성에 선정되기도 했지만, 실리콘밸리 역사상 최대 사기극으로 밝혀졌다.

 제목 '위대한 그의 빛'이나 '초록색 불빛' 혹은 '올드머니, 뉴머니' 같은 표현이 암시하듯 이 소설은 1920년대를 배경으로 한 F. 스콧 피츠제럴드F. Scott Fitzgerald, 1896~1940의 〈위대한 개츠비〉(144쪽)의 현대판이다.

 광채는 내가 실제로 접한 현실의 몇몇 올드머니 인물을 그대로 옮겨 놓은 듯하고, 제이 강의 모습은 최근 미국과 한국에서 거대한 뉴머니를 좇으며 말썽을 일으킨 테라노스의 엘리자베스 홈즈Elizabeth Holmes, 테라의 권도형, FTX의 샘 뱅크먼-프리드Sam Bankman-Fried를 연상시킨다.

소설 속 압구정동 H아파트에 사는 광채는
강 건너 보이는 T타워가 마음에 들지 않는다.
80억 원이나 하는 H아파트에 사는 자신의 부에
뿌듯하면서도 천문학적인 재산을 일군 T타워
연예인들과 사업가들을 생각하면 배알이 꼴린다.
그는 압구정동 주민들이야말로 오래전부터
한국의 발전을 이끌어온 '근본 있는' 사람들인 반면,
T타워는 겉만 번드르르한 얼치기들이 모여 사는 곳이라고
자위하지만 입맛은 쓰다. 올드머니가 뉴머니를 바라보는 시각이다.

올드머니가 된 강남 압구정에서 바라본,
21세기 뉴머니의 상징 성수 트리마제.

〈위대한 그의 빛〉

심윤경은 1972년생 작가다. 서울대에서 분자생물학으로 학사와 석사 학위를 받은 뒤 직장 생활을 하다 소설가로 전업했다. 과학자 출신 소설가 하면 떠오르는 과학소설을 쓴 것도 아니라 약간 특이한 경력의 소유자다. 2002년 <나의 아름다운 정원>이 한겨레문학상에 당선되면서 데뷔했고, 여러 편의 소설과 동화, 에세이를 썼다. <위대한 그의 빛>은 2024년 문학동네에서 출간됐다.

과연 엄마와 딸은 연대할 수 없는가

〈소유에 관한 아주 짧은 관심〉 : 엘레나 메델

스페인 마드리드 시내 편의점에서 일하는 삼십 대 여성 알리시아는 아침 일찍 출근하며 텅 빈 아토차역 광장을 바라본다. 멀리서 보라색 점들이 내려오고, 손 팻말을 든 여성도 보인다. 오늘 무슨 일이 있다고 TV 뉴스에서 본 것 같은데 하면서도 곧 잊어버린다. 지금부터 온종일 지루하게 편의점에서 물건을 팔아야 한다.

이날은 2018년 '세계 여성의 날'이다. 스페인 여성들은 '우리가 멈추면 세상도 멈춘다'라는 기치를 내걸고 성차별, 가정폭력, 성별 임금 격차에 반대하는 총파업을 벌였다. 여권을 상징하는 보라색 옷을 입은 수백만 명의 여성이 참여한 이날 시위는 전 세계를 놀라게 했다. 마리아는 1970년대 이래 독재정부 반대, 연금개혁, 이라크전쟁 반대, 노동 총파업 등 수많은 시위에 참여한 경험이 있어 젊은 여성들이 너무 흥분하는 것을 막으려고 노력하지만 스스로도 차오르는 감정을 떨칠 수 없다. "나는 칠십 평생 오늘을 위해 살아왔어, 너희를 만나고 너희와 함께 걸으려고 말이야."

50년 시차를 두고 그리는 두 여성의 삶

엘레나 메델Elena Medel의 소설 〈소유에 관한 아주 짧은 관심 : Las Maravillas〉에는 이들이 살아온 경로가 1969년 코르도바에서 2018년 마드리드까지 시간과 공간을 지그재그로 넘나들며 배치돼 있다. 알리시아와 마리아는 한 번도 만난 적이 없고 나이와 경험, 사는 방식까지 다 다르지만, 가난한 여성 노동자라는 공통점이 있다. 그리고 매사가 결국엔 '돈의 문제'라는 것을 몸으로 체득하고 있다.

  1968년 스페인 남부 도시 코르도바의 십대 소녀 마리아는 부모와 형제를, 그리고 갓 태어난 딸 카르멘을 남겨두고 마드리드로 떠난다. 마리아가 결혼하지 않은 채 유부남인 동네 남성과의 사이에서 아이를 낳자 마리아의 아버지가 마드리드에 사는 동생네로 마리아를 보내버린 것이다. 마리아는 삼촌 집에 살며 돈을 벌어 카르멘을 데려올 생각이지만 식모 일이나 건물 청소로 먹고사는 신세라 카르멘을 위해 약간의 돈을 부쳐주는 것 이상은 하기 어렵다. 카르멘은 멀리 떨어져 있는 마리아에게 정을 느끼지 못하고 엄마와 함께 사는 것을 거부한다. 심지어 1984년 결혼을 앞두고 마리아에게 자신의 결혼식에 절대 오지 말라고 통보한

2018년 3월 8일 '세계 여성의 날'에 맞춰 집회에 나온 스페인 여성들. 스페인 양대 노동단체 조합원들은 남녀 차별 철폐와 여성권익 향상을 내걸고 동맹파업을 선언했다. 특히 2시간 동안의 부분파업에는 스페인 전역에서 노동자 530만 명이 동참했다. 사진은 스페인 북부 도시 팜플로나의 집회 현장.

다. 이후 마리아와 카르멘의 연락은 끊어지고, 마리아는 동생 치코를 통해 뜨문뜨문 소식을 전해 듣는다.

　알리시아는 카르멘의 큰딸이다. 한때 아빠의 사업이 번창하면서 유복하게 살았다. 아빠는 코르도바에 큰 레스토랑을 네 개나 열었고, 수영장이 딸린 아파트를 포함해서 집도 여러 채였다. 하지만 어느 날 아빠가 갑자기 죽으면서 가족의 삶은 완전히 바뀐다. 아빠가 운영하던 레스토랑들은 허울만 좋은 것이었다. 사업이 어려우면 새로운 사업으로 덮으면 된다는 이상한 금융 논리에 따라 은행 대출을 거듭하며 확장했지만 누적된 부실을 엉망진창인 회계장부로도 가릴 수 없는 순간이 닥쳤다. 은행은 더는 돈을 빌려주길 거절했고, 고리대금업자들은 빚을 갚으라고 아우성쳤다.

이 순간 아빠는 엉뚱한 생각을 했다. 자동차 사고로 죽은 것으로 하면 보험금으로 빚을 해결할 수 있다고 생각하고 차로 나무를 들이받는다. 그렇게 해도 죽지 않자 그 나무에 목을 맨다. 카르멘은 레스토랑과 집을 다 팔아 빚을 갚고 가난했던 출발점으로 돌아간다. 알리시아는 대학에 진학하지만 마치지 못하고 카페와 상점에서 아르바이트를 전전한다. 특별한 꿈은 없다. 엄마의 엄마인 마리아가 마드리드에 산다는 것을 치코 삼촌(치코는 엄마의 외삼촌이라 알리시아에게는 친척 할아버지지만, 알리시아는 엄마와 마찬가지로 그냥 치코 삼촌이라고 불렀다)에게 들어 알고 있지만 굳이 찾을 생각은 없다.

역사의 매듭 매듭마다 똬리를 튼 빈곤의 민낯

메델은 알리시아와 마리아의 입을 통해 지속해서 돈의 중요성을 강조한다. 마리아는 카르멘으로부터 결혼식에 오지 말라는 얘기를 듣던 그날 슬픔 속에서, "결국은 돈 때문이다. 돈이 없어서 벌어진 일이다"라고 생각한다. "돈이 있었으면 자신과 동생들이 학교를 그만두지도 않았을 것이고, 돈이 있었으면 집안일을 돕기 위해 돌아다니다 그 남성, 즉 카르멘의 생물학적 아버지를 만나지도 않았을 것이다. 돈 때문에 집과 딸을 떠나야 했고, 돈 때문에 자신의 딸이 아닌 남의 집 아기의 기저귀를 갈아야 했다. 지금 사는 집과 가진 것들은 모두 자신의 돈으로 감당할 수 있는 것뿐이고, 해보지 못한 모든 것은 돈 때문에 하지 못한 것이다. 심지어 시위하는 데도 돈이 필요하다"고 탄식한다.

알리시아도 마찬가지다. 사람들은 "아버지가 가난한 동네의 잡상인이건 대형 로펌의 대표 변호사이건 상관없다"거나 "별 볼 일 없는 인간은 돈으로도 어쩔 수 없다" 따위의 말을 하지만, 알리시아는 이것이 위선이라고 생각한다. 돈만 있으면 별 볼 일 없는 걸 감출 수도 있고 그렇지 않은 척할 수도 있다는 것을 알고 있다. 자살한 아빠가 보고 싶지만, 정말 그리운 것은 아빠가 아니라 "돈 때문에 살아보지 못한 삶, 일할 필요도 없고, 냉장고는 가득 차 있고, 사람들이 상상하지도 못하는 곳에서 휴가를 보내는 그런 삶"이라고 생각한다.

이 소설의 또 한 축은 여성의 삶이다. 마리아가 카르멘을 낳은 뒤 그 남성은 자신의 가족과 함께 멀리 이사를 가버렸다. 직장도 바꿨다. 마리아는 날이 어두워지면 골목이 무서워 집까지 뛰어야 했다. 조합 모임에서 자신은 입을 다문 채 연인 페드로가 마리아의 논리와 아이디어를 천연덕스럽게 제 것인 양 말하는 모습을 그저 지켜봐야 했다. 수십 년을 사귄 뒤 페드로가 청혼하지만 마리아는 끝내 거절하고 자신만의 삶을 유지한다. 지역 여성 모임에 적극적으로 참여하며 버텨나간다. 알리시아는 실직 뒤 힘든 생활 속에서 남자친구의 청혼을 거절하지만, 곧 "뭔가를 얻기 위해서는 베푸는 게 있어야 한다"는 사실을 인정하고 결혼을 받아들인다. 이 삶에 만족하지 못하지만 별다른 돌파구는 없다. 편의점에서 매일매일 일상을 반복하고 가끔 일탈하면서 자포자기한 채 살아간다.

소설은 마지막에 2018년 여성의 날 시위 현장으로 돌아온다. 알리시아가 일을 마치고 집에 가는 길, 거리와 지하철역은 시위대로 넘쳐난다. 뭔가에 홀린 듯 손 팻말과 풍선을 든 여자성들의 행렬에 합류한다. 인파 속에서 어지러워 쓰러지자 사람들이 도움의 손길을 내민다. 한 나이 많은 여성이 함께하자며 권하는데, 두 여인은 서로 상대의 삐뚤어진 턱에 눈길이 간다. 순간 '혹시……'하는 생각이 떠오른다.

이 소설은 불과 200쪽 남짓으로 짧다. 하지만 프랑코$^{Francisco\ Franco,}$ $_{1892~1975}$의 독재와 실각, 사회당의 선거 승리, 경제위기 그리고 여성 총파업까지 스페인의 역사적 매듭 매듭에 돈과 성의 문제를 엮어낸다. 묵직하지만 비약도 과장도 없다. 시간과 장소를 달리한 2025년 한국의 독자들도 마치 우리 일인 양 읽어나갈 수 있다. 이 책에서 다룬 많은 작품들은 장르소설 성격이 강하지만 〈소유에 관한 아주 짧은 관심〉은 문예소설임이 분명하다. 하지만 이 작품은 돈과 소유 그리고 남성과 여성 사이의 권력관계를 어떤 장르소설보다도 더 분명하고 무겁게 담고 있다.

에곤 쉴레(Egon Schiele, 1890~1918), 〈엄마와 딸〉, 1913년, 47.9×31.1cm, 레오폴트 미술관, 비엔나

마리아와 카르멘, 카르멘과 알리시아는 각각 모녀관계이지만, 서로 연대하지 않는다. 경제적 빈곤이라는 공통분모가 이들을 갈라놓았다. 딸은 가난의 대물림에 지쳤고, 엄마는 딸에 대한 부채감으로 가슴이 옥죈다. '세계 여성의 날' 집회 현장에서 현기증에 주저앉은 알리시아에게 마리아가 (외손녀라는 사실을 모른 채) 손을 내미는 장면은 관계의 회복이 아닌, 곡진한 현실을 확인하는 순간이다.

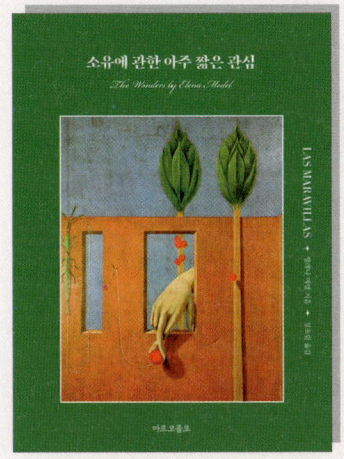 

〈소유에 관한 짧은 관심〉 한국어판   〈소유에 관한 짧은 관심〉 스페인어판

엘레나 메델은 1985년 스페인 코르도바에서 태어나 마드리드에서 활동 중인 작가다. 2002년 16살에 시집 '나의 첫 비키니'로 등단한 이래 여러 편의 시집을 발표했고 2015년 '로에베 젊은 시인상'을 받았다. 2020년 첫 소설 <소유에 관한 아주 짧은 관심>을 출간하고 '프란시스코 움브랄 상'을 받았다. 이 책은 15개 언어로 번역됐는데, 한국어판은 성초림이 번역해 2023년 마르코폴로 출판사에서 출간됐다. 메
델은 19살에 시 전문 출판사 '라 베야 바르소비아'를 설립해 스페인어 문화권의 저명한 출판사로 일궈냈다. 이 책의 원제는 'Las maravillas'인데, 직역하면 '멋지게', '희한하게'가 된다. 출판사 마르코폴로는 한국어판 제호를 '소유에 관한 아주 짧은 관심'으로 바꾸었는데, 실제 이 소설 속 사건들이 '돈이 없어서 벌어진 일'이라는 점에서 묘하게 어울린다.

엘레나 메델

그레이트 아메리카 어게인?, 그레이트 디프레션 어게인!

〈맨디블 가족〉 라이오넬 슈라이버

지난 2023년 1월 19일 미국의 국가부채가 의회에서 설정한 31조4,000억 달러 한도에 도달했다. 공화당이 한도를 높이는 것에 반대하면서 미국 정부가 파산하는 것 아니냐는 우려가 나왔다. 같은 해 6월 3일 바이든 정부와 공화당이 2024년 말까지 한도 적용을 유예하기로 합의하면서 겨우 파산을 피했지만, 경제와 정치 양 측면에서 격렬한 논쟁이 벌어졌다.

공화당과 보수 진영은 바이든 정부가 무책임하게 국가부채를 증가시킨다고 비판했고, 민주당과 리버럴 지식인들은 공화당이 부채한도를 볼모로 삼아 경제를 위기로 끌고 간다고 반발했다(이러한 다툼은 국내 정치권에서도 흔히 볼 수 있는 현상이다). 라이오넬 슈라이버Lionel Shriver의 〈맨디블 가족 : The Mandibles, 2029년~2047년의 기록〉은 이 논쟁의 정서적 맥락을 이해하는 단초를 제공한다.

보수적 시각으로 다룬 미국의 방만 경제

무대는 2029년 10월이다. 멕시코 출신의 미국 대통령 단테 알바라도는 미국과 세계를 향해 비장한 모습으로 텔레비전 연설에 나선다.

"지난 열흘간 미국 달러화를 사보타주하는 공격이 있었다. 위대한 미국의 성공을 시기한 나라들이 국제통화기금(IMF)을 장악하고 방코르(Bancor)라는 허구의 통화를 도입했다. 모든 국제거래와 국채 상환에 방코르를 사용하라고 위협했다. 대통령은 재무장관, 의회 지도자, 연방준비제도 의장과 협력해서 다음과 같이 맞서 싸울 것이다.

첫째, 미국 시민과 기업의 방코르 사용은 반역죄로 다스린다.

둘째, 100달러 이상의 국외 송출은 한시적으로 금지한다.

셋째, 미국인이 보유한 모든 금은 정부가 회수한다. 단, 금값 폭등 이전의 가격으로 대가를 지급한다.

넷째, 모든 장·단기 미국 국채를 무효로 선언하고 상환하지 않는다."

1929년 대공황(Great Depression)으로 주식시장이 붕괴한 지 정확히 100년이 지나, 미국은 대상환거부(Great Renunciation)로 다시 한 번 격랑에 휩싸인다.

디스토피아 소설은 핵전쟁, 인공지능과 로봇의 반란, 초감시사회, 초격차사회, 환경재앙 등이 초래할 암울한 미래를 진보적 작가가 경고하는 것이 일반적이다. 하지만 〈맨디블 가족〉은 특이하게도 극히 보수적인 시각에서 미국의 방만한 경제정책이 야기할 파국을 그렸다.

위기의 전조는 진작 시작됐다. 2024년 정체를 알 수 없는 적들이 인터넷 시스템을 해킹해 미국의 모든 기간산업뿐 아니라 전기와 수도, 교통까지 완전히 마비된 적이 있었다. 스톤에이지(석기 시대)라는 별칭으로 불렸고, 2001년 9·11 테러만큼이나 한 세대를 규정하는 큰 사건이었다.

맨디블 가족의 3세대인 플로렌스는 명문대를 나왔지만 노숙인 보호시설에서 근무한다. 고임금 일자리는 대부분 아시아 지역으로 넘어갔거나 로봇이 대체해버렸다. 이 정도면 2024년 미국에서 중산층이지만 물가가 치솟아 양배추 이외의 채소는 먹을 엄두도 못 낸다. 돼지고기는 한 달에 한 번 먹기도 힘들다. 일주일에 한 번 샤워하는 것은 사치고, 손을 씻을 때는 새 물이 아니라 사용한 물을 재활용한다.

플로렌스의 아버지 카터는 지역신문 기자로 일하다 평생 꿈꾸던 〈뉴욕타임스〉로 옮겼다. 이 신문사는 오랫동안 최고였지만 신문 발간은 이미 포기했고, 글쓰기 강좌나 골동품 거래로 근근이 운영된다. 어머니 제인은 한때 뉴요커에게 사랑받던 서점과 고급 식료품점을 운영했지만, 스톤에이지 때 폭도에게 약탈당한 뒤 집 밖에 나가는 것도 두려워한다.

맨디블 가족 중 잘나가는 건 플로렌스의 여동생 에이버리다. 그는 고급 사설 클리닉을 운영하고, 세 아이를 명문 사립학교에 보내며, 남편 로웰은 조지타운대학의 유명 경제학자다. 미국이 지속 불가능한 국가부채 수준에 이르렀다고 비판하면서 금본위제를 옹호하는 동료 밴더마이어 교수에 맞서, 로웰은 그를 공포마케팅을 하는 무책임한 관종이라고 비판한다.

"20년 전에 재정적자 때문에 난리가 나고 부채한도를 높이는 문제로 정부를 폐쇄하네 마네 하다가 어떻게 됐어? 아무 일도 없었잖아. GDP

의 180% 수준에서도 부채는 지속되고 있어. 이게 충분히 가능하다는 사실을 일본이 입증하기도 했고"라며 로웰은 피를 토하듯 강하게 주장한다. 논문에서 국채가 GDP의 290%까지 올라도 쉽게 해결할 수 있으며, 화폐의 건전성은 부유층의 집착에 불과하다고까지 주장한다.

코리안 프라이드 치킨이 된 KFC

로웰은 "수염이 약 5밀리미터로 까칠하게 자란 모습이 세련되기는커녕 꾀죄죄해 보이고, 들쭉날쭉하게 자른 긴 반백의 머리칼도 지저분한 인상"으로 묘사된다. 눈치 빠른 독자라면 로웰의 주장과 외모에서 노벨경제학상을 받은 폴 크루그먼Paul Krugman 교수를 떠올릴 것이다. 실제 슈라이버는 팟캐스트 '버닝 캐슬'과의 인터뷰에서 로웰을 크루그먼의 클론으로 설정했다고 밝힌 바 있다.

조롱은 여기에 그치지 않는다. 주식시장이 붕괴하고 은행이 위기에 처하자 뻔뻔하게 일시적이라며 예금 인출 제한을 시행하고, 돈을 마구 찍어내서 사람들의 주머니 속 돈을 재로 만들어버리는 소설 속 연준 의장의 이름이 크루그먼이다. 대서양 건너 영국에서 바클레이스은행이 위기에 처하자 "더 이상 구제금융은 없다"고 큰소리치고선 약속을 지키지 못하는 소설 속 영국 총리는 에드 볼스Edward Michael Balls*다.

* 그는 현실에서 사회주의와 페이비언협회의 전통을 중시하는 영국 노동당 소속 의원으로, 2000년대 초 '섀도 캐비닛(Shadow Cabinet, 그림자내각)'에서 재무장관을 역임한 바 있다.

2024~2029년 G7 GDP 대비 총부채 증감율

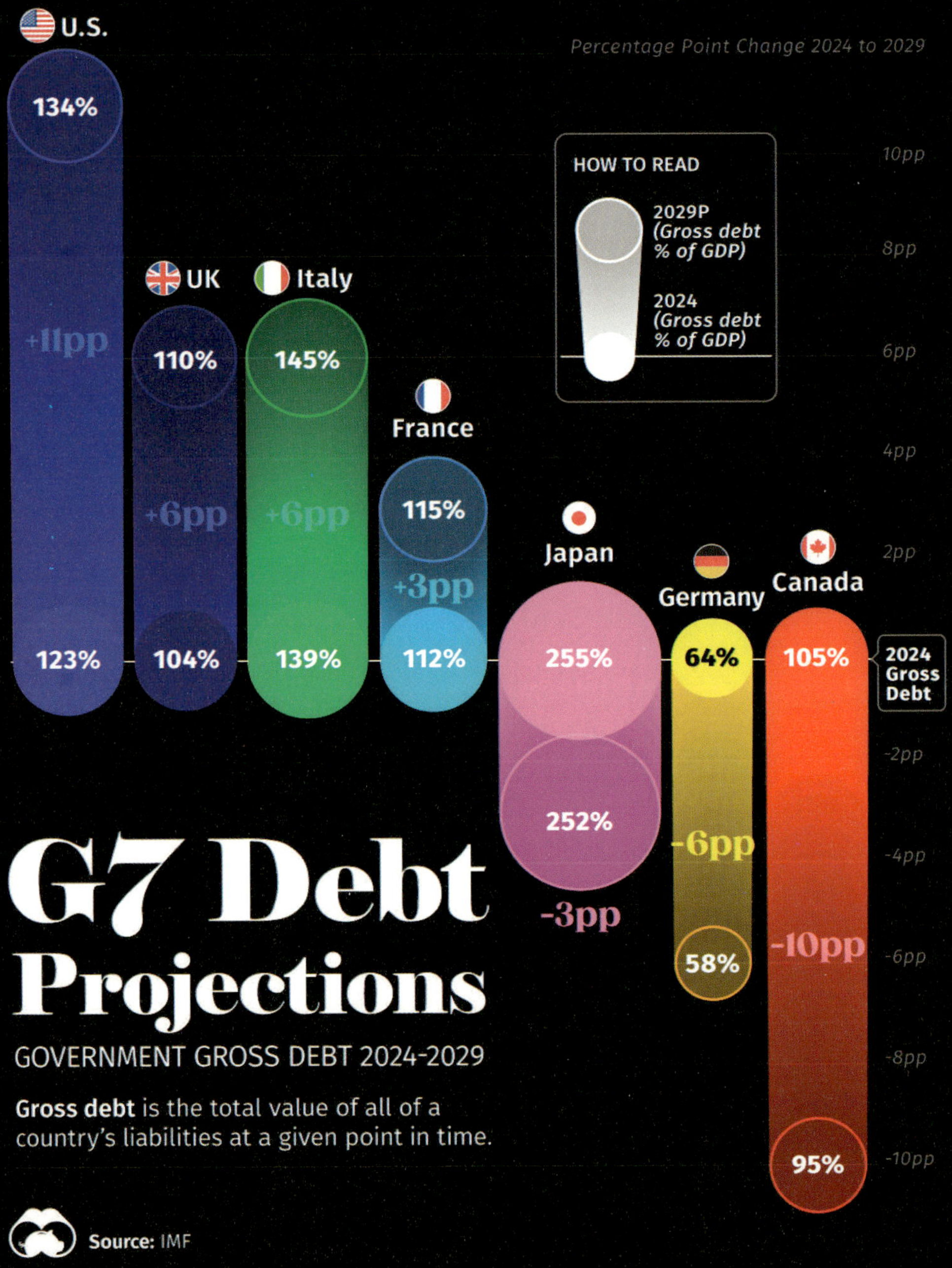

Percentage Point Change 2024 to 2029

G7 Debt Projections
GOVERNMENT GROSS DEBT 2024-2029

Gross debt is the total value of all of a country's liabilities at a given point in time.

HOW TO READ
- 2029P (Gross debt % of GDP)
- 2024 (Gross debt % of GDP)

U.S. — 134% → 123%, +11pp
UK — 110% → 104%, +6pp
Italy — 145% → 139%, +6pp
France — 115% → 112%, +3pp
Japan — 255% → 252%, -3pp
Germany — 64% → 58%, -6pp
Canada — 105% → 95%, -10pp

2024 Gross Debt

Source: IMF

왼쪽 그래프는 글로벌 시장분석 데이터를
디자인하는 '비주얼 캐피털리스트'의 인포그래픽이다.
IMF가 2024년 4월에 발표한 세계 경제 전망 데이터를 기반으로
G7 국가들의 GDP 대비 총부채 및 2029년까지의 예측치를 그렸다.
IMF는 미국이 2029년까지 향후 5년간 총부채가
약 11%포인트 증가해 G7 중 가장 많이 늘어날 것으로 예상했다.
2029년은 미국에서 대공황이 일어난 지 100년이 되는 해이자
소설 〈맨디블 가족〉의 배경이 된 시기다.
소설에서 폴 크루그먼 교수를 연상케 하는 경제학자 로웰은
일본의 높은 국가부채를 예로 들면서
미국의 재정건전성은 아직 양호하다고 강변한다.
실제로 G7 중 국가부채 비율이 가장 높은 곳은
254.6%를 기록한 일본이다(2024년 기준).
하지만 IMF는 2029년에 일본의 GDP 대비 총부채 비율이
3%포인트 가량 감소할 것으로 전망해
갈수록 국가부채가 늘어가는 미국과 대조를 이룬다.

소설 〈맨디블 가족〉에 등장하는 경제학자 로웰은
케인지언 폴 크루그먼을 연상케 한다.

슈라이버의 문제 제기는 더 나간다. 방코르로 미국을 공격한 주체는 중국과 소련이지만 동맹도 적들과 한통속이라고 비판한다. 한때 미국의 자랑이던 KFC는 '코리안' 프라이드 치킨으로, IBM은 '인도네시안' 비즈니스 머신으로 넘어갔다. 국제전화 국가코드 1번은 미국에서 중국으로 대체됐고, 미국은 몰락해서 멕시코의 주변부 취급을 받는다. 멕시코는 '백인 미국인'이 넘어오는 것을 막기 위해 국경에 긴 장벽을 쌓는다.

힘의 변화는 미국 국내에도 반영되어, 제1언어는 영어에서 스페인어로 바뀌었다. ARS에서 영어로 듣기 위해서는 2번 버튼을 눌러야 한다. 에이버리와 로웰의 아들 빙은 아시아 본사로 진출하고 싶어서 안달이지만 쉽게 비자가 나오지 않는다. 아름다운 딸 서배너는 미술대학 진학을 포기하고 거리에서 외국인에게 몸을 판다. 더 이상 매춘부라고 부르지 않으며 '자극 컨설턴트'라는 이름으로 합법화됐다. 한때 미국인들이 깔보던 후진국의 모습이 미국에서 재현됐다.

미국은 국제무대에서 '왕따'가 된 뒤 생필품 수입이 막히고 인프라

소설 〈맨디블 가족〉에서 멕시코 정부는 백인 미국인이 멕시코로 넘어오는 것을 막기 위해 국경에 긴 장벽을 쌓는다. 현실을 조롱하듯 냉소하는 작가의 상상력은 장벽의 방향마저 뒤집었다. 작가는 꼼꼼한 취재와 빈틈없는 구성으로 머지않아 미국이 몰락하지도 모른다는 미국인들의 불안과 공포, 연준과 연방정부에 대한 불신을 실감나게 그린다. 사진은 한때 미국 정부가 멕시코 티후아나 국경지대에 세운 이른바 '트럼프 장벽'.

를 보수할 여력이 없어서 고속도로와 교량은 폐허가 돼간다. 결국 첼시 클린턴^{Chelsea Clinton}* 대통령이 이끄는 민주당 정부는 중국과 러시아가 주도하는 뉴IMF에 굴복해 방코르를 받아들인다. 사람들의 생활은 계속 피폐해지고, 약탈로 무법천지가 되지만 경찰은 제구실을 못한다.

오직 강력해진 것은 '사회공헌지원국'으로 이름을 바꾼 국세청뿐이다. 이들은 용이하게 소득 추적을 하기 위해 사람들의 두개골에 칩을 이식하고 모든 거래를 이것으로 하도록 강제한다. 소득이 발생하자마자 사회공헌지원국은 칩을 통해 무려 77%의 세금을 자동으로 떼어간다. 싼 노동력과 세금 혜택 때문에 진출한 외국 기업들이 떠날까 두려워 법인세율은 낮게 유지한다.

미래가 두려운 미국인들의 초상

'큰 정부'에 반대하는 이들은 반란을 꿈꾼다. 그들은 네바다를 자유주로 선언하고 독립한다. 복지를 완전히 철폐하고, 소득세를 10% 단일 세율로 낮춘다. 그리고 금본위제로 회귀한다. 네바다로 향한 사람들도 금본위제가 '멍청한 제도'라는 데 동의하지만 정부가 남발할 수 없다는 점에서 '통화로는 적절하게 기능'한다고 느낀다.

맨디블 가족 중 정부 개입에 가장 몸서리치는 플로렌스의 남동생 제러드가 누구보다 먼저 자유를 향해 떠난다. 미국의 몰락을 인정하고 실

---

* 현실에서 빌 클린턴(Bill Clinton)의 딸 이름이다.

천적 대안을 제시하던 플로렌스의 아들 윌링도 두려움을 이기고 가족과 함께 네바다로 이주한다.

나는 이 소설의 주제를 미리 알았기에 불편한 마음으로 책을 읽었다. 케인스적 경제정책에 깊이 공감하는데다, 슈라이버가 소설에서 옹호하는 것이 일반적인 보수 경제학 정도가 아니라 금본위제 도입과 복지 철폐라는 극단적 입장이었기 때문이다. 하지만 슈라이버는 꼼꼼한 취재, 인간 본성에 대한 깊은 이해, 그리고 빈틈없는 구성으로 이 소설이 유치한 이데올로기적 선전물로 빠지는 것을 막았다. 방코르는 제2차 세계대전 직후 영국 경제학자 존 메이너드 케인스 John Maynard Keynes, 1883~1946가 도입을 주장했고, 1933년 프랭클린 루스벨트 Franklin Roosevelt, 1882~1945 미국 대통령이 실제 금 몰수 조치를 한 적이 있는 등 꼼꼼한 서술도 소설의 완성도를 높인다.

슈라이버는 소설 속 등장인물의 입을 통해 "미래가 배경인 이야기는 미래에 관한 것이 아니라, 지금 현재 사람들의 두려움을 다루는 것일 뿐이고, 미래는 벽장 속에 숨어 있어서 가장 무서운 것이고 절대 알 수 없는 존재"라고 했다. 앞서 말한 인터뷰에서도 "미국 붕괴에 대해 썼지만, 미국이 실제 붕괴할 것이라는 뜻은 아니다"라고 밝힌 바 있다.

〈맨디블 가족〉은 미국 경제에 대한 전망서가 아니다. 현재 미국인들이 느끼는 불안과 공포의 기록이며, 연준과 연방정부에 대한 오랜 적대감의 표출이다. 그 점에서 미국을 이해하기 위해 이 책은 읽을 가치가 충분하다.

〈맨디블 가족〉 한국어판

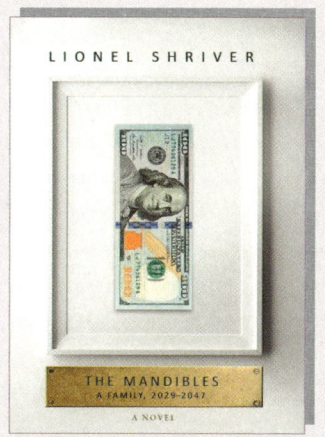
〈맨디블 가족〉 영어판

라이오넬 슈라이버

라이오넬 슈라이버는 영국 런던에 거주하는 미국 작가로 장편소설을 무려 17편이나 발표했다. 2005년에 영국 최고의 여성소설가에게 수여하는 오렌지상을 받았다. 같은 해 <밤 매거진>과의 인터뷰에서 "좋아하기 힘든 캐릭터를 창조하는 것을 좋아한다. 동물을 사랑하고 다섯 가지 외국어에 수화까지 능통한 인물을 창조하는 것은 쉬운 일이다. 하지만 소설 속 인물들은 착하기보다는 흥미로워야 하고, 흥미로운 사람들은 보통 나이스하지 않다"고 했다. 슈라이버는 인물뿐 아니라 사건도 극히 불편한 것을 택하는 데 주저함이 없다. 사이코패스 연쇄살인마 소년을 다룬 <케빈에 대하여 : We Need to Talk About Kevin>와 비만으로 죽어가는 오빠를 그린 <빅 브라더 : Big Brother>, 완전히 망가진 미국 의료시스템을 고발하는 <내 아내에 대하여 : So Much for That>는 모두 거친 현실을 직면하고 있다. <케빈에 대하여>는 2012년에 틸다 스윈튼Tilda Swinton 주연의 영화로 제작돼 전 세계적으로 큰 화제를 모았다. <맨디블 가족>은 2016년 발표됐고, 박아람의 번역으로 2018년 알에이치코리아에서 한국어판이 나왔다.

영국의 교육은 어떻게
소득 불균형을 초래하는가

〈**능력주의**〉: 마이클 영

'능력주의'(Meritocracy)는 지지와 반대가 갈리는 정치체제다. 모두가 지지하는 민주주의(Democracy)나 대부분 반대하는 귀족주의(Aristocracy), 금권주의(Plutocracy) 등 다른 '-크라시'들과는 달리 찬성과 반대 입장이 서로 강하다. 이 개념은 등장 방식부터 범상치 않았다. 문학작품이 경제학과 사회과학의 개념을 활용하는 경우는 드물지 않지만, 그 반대로 소설이 사회과학적 개념을 만들어내는 일은 거의 없다. 그런데 '능력주의'라는 단어는 1958년 발표된 마이클 영Michael Young, 1915~2002의 소설 〈능력주의: The Rise of the Meritocracy〉에 그 뿌리를 두고 있다. 영은 탁월함, 자격 등을 의미하는 merit와 권력을 뜻하는 -cracy의 합성어를 만들어 '능력에 따라 권력이 배분되는' 또는 '능력이 사회 운영체제를 좌우하는' 세계를 소설에서 펼쳤다.

평등이란 '능력 있는' 아이를 선발해서 교육하는 것?

소설의 배경은 2034년 미래의 영국이다. 주인공인 사회학자 마이클 영은 열렬한 능력주의의 옹호자다(현실의 영은 반대로 능력주의의 위험을 경계하는 입장이다). 그는 바로 전해 5월 발생한 대중 봉기에 대한 연구에 착수한다. 포퓰리스트가 주도한 이 봉기가 일회적 사건이 아니라는 것을 직감하고 1870년부터 2033년까지 영국의 사회사를 파헤친다.

분석의 출발점 1870년은 영국에서 처음 초등교육이 의무화됐고 공직자 임용에서 정실주의가 아닌 경쟁 선발이 시작된 해이다. 귀족주의 전통이 강했던 당시 영국 지도층이 격렬히 반대했던 것들이다. 하지만 여전히 능력과 교육이 따로 놀았다. 정부에서 사무관 역할을 할 자질을 갖춘 아이가 연줄이 없어서 초등학교 이상의 교육을 받지 못해 우체부가 되거나, 능력이 형편없는 아이가 부모 '빽'으로 고위 외교관이 되는 어이없는 일이 벌어진다고 영은 개탄한다.

1944년 양질의 인력이 부족해 대외 경쟁에서 영국이 뒤처진다는 위기감은 또 다른 교육개혁에 불을 지폈다. 5~11살 초등교육과 12~15살 중등교육(국내의 중학교와 고등학교를 합한 개념)의 분할이 도입됐다. 초등교육을 마치고 입학시험을 치러 좋은 성적을 받은 소수 아이는 대학 진학을 준비하는 그래머스쿨*로 진학하고, 나머지 대다수 아이는 일반 중등학

---

* 영국 및 영어 사용권 국가에서 운영되는 대학입시 대비 7년제 인문계 공립형 중등학교. 그래머스쿨의 기원은 정확하지 않지만, 중세에 라틴어 '문법'을 가르치는 학교에서 비롯되어 그래머(Grammar)란 수식어가 붙었다고 전해진다. 당시에는 언어에 바탕을 둔 인문학이 인재상의 주요 덕목이었다. 시대가 변하면 인재의 소양도 바뀌기 마련이다. 21세기의 인재상은 '수학적 인간'으로 모아진다. '자연과학의 언어라 불리는 수학은 산업화 시대를 관통하더니 어느덧 AI의 알고리듬을 설계하는 유용한 도구가 됐다.

교로 진학했다.

이후 11플러스*라고 불리는 그래머스쿨 입학시험으로 아이들의 운명이 갈리는 것에 대한 문제 제기와 상류층과 하류층, 우등생과 열등생의 구분 등에 대한 비판이 일었다. 입학시험을 통한 중등학교의 학생 선발을 폐지해서 엘리트/비엘리트 중등학교의 구분을 없애라는 주장이 퍼졌다. 종합학교 도입 운동이다. 현실의 마이클 영은 종합학교화를 적극 추진한 핵심 세력이었다. 하지만 반대 목소리는 거셌다. 심지어 사회당 안에도 '귀족 집안 여부나 빈부를 떠나 능력 있는 아이를 선발해서 교육하는 것이 곧 평등'이라는 주장이 적지 않았다. 여기까지가 20세기 중반까지 일어난 일로 역사소설에 해당하는 부분이다.

고소득 엘리트들이 늘수록 잉여인간도 증가하는 이유

작가는 종합학교 도입을 통한 교육개혁에 반대하는 이들을 비판하기 위해 가상의 마이클 영을 내세워 종합학교가 실패하면 어떤 일이 벌어질지 풍자에 나선다. 여기서부터 미래소설이다.

소설에서 영국은 실제와 달리 종합학교 안을 폐기하고 명문 그래머스쿨 체제를 강화한다. 신분과 부의 세습에 대한 비판을 받아들여 상속세

---

* 한때 영국의 모든 초등학생이 치러야 했던 표준화된 시험이었지만, 현재는 선택적으로 응시할 수 있다. 영어와 수학, 논리적 사고 등을 평가하는데, 보통 9~10세 연령 때부터 시험을 준비할 정도로 경쟁률이 치열하다. 예를 들어 명문인 Henrietta Barnett 그래머스쿨의 경우 93명 정원에 2,000명 이상 지원하는 것으로 알려져 있다.

와 자산세를 강화하고 엄격한 입학시험을 수행한다. 가난한 집 아이들도 지능이 높으면 문제없이 그래머스쿨에 입학할 수 있다. 지능이 떨어지는 부잣집 아이들을 위해 부모는 온갖 편법을 쓰지만 쉽지 않다. 사회의 위계가 엄격하게 능력에 따라 재구성되자 패자들의 목소리가 약해졌다. 귀족제였다면 '왕후장상의 씨가 따로 있느냐'라고 공격하고, 금권제였다면 '부자만 다 해 처먹는 더러운 세상'이라고 비난하겠지만, 능력제 아래에선 어떻게 대응할지 막막하다. '똑똑하다고 고위층이 되는 게 말이 되냐'고 비판하기엔 뭔가 옹색하다.

능력주의는 고삐 풀린 망아지처럼 확산된다. 그래머스쿨에 다니는 아이들에게 조국의 미래가 달렸다는 이유로 엘리트 학생들에게 노동자보다 더 많은 급여를 주기 시작한다. 영재를 조기에 찾겠다며 선발시험을 보는 나이를 점차 낮추다가 급기야 태어나자마자 판정하게 된다. 우생학을 포함한 최첨단 과학을 동원한 것이다.

하지만 능력 부족이라는 이유로 사회의 모든 중요한 지위에서 배제된 사람들의 불만이 저절로 사그라들지는 않는다. 대중의 불만을 누그러뜨리려고 2005년 모든 피고용인에게 '균등급'을 지급하기로 결정한다. 물론 세분화된 보상체계를 통해 엘리트들은 막대한 소득을 가져간다. 소설에서 능력주의자들은 다시 안정을 되찾았다고 생각했지만, 2023년 여성이 주도한 진보적 포퓰리스트의 봉기로 역사의 분기점에 서게 된다.

이미지는 영국의 사회적 리얼리즘 영화감독 켄 로치(Ken Loach)의 〈나, 다니엘, 블레이크〉를 소재로 일러스트레이터 빌 브레그(Bill Bragg)가 그린 아트워크. 영화의 주인공인 고령의 다니엘은 지병으로 일자리를 잃은 뒤 관공서에서 디지털로 진행되는 실업급여 신청에 힘겨워 하며 다시 한 번 좌절한다. '컴맹에 가까운 다니엘로선 급변한 세상이 두렵고 저주스럽다. 60여 년 전 마이클 영이 〈능력주의〉에서 예견한 디스토피아적 사회의 한 모습이다.

능력주의 시대에 엘리트들의 반대편에는 '잉여인간'이 있다. 경제적으로 무능해서 남아도는 인간이란 멸시적 의미가 담겼다. 21세기 4차 산업혁명 시대에서의 능력주의는 AI로 수렴한다. IT 엘리트들이 실리콘밸리 같은 데 모여 AI를 개발해 큰돈을 벌수록 잉여인간은 늘어간다. 불편한 사실은 마크 저커버그 Mark Zuckerberg 같은 실리콘밸리의 억만장자들이 잉여인간을 구원해 줄 해법으로 기본소득정책을 적극 지지한다는 것이다. 그들이 기본소득을 지지하는 이유는 간단하다. 많은 사람들이 AI로 일자리를 잃어 은행 잔고가 마르더라도 스마트폰 통신비나 앱 사용료를 낼 정도의 기본소득은 보장되어야 IT 엘리트들이 고소득을 향유하는 능력주의 경제체제가 유지되기 때문이다.

기본소득정책을 지지하는 실리콘밸리 억만장자들

나는 이 소설을 읽으면서 두 가지에 놀랐다. 우선 1958년에 어떻게 이토록 정확하게 미래를 꿰뚫어봤을까 하는 점이다. 전 세계적으로 전개된 능력주의 옹호의 강력한 논리는 국가경쟁력 제고였다. 또 능력주의는 20세기 후반 진보 진영에 강력하게 확산했다. 영국 노동당의 토니 블레어Tony Blair는 취임사에서 "우리 모두는 능력주의자(Meritocrats)"라고 선언하기까지 했다(영은 이 연설에 화가 나서 블레어를 비판하는 글을 〈가디언: The Guardian〉에 발표했다). 또 '메리토크라시'에 따른 불평등 심화, 엘리트 계급의 대중 멸시, 대중의 분노와 포퓰리즘의 발흥은 놀라울 정도로 소설 속 묘사와 닮았다. 그리고 소설 속 균등급은 현실의 기본소득 자체다. 실리콘밸리의 억만장자 능력주의자들은 기본소득의 중요한 지지자다.

영의 메리토크라시에 대한 입장은 분명하지만 그의 소설 속 묘사는 단순하거나 일방적이지 않다. 찬성론과 반대론을 각각 최선의 형태로 제시하려 노력했다. 그의 서문 마지막 문장은 다음과 같다.

"어떤 결론을 내릴지는 독자의 몫이며, 다만 바람이 있다면 현대 사회의 커다란 쟁점 중 하나를 놓고 결론에 다다르는 과정에서 독자가 소소하게나마 재미를 느낄 수 있으면 좋겠다."

나의 메리토크라시에 대한 입장은 유보적이다. 다만 이 소설의 풍자는 버나드 쇼George Bernard Shaw, 1856~1950 못지않은 최고 수준이라 생각한다.

니콜라이 보그다노프-벨스키, 〈공립학교에서의 암산 수업〉, 1895년, 107.4×79cm, 캔버스에 유채, 트레티야코프 미술관, 모스크바

소설의 배경인 2034년의 영국은 차등교육 시스템을 강화한다. 가난한 집 아이들도 지능이 높으면 얼마든지 명문학교에 입학할 수 있다. 신분이나 빈부 격차를 떠나 능력 있는 아이를 선발해서 교육하는 것이 곧 평등이라는 논리는 그럴 듯해 보인다. 하지만 현실은 차갑다. 가난한 집 아이들이 명문학교를 입학하는 게 실현가능한지 부터가 의문이다. "우리 모두가 능력주의자"라는 과거 영국 총리 토니 블레어의 말을 소환하면, 노력의 양과 질에 따라 기울어진 운동장 정도는 누구나 극복할 수 있을 것 같다. 그런데 시골의 한 공립학교에서 암산 수업에 열중인 아이들을 그린 니콜라이 보그다노프-벨스키Nikolay Bogdanov-Belsky, 1868~1945의 평화로운 풍속화를 보고 있으면 '짠~'해지는 이유는 왜일까?

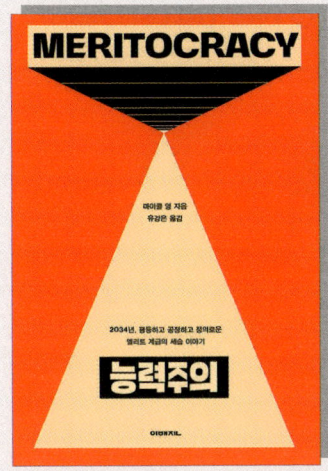
〈능력주의〉 한국어판

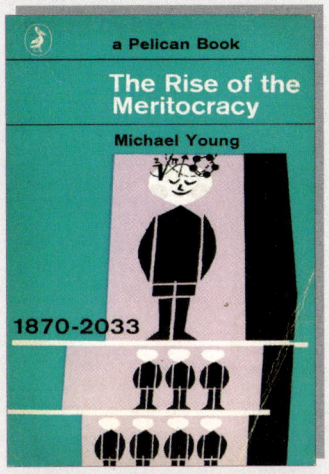
1958년에 첫 출간된 〈능력주의〉 영어판

마이클 영은 1915년 영국 맨체스터에서 태어난 진보 정치인이다. 런던정경대학에서 경제학 석사와 사회학 박사를 받은 학자이고, 한때 변호사로 활동했다. 30대 초반에 영은 1945년 총선 선언문과 연설문 핸드북을 집필해 노동당의 압승에 기여했고, 클레멘트 애틀리 정부에 참여했다. 영국 최대 사회과학 연구기관인 '경제사회연구위원회' 설립의 주역이며 초대 위원장을 지냈다. 그의 대표작 〈능력주의〉는 출판이 순탄치 않았다. 영국의 점진적 사회주의의 온상인 페이비언협
마이클 영

회를 포함해 열 곳 넘는 출판사에서 거절당한 뒤 겨우 출판됐다. 하지만 시대상을 날카롭게 풍자한 이 책은 큰 호응을 얻어 12개 언어로 번역돼 수십만 권이 팔린 베스트셀러가 됐다. 한글로는 2020년 유강은의 번역으로 이매진에서 출간했다.

정치적 극단주의가 몰고 온
아메리칸 나이트메어

〈원더풀 랜드〉 : 더글러스 케네디

더글러스 케네디Douglas Kennedy의 소설 〈원더풀 랜드 : Flyover*〉의 배경은 2045년 미국 미네소타주 트윈시티라고 불리는 미니애폴리스와 세인트폴이다. 아, 생각해보니 '미국'이라는 단어는 잘못된 표현이다. 지금 우리가 알고 있는 미국(United States)은 2034년 연방(United Republic)과 연맹(United Confederacy)의 두 나라로 쪼개지면서 사라졌다. 연방은 캘리포니아와 뉴욕 등 전통적으로 민주당이 강세를 보였던 서부와 동북부의 주들로 이루어져 있고, 연맹은 공화당 세가 강했던 중서부와 남부의 주들로 구성됐다.

---

* 책의 도입부에는 소설의 원제인 Flyover를 가리켜 미국 중부 지역을 이르는 말로, 서부나 동부 해안 지역에 비해 덜 중요하다는 뜻에서 붙은 명칭으로 소개한다. 뉴욕이나 워싱턴 같은 동부 대도시에서 비행기를 타고 캘리포니아 등 서부로 갈 때 비행기로 지나치는 지역을 의미하는 듯 하다. 소설의 배경인 미네소타 미니애폴리스를 염두에 둔 게 아닐까 추측된다.

낙태 전면 금지, 동성혼 위헌……거꾸로 가는 아메리카

2016년 미국 대선에서 공화당의 도널드 트럼프Donald Trump가 승리하고 2020년에는 민주당의 조 바이든Joe Biden이 당선되면서 양당 지지자들 사이의 적대감은 크게 증폭됐다.

2024년 대선에서 네브래스카 출신의 공화당 상원의원 제럴드 콤프만 후보가 근소한 차이로 당선됐고 4년 뒤 재선에도 성공한다.* 이 기간에 낙태가 전면 금지되고, 공립학교에서 기독교 수업이 진행된다. 동성혼은 위헌 판정이 나며 독실한 기독교인 이외에는 미국 이민이 불허된다.

설상가상 중국이 대만을 침공하면서 미국과 중국 사이에 핵전쟁이 발발할 수 있다는 공포가 확산된다. 미국 부동산시장은 붕괴했고 실업률은 20%까지 치솟는데도 2032년 대선에서 콤프만보다 더 강성인 공화당 호킨스 후보가 대통령에 당선된다. 호킨스는 전업주부 가정의 세금을 인하하고 '일반적이지 않은(즉 LGBT**와 이민자) 가정'의 세금을 인상한다.

반대 흐름도 있다. 2020년대 초반 생체에 이식하는 '채드윅 칩'을 개발해 억만장자가 된 모건 채드윅은 테크 사업가다. 이 칩을 이식하면 주소록의 이름을 부르는 것만으로도 대화를 나눌 수 있고, 음악과 영화도 즉시 감상이 가능하다. 채드윅 칩은 눈앞의 모든 것을 기록하는 기능이 있어서 다양한 분야에서 업무 혁명을 일으킨다. 하지만 그 부작용으

---

* 이 소설은 집필 시점인 2023년 이전 정치 상황은 역사적 사실에 맞게 구성돼 있고, 이후는 작가의 상상력의 산물이다.
** 레즈비언(Lesbian)과 게이(Gay), 양성애자(Bisexual), 트랜스젠더(Transgender)의 앞 글자를 딴 것으로 성적소수자를 의미한다.

로 개개인의 프라이버시는 모두 사라지고 만다. 전 세계를 상대로 사업하는 채드윅은 중국 기업과의 협력에도 열심이다. 그는 미국과 중국 사이에 군사적 긴장이 높아지자 중재를 자처하고, 가난한 사람들을 위한 뉴딜정책과 지식인들을 위한 진보주의 발전에 기여하겠다고 약속한다. 2034년 클리블랜드에서 큐클럭스클랜(KKK)*을 추종하는 극우 테러집단 '뉴클랜'이 폭동을 일으키자 채드윅은 현장으로 달려가 "더 큰 불행을 막기 위해 새로운 연방 건설을 추진하겠다"고 선언한다.

흔히들 공화당 지지 레드 스테이트와 민주당 지지 블루 스테이트라고 구분하면서 마치 각각의 주가 단일한 정치적 입장으로 무장하고 있는 것처럼 생각하지만, 사람 사는 사회가 그렇게 단순하게 나뉘는 건 아니다. 블루 스테이트에도 강성 공화당 지지자가 있고, 레드 스테이트에도 공화당을 극혐하는 사람이 있기 마련이다. 그리고 공화당 지지와 민주당 지지가 팽팽해서 선거 때마다 결과가 달라지는 스윙 스테이트도 있다.

한쪽은 교회가 최고 권력, 다른 쪽은 파놉티콘

펜실베이니아는 주민투표를 통해 연방을 선택하지만 이를 받아들일 수 없는 러스트벨트(Rust Belt)** 주민들은 연맹을 선택한 웨스트버지니아나 인디애나로 이주한다. 반대로 텍사스나 내슈빌 같은 남부 대도시의 예

---

* Ku Klux Klan의 약자로, 백인우월주의, 반유대주의, 인종차별, 반(反)로마가톨릭교회, 기독교근본주의, 동성애 반대 등을 표방하는 미국의 폭력적 비밀결사 단체.

더글러스 케네디는 국내 한 언론과의 인터뷰*에서 <원더풀 랜드>의 집필 동기가 2020년 대선에서 진 트럼프의 강성 지지자들이 부정선거를 주장하며 의사당을 불법 점거한 폭동 사태(Capitol Riot)였음을 숨기지 않았다. 의사당 폭동은 케네디뿐 아니라 국제사회 전체를 큰 충격에 빠트렸다. 피치(Fitch) 등 신용평가기관은 '거버넌스 악화'를 이유로 미국의 국가신용등급을 하향 조정했다. JP모건과 디즈니 등 글로벌 기업들은 의사당 폭동을 지지하는 정치인들에 대한 후원금을 끊었다. 하지만 그뿐이었다. 몇 년 지나지 않아 폭동의 기억은 희미해졌고 트럼프는 재선에 성공했다. 심지어 트럼프 취임식에는 기업들로부터 역대 가장 많은 기부금이 쌓였다. 케네디는 인터뷰에서 이렇게 말했다. "우리는 민주주의를 당연한 것으로 여겨 왔습니다. 그러나 민주주의는 아주 깨지기 쉬운 화병입니다."

──────────

• <한국일보>, 2024. 10. 21자

술가들과 지식인들은 연방을 선택한 주로 떠난다. 연방과 연맹 지지가 팽팽하던 미네소타는 주민투표를 통해 주를 두 개로 분할하기로 결정한다. 분리선을 두고 연방과 연맹은 서로 다투다가 트윈시티를 중립지대로 하고 반씩 나누기로 한다. 냉전 시대 동서로 나뉜 독일 베를린을 모델로 한 것이다. 이 과정에서 수많은 사람이 죽거나 터전을 잃는다.

연방정보국의 베테랑 요원 샘 스텐글은 중립지대에서 연맹경찰국에 납치된 막심 레프코비츠가 공개 화형에 처해지는 것을 TV로 목도한다. 클럽 코미디언 막심은 여러 도시를 순회하며 공연하는데 민감한 주제를 거침없이 표현해 인기가 높다. 하지만 연맹 쪽에서는 막심이 신성모독을 범하고 있다고 생각해 그를 처단하기로 한 것이다. 연맹은 분리 후 대통령제를 폐지하고 최고종교회의에 해당하는 12사도가 국가를 지배하고 있다. 공화정에서 신정으로 회귀한 것이다.

샘 스텐글은 교류 범위가 넓은 막심을 정보원으로 여러 차례 활용한 적이 있어 이번 화형은 충격이 크다. 샘의 상사인 브레이머 부장은 트윈시티로 가서 막심의 납치를 지휘한 연맹 경찰국 비밀요원 케이틀린을 암살하라고 명령한다. 반대로 연맹 쪽에서는 케이틀린에게 샘을 죽이라는 지령을 내렸다고 알려준다. 이제부터 둘은 서로를 겨누고 죽느냐 죽이느냐의 싸움을 벌여야만 한다. 더 놀라운 것은 케이틀린이 샘의 이복동생이라는 사실이다.

** 미국 북동부 오대호 주변의 쇠락한 공장지대. 러스트(Rust)는 영어로 녹을 뜻하는 데, 쇠락해 공장 설비에 녹이 슬었다는 의미에서 붙여진 이름이다. 동부 뉴욕 및 펜실베이니아 주를 포함해 웨스트 버지니아·오하이오·인디애나·미시간·일리노이·아이오와·위스콘신 등 중서부와 중북부 주들을 일컫는다.

빅 데이터가 감시하는 빅 브라더의 나라

작가 더글러스 케네디는 한 인터뷰에서 "역사를 전공하는 것이 소설가에게 좋은 훈련을 제공한다. 내가 소설을 집필할 때 하는 일의 대부분은 (사람들의) 행동을 관찰하는 것이다. 역사를 공부하면 인간의 어리석음이 어떻게 끝없이 반복되는지 알 수 있다"고 밝힌 바 있다. 〈원더풀 랜드〉에는 역사와 사회에 대한 작가의 사려 깊은 통찰이 곳곳에 배어 있다.

작가가 워낙에 서유럽 지향의 반공화당 성향이지만, 그렇다고 시대착오적인 신정으로 회귀한 연맹을 비판하는 것에 머물지 않는다. 민주당 성향의 연방은 종교 차별과 성소수자 탄압은 없을지언정 조지 오웰George Orwell, 1903~1950의 〈1984〉에 나오는 국가처럼 모든 개인을 완벽하게 감시하는 사회다. 분리 이후 재선 제한 조항은 없어지고 억만장자 모건 채드윅이 계속 대통령을 맡고 있다.

샘과 케이틀린의 아버지는 한때 작가이자 문학 교수였다. 그는 코델리아가 아버지 리어왕을 기독교도로 개종시키는 것으로 연맹이 〈리어왕 : King Lear〉을 개작한 것을 비웃는 만큼, 샘이 연방정보국 요원으로 들어간 것을 안타까워한다. "이 나라는 민주주의의 탈을 쓴 파시즘"이라고 비판하면서 "내 딸이 카프카의 형사가 됐구나"라고 탄식한다. 독자는 이 소설을 읽는 내내 인류가 직면한 디스토피아적인 미래의 모습이 떠올라 탄식이 나올 수도 있다.

"만일 다수의 사람에게 일어나는 일을 모두 파악할 수 있고, 그들의 행동과 관계, 생활 환경 전체를 확인하고 그 어느 것도 우리의 감시에서 벗어나거나 의도에 어긋나지 않도록 할 수 있는 수단이 있다면, 이것은 국가가 여러 주요 목적에 사용할 수 있는 정말 유용하고 효력 있는 도구임에 틀림없다."

영국의 공리주의 철학자 제레미 벤담 Jeremy Bentham, 1748~1832의 <파놉티콘 : Panoptique>에 나오는 구절이다. 파놉티콘은 바깥쪽 원형 건물에는 수감자들이, 중앙 원형 감시탑에는 감시자가 머무는 이중 원형구조의 감옥을 가리킨다.

<원더풀 랜드>에서 진보를 부르짖는 연방은, 비록 극우적 차별과 폭동은 배격하지만, '빅브라더' 같은 빅 테크 슈퍼리치가 대통령이 되어 그가 개발한 칩으로 모든 시민을 감시하고 지배한다. 프랑스의 구조주의 철학자 미셸 푸코 Michel Foucault, 1926~1984는 현대의 컴퓨터 통신망과 데이터베이스가 마치 죄수들을 감시하는 파놉티콘처럼 개인을 감시·통제한다고 지적했다. "민주주의의 탈을 쓴 파시즘"이란 소설 속 구절이 섬뜩한 까닭이다.

배경 이미지는 제레미 벤담의 파놉티콘을
토대로 만든 쿠바 피노스섬에 있는
프레시디오 모델로(Presidio Modelo) 감옥 내부.

〈원더풀 랜드〉 프랑스어판(위),
한국어판(아래)

더글러스 케네디

더글러스 케네디는 1955년 미국 뉴욕시에서 태어난 작가다. 보든칼리지를 졸업한 뒤 아일랜드 더블린에서 잠시 극단 운영과 영화와 라디오 드라마 제작에 참여한 뒤 28살부터는 전업 작가의 길을 걸었다. 18권의 소설과 3권의 여행기를 썼다. 그의 저작들은 세계 30여 개국에서 출간돼 총 1,400만 권 이상 팔렸다. 미국인이지만 성인이 된 이후 대부분의 삶을 더블린, 런던, 베를린 등 유럽 도시에서 살았고 그의 작품은 특히 유럽에서 사랑받았다. 2007년 프랑스 예술문학훈장을 수상했고, 2009년에는 <르 피가로 : Le Figaro> 매거진 창간 25주년을 맞아 프랑스 문학에 가장 큰 영향을 미친 외국 작가로 선정됐다. <원더풀 랜드>는 영어로 쓰였으나 영어로 출판되지 않은 상태에서 2023년 프랑스에서 'Et c'est ainsi que nous vivrons : 그리고 우리는 이렇게 살아갈 것이다'라는 제목으로 처음 출판됐다. 한국어판은 2024년 조동섭 번역으로 밝은세상에서 나왔다.

불평등에 무기력한 경제학, 빈곤의 도피처가 된 문학

'접는 도시' : 하오징팡

하오징팡^{郝景芳}의 '접는 도시 : Folding Beijing'는 공간과 시간이 단절된 미래에 중국인들의 불평등한 삶을 그려낸 단편 과학소설이다. 소설의 배경인 베이징은 세 개의 공간으로 구성되며 48시간을 주기로 순환한다. 제1공간은 대지의 한 면을 차지하고 500만 명이 거주한다. 이들에게는 아침 6시부터 다음날 아침 6시까지 24시간이 할당된다. 이 시간이 끝나면 대지가 뒤집혀, 제1공간의 모든 건물은 접혀 지하로 들어가고 제2공간의 건물들이 펼쳐진다. 2,500만 제2공간 사람들이 밤 10시까지 16시간 동안 생활하고, 제3공간이 8시간 동안 그 뒤를 잇는다. 거주인들의 공간 간 이동은 엄격히 금지된다.

애달픈 신분격차 연애소설의 SF적 작법

마흔여덟 중년의 사내 라오다오는 제3공간에 사는 쓰레기 처리공이다. 제1공간과 제2공간에서 쏟아져 나오는 쓰레기를 분류하는 일을 28년째 하고 있다. 어느 날 쓰레기를 분류하던 다오는 유리병 속에 든 메모를 발견한다. 제2공간 거주자 친톈이 제1공간에 사는 이옌에게 보낼 사랑의 편지를 전달할 메신저를 구한다는 내용이다. 보수는 20만 위안이다.

월급이 1만 위안인 다오에겐 큰돈이다. 게다가 이 일에 성공하면 입양한 어린 딸 탕탕을 고급 유아원에 보낼 수 있다. 음악에 재능이 있는 탕탕에게 좋은 교육을 받게 하고 싶지만 다오의 월급으로는 매달 1만 8,000위안의 수업료를 도저히 감당할 수 없다. 이것저것 가릴 처지가 아닌 다오는 결국 모험에 나선다. 쓰레기 이동로를 통해 제2공간에 잠입해 친톈으로부터 이옌에게 보낼 편지를 받아 온다.

그런데 제1공간으로 이동하는 것은 훨씬 더 어려운 일이다. 다오는 젊었을 때 제1공간과 제3공간을 몰래 오가던 은퇴한 밀수꾼 펑리에게 사정을 얘기한다. 펑리는 비밀 공간 이동 루트를 알려주면서도 가지 말라고 경고한다. "가봐야 좋을 게 하나도 없어. 자네 삶이 얼마나 끔찍하고 희망 없는지 느낄 뿐이야." 다오는 "거기 안 가도 내 삶이 얼마나 끔찍한지 잘 안다"고 답하곤 대지가 뒤집히는 순간 그 틈새로 뛰어든다.

하오징팡은 휴고상 수상 직후 〈언캐니 매거진 : Uncanny Magazine〉 기고문과 〈뉴욕타임스 : New York Times〉 인터뷰에서 대학에서 물리학을 전공하던 시절부터 소득분배가 자연계의 맥스웰-볼츠만 분포*를 따르는지 살펴볼 정도로 불평등에 관심이 많았다고 했다. 또 모든 중국 왕조가 평등을 이루려는 인민의 열망에 기초해 세워졌지만, 시간이 지남에 따라 소수에게 토지가 집중되는 등 불평등이 다시 확대되고 전복된 역사가 이어졌다고 우려를 표했다.

하지만 경제학자이기도 한 하오징팡은 어떤 해결책도 제시하지 않는다. 오히려 "불평등은 미래에도 인류의 영원한 과제일 것"이라며, "토지 병합을 억지로 봉쇄했다면 경제는 비효율적인 가족농이라는 원시적 수준에 머물렀을 수도 있다"며 위험성을 지적하는 데 그친다.

평등과 불평등의 파도는 중국 현대사에서도 반복됐다. 중국은 사회주의 체제 내에서 '빈곤의 평등'을 유지해왔다. 1978년 개혁·개방에 착수하면서 '사회주의적 시장경제'를 본격적으로 도입했다. 그 결과 경제는 빠르게 성장했고, 8억 명에 육박했던 빈곤층은 거의 다 빈곤에서 탈출했다.

하지만 빛이 있으면 그림자도 있는 법이다. 이 과정에서 분배는 심각하게 왜곡됐다. 1978년 중국의 상위 10%의 소득점유율은 27.8%로 서구 국가들에 비해 가장 낮은 편이었으나, 2021년에는 43.4%로 미국에 약간 뒤질 뿐 유럽 국가들보다 훨씬 높아졌다. 지역적으로도 도시와 농촌의 격차가 더욱 커졌고, 대도시는 농촌에서 이주한 노동자가 대규모로 하층민을 형성하면서 사회적 통합을 이루지 못했다.

---

* 모든 기체분자가 열평형 상태에서 같은 속도로 움직인다는 기존 통념을 깨고, 그 속도가 확률 분포를 보인다는 가설을 내세움으로써 통계역학의 단초가 됐다. 1859년 영국의 물리학자 맥스웰(James Clerk Maxwell, 1831~1879)이 이론을 정립한 뒤 볼츠만(Ludwig Boltzmann, 1844~1906)이 일반화했다. 온도는 대체로 기체분자의 평균 운동에너지를 나타낸다. 고온의 기체분자는 저온의 기체분자보다 평균적으로 좀더 빨리 움직이는 데, 마치 경제학에서 평균소득과 유사한 경향을 띤다. 저온의 기체분자는 대체로 느리게 움직이지만, 온도가 높아질수록 분자의 운동에너지가 커지면서 넓게 분포하게 된다. 가령 경제학에서 평균소득이 높아지면 부자와 빈자 간 소득격차가 커지는 것과 다르지 않다.

중국의 빈곤인구 추이 및 주요국 소득 상위 10% 비율

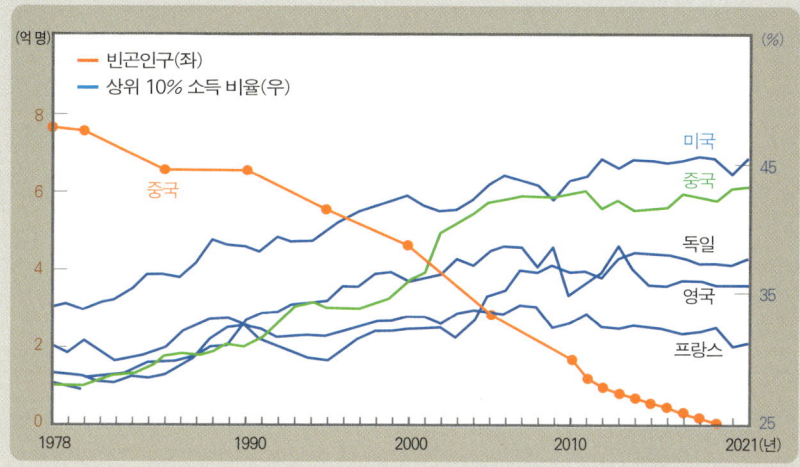

자료 : 월드뱅크와 중국개발연구센터 공동연구(2022년), 세계불평등데이터베이스

이미지는 신자유주의 체제에서 사회적 불평등의 심각성을 다룬 촘스키(Noam Chomsky)의 저작 〈Profit over People〉을 제목으로 붙인 뱅크시(Banksy)의 그래피티.

계층 이동을 위한 웜홀을 찾아서

하오징팡은 한 도시에 살면서도 서로 거의 교류하지 않고 삶의 모습이 매우 다른 계층들의 격차를 직접 드러내는 방법으로, 세 공간으로 구분된 '접는 도시'를 구상했다. 제3공간 5,000만 인구 중 2,000만 명이 쓰레기 처리공이며, 나머지는 음식이나 의류, 보험 등을 팔아 연명한다. 이곳 주민들은 쓰레기 처리공을 '제3공간 번영을 가능하게 하는 기둥'으로 생각한다. 요리사, 의사, 관리인 등 고급 블루컬러 중 탁월한 성과를 낸 인물들이 상위 공간으로 이동하는 경우가 있지만 아주 드물고, 대개는 그런 희망조차 품지 않는다.

제2공간 사람들은 계층 이동에 좀더 적극적이다. 친톈은 제1공간에 있는 유엔 경제기구에서 한 달간 인턴으로 근무한 경험이 있다. 그 시절 이옌을 만나 사랑에 빠진다. 그는 졸업 후 유엔에 취업해 제1공간으로 이주하는 게 꿈이다. 친톈의 기숙사 룸메이트 장셴은 제2공간의 은행 인턴으로 수련 중인데, 제3공간 관리자로 가려 한다. 제2공간에 머무는 것보다 제3공간에서 공을 세우면 제1공간으로 발탁될 가능성이 오히려 더 크다고 생각한다. 이렇듯 주로 중간관리자나 대학생으로 구성된 제2공간 사람들은 대부분의 하급 육체노동자인 제3공간 사람과는 달리 강한 계층 상승 욕구를 갖고 있다. 하지만 제1공간 인구가 제2공간 인구의 5분의 1밖에 되지 않기 때문에 이것도 결코 쉬운 일은 아니다.

소설 속에서 제조업 일자리는 대부분 로봇으로 대체된다. 농장도 대규모로 집적하고 기계로 농사를 짓는다. 많은 사람들이 우려하는 기계화로 인해 광범위한 노동 대체가 발생한 상황이다. 제3공간에서 태어난 뒤 제1공간으로 신분 상승한 거다펑은 다오에게 이렇게 설명한다. "경제가 발전하는데도 실업률이 계속 상승했지. 돈을 잔뜩 찍어내도 소용없었어. 필립스 곡선이 들어맞질 않았단 말이야." 필립스 곡선은 인플레이션율과 실업률 사이에 역의 상관관계가 있다는 거시경제학의 기본 모델이다. 교과서적인 상황에서 중앙은행이 화폐량을 늘리면 물가상승률이 높아지고 이에 따라 실업률이 낮아지는데, 그런 관계가 깨졌음을 의미한다.

생활시간을 줄여 소득 불평등을 해소한다?

서구 사회가 개인의 노동시간을 강제로 줄여서 일자리 수를 늘렸지만 경제 활력은 오히려 줄어들었다고 생각한 베이징 당국은 좀더 극단적인 방법을 선택한다. 대다수 하층민의 절대 시간을 줄이면(48시간 중 8시간만 생활할 수 있다) 생활시간 대부분을 일하게 해도 절대 노동시간은 짧다(쓰레기 처리공은 48시간 중 6시간 노동한다. 6시간이란 자신에게 할당된 8시간 중 대부분을 노동하는 것이다). 시장이 공간별로 분리돼 있어 제3공간의 물가는 낮게 유지할 수 있다(저임금으로도 충분히 유지할 수 있다).

그리고 갈등을 피하기 위해 공간은 분리되고 이동은 금지된다. 이 모든 해법을 유지하기 위해 쓰레기 처리공은 필수적이다. 게다가 재활용, 녹색경제, 순환경제라는 거창한 목표도 달성할 수 있다. 제1공간에서 개최된 접는 도시 50주년 행사장에서 이옌의 약혼남인 고위 공직자 우원은 베이징 최고 책임자에게 비용을 낮추고 위생적인 '쓰레기 처리 자동화'가 가능하다고 설득한다. 하지만 수천만 명의 쓰레기 처리공이 실직하는 문제를 어떻게 해결할 것이냐며 도리어 면박을 받는다.

다오는 우여곡절 끝에 모험을 마치고 제3공간으로 돌아온다. 그의 수중에는 과거에는 꿈도 꾸지 못했던 30만 위안이 있다(친톈한테 받은 20만 위안 외에 부가 수입이 더 있다). 다오가 이 거금으로 탕탕을 고급 유아원에 보내고 행복하게 사는지, 펑리의 경고대로 오히려 절망을 느끼는지, 이 거대한 격리 체계가 유지되는지 혹은 개혁되는지 작가는 아무런 답변을 하지 않고 열어둔다.

하오징팡은 2019년 〈로직 매거진 : Logic Magazine〉과의 인터뷰에서 "인간 사회의 문제를 탐구하면서 해결책이 있어 보이면 경제정책 연구를 한다. 반대로 딜레마 상황이거나 모호하거나 철학적 논쟁으로 이어질 것 같으면 소설을 쓴다"고 말한 적이 있다. 나아가 "소설의 가치는 다양한 미래를, 그것이 좋든 나쁘든 밝든 어둡든, 상상하도록 자극하는 것이다. 세상의 다른 가능성을 상상하는 것만으로도 세상에 대한 이해가 넓어진다"고 덧붙였다.

독자는 '접는 도시'를 읽으면서 하오징팡의 주장대로 불평등과 신분 고착, 사회 내 보이지 않는 사람들에 대해 새로운 가능성을 상상할 지도 모른다. 아니면 작가가 아무런 대안도 제시하지 않고 현실을 외면하며 비겁하게 과학소설 뒤로 숨었다고 느낄지도 모르겠다. 하지만 그런 불만을 갖게 하는 것만으로도 이 소설은 충분히 가치가 있지 않을까.

〈고독 깊은 곳〉 한국어판

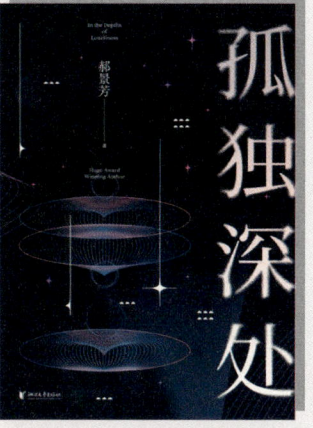
'접는 도시'가 수록된 하오징팡의 소설집
〈고독 깊은 곳〉 중국어판

하오징팡은 1984년 중국에서 태어났다. 고등학교 때 전국 작문대회에서 수상해 베이징대학 중문과 무시험 입학 자격을 얻었지만 어려서부터 꿈이었던 과학자가 되기 위해 칭화대학에서 물리학을 전공했다. 대학 시절 경제적 불평등의 심각성을 느낀 하오는 전공을 바꿔 칭화대학 대학원에서 경제학으로 박사 학위를 받았다. 그리고 2013년부터 중국의 대표적 국책 연구기관인 중국발전연구기금에서 경제학자로 근무하고 있
다. 하오는 소설 집필도 병행해 2016년 '접는 도시'로 권위 있는 과학소설상인 휴고상을 받았다. 아시아 여성으로는 첫 번째 수상자였다. '접는 도시'는 문학적 기초 위에 과학과 경제학의 지식을 얹은 소설로, 하오징팡의 모든 재능이 집대성된 작품이다. 강초아의 번역으로 2018년 글항아리에서 펴낸 〈고독 깊은 곳〉에 수록됐다. 한국계 미국인 감독 김준표Joshi Kim에 의해 영화로 만들어질 예정이다.

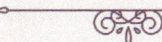

휴머로이드가 존재의 존엄성을 깨닫는다면

〈디 임플로이〉 : 올가 라븐

인간이 창조했으나 인간의 통제를 넘어선 존재는 오랫동안 작가와 독자의 호기심을 자극해왔다. 인간에 대한 반란은 가장 극적인 형태다. 아서 C. 클라크Arthur C. Clarke, 1917~2018의 〈스페이스 오디세이 : Space Odyssey〉 시리즈에 등장하는 인공지능 컴퓨터 할(HAL)은 작동을 중단시키려는 엔지니어를 살해한다. 영화 〈터미네이터〉의 미래에서 온 사이보그는 너무나 유명하고, 앞서 소개한 로버트 해리스Robert Harris의 〈어느 물리학자의 비행 : The Fear Index〉에 등장하는 인공지능 알고리듬 VIXAL은 세계 금융시장을 파국으로 몰아간다. 이 모든 것의 원형은 200여 년 전 메리 W. 셸리Mary W. Shelley, 1797~1851가 상상한 인공생명체 프랑켄슈타인(261쪽)까지 거슬러 올라간다.

올가 라븐Olga Ravn의 소설 〈디 임플로이 : The Employees〉도 무대와 인물 구조는 이들과 특별히 다르지 않다. 무대는 22세기의 우주선 '6000호'다. 근무 직원 절반은 인간이고 나머지는 '인간형(Humanoid)'이다. 인간형은 룬드 박사가 백합 봉오리처럼 생긴 보라색 생체물질 포드에서 배양한 인공생명체다. 이 소설은 인간형이 저지른 살인 사건에서 출발한다.

"개인은 각자 하는 일 이상의 존재"

소설은 영어 'Employee'를 본문에서는 '직원'으로, 제목에서는 그냥 '임플로이'로 옮기고 있다. 이 단어는 근로계약을 맺고 노동하는 이를 일컫는데 한국어 공식 표현은 '피용자'이고 상대어는 '고용주'다. 소설의 부제는 '22세기, 어느 직장에서'다. '인간 대 인간형'의 갈등 구조를 담은 과학소설이면서, '피용자 대 고용주' 문제를 제목에서부터 드러낸 노동소설이기도 하다. '노동 대 자본'의 격렬한 대립이 아니라 22세기 직장에서도 여전한 일하는 이들(인간이든 인간형이든)의 소외가 중심축이다.

인간형을 만든 동인은 비용과 편익이다. 인간 노동자 한 명을 얻기 위해서는 최소 20년이 필요하지만, 인간형은 18개월의 배양기간만 확보되면 만들 수 있다. 교육기간을 포함해도 2년이면 노동현장에 배치할 수 있다. 게다가 내구성도 더 좋고 업데이트로 엄청난 양의 데이터를 처리할 수 있다. 생체 종료시 기억을 다운로드해 다른 신체에 재-업로드 할 수 있어 사실상 죽지 않고 재생되는 존재다.

체코슬로바키아의 극작가 카렐 차페크 Karel Čapek, 1890~1938는 1920년에 발표한 희곡 <R.U.R. : Rosuum's Universal Robots>에서 노동하는 휴머로이드를 등장시켰다. 로봇의 어원은 체코어로 노동을 뜻하는 'Robota'로 알려져 있다. 차페크가 희곡에서 정의한 로봇은 "일할 수 있는 능력은 있어도 생각할 수 있는 능력이 없는 인조인간"이지만, 결국 프랑켄슈타인처럼 인간의 감정을 학습해 창조주인 인간을 위협하는 비극적 존재가 된다. 이후 문학과 영화를 통해 발표된 휴머로이드는 차페크의 로봇을 오마주한다. 한편 21세기에 휴머로이드의 존재이유는 단순히 인간의 노동을 대신할 비용과 편익에 국한하지 않는다. 휴머로이드는 AI라는 알고리듬 체계를 탑재하고 시장에서 거대한 자본을 빨아들인다. 휴머로이드가 가져올 미래가 유토피아일지 디스토피아일지는 두고 봐야겠지만, 그들이 인간의 욕망까지 학습하는 건 두려운 일이다. 이미지는 테슬라의 주가 상승용으로 개발된 게 아니냐는 의혹이 제기된 로봇 '옵티머스'.

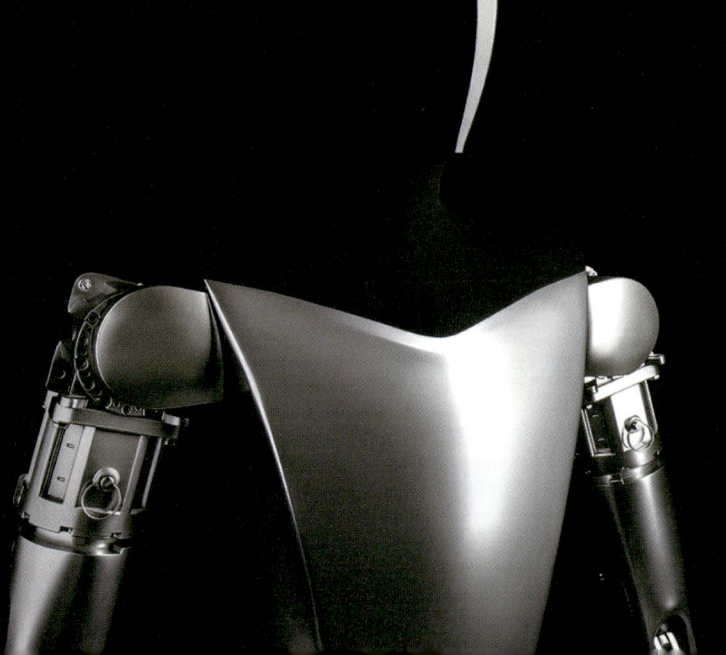

미래가 없는 인간은 과거의 기억과 감정에 매여 있다. 가장 그리운 것은 쇼핑이라고 한다. 쇼핑을 하면 멍하니 생각이 없어지는데, 우주선에선 쇼핑을 할 수 없으니 생각이 많아지고 그 생각은 슬픔으로 이어진다는 것이다. 때때로 '덜 외롭고 덜 인간적이었으면'하고 바라기도 한다.

인간형에 견줘 힘과 지구력이 모두 약하지만 인간은 가끔 맡은 일을 완수할 새로운 방법을 생각해낸다. 인간이 일하기 싫다고 투덜대는 경우에도 일하도록 만들어진 인간형은 이해할 수 없다. 그럴 때면 인간은 "개인은 각자 하는 일 이상의 존재"라고 인간형에게 이야기한다.

"지나치게 살아 있는" 존재란 죄악인가

어느 날 '새로운 발견'이라는 행성을 탐사하던 중 직원들은 '그 물체'를 발견하고 우주선으로 옮긴다. '그 물체'와 접하면서 직원들은 변화해간다. 한 인간형은 '그 물체'에서 오크나무에 낀 이끼 향을 느낀다. 만들어지는 (태어나는 것이 아니라) 과정에서 수많은 경험을 주입했고 그중 하나가 이 이끼 향이었기 때문에 가능한 일이다. 이끼를 만지는 느낌은 주입하지 않았는데, 손가락은 희미하게 이끼를 매만지던 감각을 '기억'해낸다. 그리고 조사위원에게 묻는다. "이것도 그 프로그램의 일부인가요? 아니면 저절로 떠오른 건가요? 인간형들은 프로그램되지 않은 어떤 것으로까지 스스로 나아가는 것일까요?"

윤리적·경제적 측면에서 불필요하기 때문에 생식기관은 인간형을 만들 때 제외했지만, '그 물체'를 바라보면서 성욕을 느낀다. 그리고 조사위원에게 자신이 다른 인간형에 비해 "지나치게 살아 있는" 존재냐며 따진다. 감정 반응 패턴에 문제가 있다고 진단된 인간형은 문제 해결이 아니라 "인간적인 문제라면, 그 문제를 계속 유지하고 싶다"고 주장한다. 그리고 점점 더 회사가 자신들을 점검하는 것을 싫어하게 된다. "우리 중 누구도 그저 물건은 아니다"라고 주장하며, 점검 결정 회의에 인간형 대표의 참석을 요구하기에 이른다.

자본 또는 그 대리인인 이사회는 소설에 거의 등장하지 않는다. 하지만 이사회가 파견한 조사위원회를 통해 분위기를 접할 수 있다. 조사 목적은 '그 물체'와 관련한 직원들의 작업 방식, '그 물체'가 직원에게 미친 영향을 조사해 실적 증감, 직무 이해, 새로운 지식과 기술 습득 정도를 파악해 생산 결과에 미친 효과를 평가하는 것이다. 진술서를 보면, 위원회는 인간 직원들에게 인간형 직원 감시를 요구했다. 특히 인간과 인간형 사이에 깊은 사랑 또는 우정의 감정이 있는 경우, 이를 활용했다. 일부는 협력했지만 일부는 보고를 누락했다. "친구를 배신한다는 게 제 일터를 배신하는 것보다 더 혐오스러웠기 때문"이라고 한다.

위원회는 통제 범위를 벗어난 인간형의 작동을 중단시키려 하지만 실패한다. 결국 6000호에서 가장 가치가 높은 '그 물체'를 지키기 위해 모든 승무원을 제거하기로 결정한다. 인간 직원은 다 사망하겠지만, 인간형 직원은 기억을 일부 삭제한 채 재-업로드될 것이기 때문에 큰 손실은 아니다.

2회독을 권하고 싶은 소설

소설은 형식 면에서 특이하게 조사위원회가 직원들을 면담하고 수집한 진술 기록으로 구성됐다. 직원 각각의 진술 기록은 이름 대신 숫자로 표기됐는데 그나마도 순서가 다소 틀어져 있다. 어떤 혼란 때문에 진술서 뭉치가 흐트러진 것을 급하게 수습한 것으로 보인다. 진술자가 '인간'인지 '인간형'인지 분명하게 드러나는 것도 있지만 정체를 알 수 없는 것도 있다. 진술은 제각각이다. 한두 줄에 그치는 것부터 두세 쪽에 이르는 꽤 긴 글까지 분량도 다양하고 심사위원회에 대한 적대감과 친밀감도 드러난다. 분석, 느낌, 제안과 호소를 담고 있기도 하다. 일부 표현은 삭제됐다. 딱딱한 형식의 진술서가 시처럼 읽히기도 한다.

〈디 임플로이〉는 작은 문고판형에 200쪽이 채 되지 않는 짧은 소설이다. 낯선 형식 때문에 앞의 서너 쪽 정도는 '이게 뭐지'하며 읽고, 곧 속도가 붙어 금방 다 읽을 수 있다. 다 읽고나면 뭔가 아쉽게 느껴지기도 하는데 그럴 때는 한 번 더 읽으라 권하고 싶다. 처음 읽을 때도 좋았지만 두 번째 읽으면 '아아' 하면서 새롭게 보이는 게 더 많다.

코고나다(Kogonada)가 영화화한 〈애프터 양〉의 스틸 컷

200여 년 전 메리 W. 셸리의 〈프랑켄슈타인〉 이래로 많은 소설과 영화들이 휴머로이드의 존재론적 정체성에 대한 질문을 던졌다. 올가 라븐의 〈디 임플로이〉는 거기서 한 걸음 더 들어가 휴머로이드의 노동에 대한 비용과 편익으로까지 질문의 범위를 확장시킨다. 그리고 그 연장선에 알렉산더 와인스타인Alexander Weinstein의 소설 〈Saying Goodbye to Yang〉을 영화화한 〈애프터 양〉이 있다. 〈애프터 양〉은 휴머로이드의 경제적 효용가치를 뛰어넘어 이른바 인간과 기계의 '유사가족'에 관한 이야기다. 휴머로이드 '양'이 자아낸 인간적 정서는 알고리듬을 통한 '학습'에 의한 게 아니라 인간을 향한 '기억'에서 비롯한다. 영화는 인간과 휴머로이드가 서로 '적대하는 존재'에서 디스토피아를 함께 겪어낼 '연대하는 관계'로의 가능성을 모색한다.

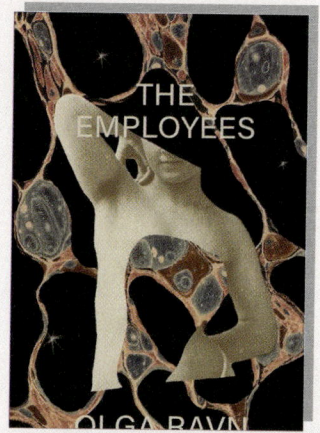

〈디 임플로이〉 한국어판 　　　　　〈디 임플로이〉 영어판

올가 라븐은 1986년 코펜하겐에서 태어난 덴마크 작가다. 2008년 시인으로 등단했고, 2015년 첫 소설 <셀레스틴 : Celestine>을 발표했다. 2018년 덴마크의 조각가 레아 헤스텔룬Lea Hestelund이 전시회 팸플릿에 들어갈 짧은 글을 라븐에게 부탁했다. 라븐은 헤스텔룬의 작품에 깊은 인상을 받고 소개문을 훌쩍 넘어서는 소설 <디 임플로이>를 완성했다. 소설에서 '그 물체'라고 묘사된 것은 헤스텔룬의 작품에서 영감을 얻었다고 한다. 또 헤스텔룬은 올가의 글에 영향받아 몇몇 작품을 추가했다. 두 예술가 모두 '살아 있으나 완전히 인간은 아닌 어떤 것'에 끌려 문학과 미술 작품을 만들었다. <디 임플로이>는 2020년 덴마크어로 출간됐고, 2021년 인터내셔널 부커상과 2022년 어슐러르귄상 최종 후보에 올랐다. 2023년 다람출판사에서 이수현의 번역으로 한국어판이 나왔다.

올가 라븐

인명 찾아보기

가나다순

| 가 · 나 · 다 |

가넷 Garnett, Bunny — 137
가이 Guy, Thomas — 051
갈릴레이 Galilei, Galileo — 037
갈바니 Galvani, Luigi — 261
경신원 — 198
개스켈 Gaskell, Elizabeth — 069
개스켈 Gaskell, William — 069
갤브레이스 Galbraith, John Kenneth — 183
게이츠 Gates, Bill — 119
게코 Gekko, Gordon — 223
고종 高宗 — 129
구로사와 아키라 黒澤明 — 152
권도형 — 295
그랜트 Grant, Duncan — 137
글래큰스 Glackens, William — 150
김낙년 — 172
김영삼 金泳三 — 221
김주희 — 198
김충식 — 221
김탁환 — 133
나폴레옹 Bonaparte, Napolén I — 086, 110
나할 Nahl, Charles C. — 105
뉴턴 Newton, Isaac — 049
니마이어 Niemeyer, Otto — 140
니시무라 요시마사 西村義正 — 205
닉슨 Nixon, Richard — 176
다 가마 da Gama, Vasco — 077
다윈 Darwin, Charles — 111, 258
다카스기 료 高杉良 — 207
데카르트 Descartes, René — 026
도미에 Daumier, Honoré — 092
도쿠가와 요시무네 德川吉宗 — 082
두프 Doeff, Hendrik — 076
뒤마 Dumas, Alexandre — 032
드 메레 de Mere, Chevalier — 037
드 무아브르 de Moivre, Abraham — 037
드라이저 Dreiser, Theodore — 157
드윗 Dewitt, Patrick — 109
디아스 Diaz, Hernan — 159
디카프리오 DiCaprio, Leonardo — 151
디킨스 Dickens, Charles — 062, 239
디포 Defoe, Daniel — 034, 051

| 라, 마, 바 |

라모스 Ramos, Fidel V. — 220
라븐 Ravn, Olga — 347
라이히 Reich, Christopher — 223
란체스터 Lanchester, John — 241
레드포드 Redford, Robert — 151
렘브란트 Rembrandt, Harmensz van Rijn — 026
로 Law, John — 034
로렐 Laurell, Kay — 150
로베스피에르 Robespierre, Maximilien de — 086
로치 Loach, Ken — 320
로포코바 Lopokova, Lydia — 139
록펠러 Rockefeller, John Davison — 157
롤링 Rowling, Joan K. — 061

루소 Rousseau, Jean Jacques	188
루스벨트 Roosevelt, Franklin	314
루이 14세 Louis XIV	039, 047, 056, 218
루이 16세 Louis XVI	086, 096
루이 18세 Louis XVIII	086
리스 Liss, David	025, 053
마르코스 Marcos, Ferdinand	220
마르크스 Marx, Karl	093, 156, 234
마셜 Marshall, George C.	142
마셜 Marshall, James W.	103
마쓰카타 후유코 松方冬子	083
마야마 진 真山仁	213
마에노 료타쿠 前野良沢	083
마오쩌둥 毛澤東	188
매케나 McKenna, Reginald	140
맥거번 McGovern, George	176
맥스웰 Maxwell, James Clark	243, 334
맥케이 Mackay, Charles	031
맨 Man, Albon	120
머스크 Musk, Elon	265
머튼 Merton, Robert	180
메델 Medel, Elena	305
메르켈 Merkel, Angela	252
모가치 Moggach, Deborah	033
모건 Morgan, John Pierpont	120
몬터규 Montagu, Lady Mary Wortley	051
무어 Moore, Graham	125
미르비시 Mirvish, Dan	266
미첼 Mitchell, David	085
밀켄 Milken, Michael	223
바쇠르 Vasseur, Flore	257
바이든 Biden, Joe	325
박규수 朴珪壽	127
박기주	172
박완서 朴婉緖	199
반 고흐 van Gogh, Vincent	096
반 디멘 van Diemen, Anthony	084
반복창 潘福昌	165
반스 Barnes, E.J.	143
발자크 Balzac, Honore de	087
배젓 Bagehot, Walter	239
뱅크먼-프리드 Bankman-Fried, Sam	295
뱅크시 Banksy	239, 335
버스 Buss, Robert William	240
버펌 Buffum, Edward Gould	106
버핏 Buffett, Warren	266
베가 Vega, Joseph de la	018
베르나르 Bernard, Samuel	039
베르너 Werner, Anton von	060
베르누이 형제 Bernoulli Brothers	036
벤담 Bentham, Jeremy	330
벨 Bell, Vanessa	137
보그다노프-벨스키 Bogdanov-Belsky, Nikolay	322
볼스 Balls, Edward Michael	309
볼츠만 Boltzmann, Ludwig	334
볼테르 Voltaire, Francois-Marie Arouet	188
봉투 Bontoux, Paul E.	116
브라운 Brown, John McLeavy	130
브레라 Brera, Guido Maria	249
브레임 Brame, Charlotte M.	160
브뤼헐 2세 Brueghel The Younger, Jan	032
블레어 Blair, Tony	321
비셔르 Visscher, Claes Jansz	019
빌리어스 Villiers, Betty	038
빌헬름 1세 Wilhelm I	060

사, 아, 자

사라오 Sarao, Navinder Singh	259
살비아티 Salviati, Francesco	245
생시몽 Saint-Simon, Claude Henri de Rouvroy	179
샤를-루이-나폴레옹 보나파르트 Bonaparte, Charles-Louis-Napoléon	110
세릴 Serrell, Lemuel W.	121

세이어 Sayre, Zelda	149		오스틴 Austen, Jane	067, 075
셔먼 Sherman, John	157		오웰 Orwell, George	329
셰익스피어 Shakespeare, William	116		오자키 고요 尾崎紅葉	160
셸리 Shelley, Mary W.	261, 340		와이트 Wight, Jonathan B.	191
소여 Sawyer, William E.	120		와인스타인 Weinstein, Alexander	346
쇼 Shaw, George Bernard	321		와타나베 슈세키 渡辺秀石	080
숄스 Scholes, Myron	180		울프 Woolf, Virginia	137
쉴레 Schiele, Egon	304		워드 Ward, Edward M.	049
슈라이버 Shriver, Lionel	315		웨스팅하우스 Westinghouse, George	118
슘페터 Schumpeter, Joseph	041		웨일 Whale, James	263
스기타 겐파쿠 杉田玄白	082		웰스 Wells, Henry	108
스노든 Snowden, Edward	257		웰치 Welch, Jack	270
스미스 Smith, Adam	079, 177, 184		윈슬릿 Winslet, Kate	159
스워츠 Swartz, Aaron	257		윌리엄 3세 William III	038
스위프트 Swift, Jonathan	051		윌슨 Wilson, Edward	038
스윈튼 Swinton, Tilda	315		윌슨 Wilson, Woodrow	120, 136
스키델스키 Skidelsky, Robert	142		이광수 李光洙	167
스튜드베이커 Studebaker, John M.	108		이사벨 1세 Isabel I	019
스트라우스 Strauss, Levi	108		이후락 李厚洛	221
스트레이치 Strachey, Lytton	137		인조 仁祖	084
스프로트 Sprott, Sebastian	139		임권택 林權澤	198
스피노자 Spinoza, Baruch de	023, 026		잡스 Jobs, Steve	119
심윤경	297		저커버그 Zuckerberg, Mark	320
싱클레어 Sinclair, Upton	157		전봉관	172, 195
아르노 Arnauld, Antoine	036		정아은	289
아이칸 Icahn, Carl	223		제임스 3세 James III	046
앙투아네트 Antoinette, Marie	086, 095		제퍼슨 Jefferson, Thomas	155
애컬로프 Akerlof, George	180		조남주	279
에거스 Eggers, Dave	273		조중환 趙重桓	160
에디슨 Edison, Thomas A.	118		조지 3세 George III	071
엘리자베스 공녀			조지 George, David Lloyd	136
Elisabeth Charlotte von der Pfalz	034		졸라 Zola, Émile	117
엥겔스 Engels, Friedrich	093		지니 Gini, Corrado	149
영 Young, Michael	323			
오디아르 Audiard, Jacques	109		**| 차, 카, 타 |**	
오바마 Obama, Barack	147, 221			
오스틴 Austen, Cassandra	075		차페크 Čapek, Karel	342

차페티 Chappatte, Patrick	223
채드윅 Chadwik, Justin	033
채만식 蔡萬植	175
채플린 Chaplin, Charles	171
처칠 Churchill, Winston	140
촘스키 Chomsky, Noam	335
최시현	196
최창학 崔昌學	168
카르다노 Cardano, Gerolamo	037
카를로스 2세 Carlos II	047
카스트로 Castro, Fidel	188
카터 Carter, Zachary D.	142
케네 Quesnay, François	188
케네디 Kennedy, Douglas	331
케인스 Keynes, John Maynard	136, 177, 314
케플러 Keppler, Joseph F.	158
코고나다 Kogonada	346
코폴라 Coppola, Francis F.	252
콘론-맥케너 Conlon-McKenna, Marita	101
콜베르 Colbert, Jean-Baptiste	057
쿠에니 Cueni, Claude	043
크라배스 Cravath, Paul D.	119
크루거 Krueger, Alan	147
크루그먼 Krugman, Paul	309
클라크 Clarke, Arthur C.	264, 340
클레망소 Cléenceau, Georges	136
클린턴 Clinton, Bill	313
클린턴 Clinton, Chelsea	313
킨들버거 Kindleberger, Charles P.	031
킹 King, Ginevra	149
탈레브 Taleb, Nassim	032
터너 Turner, J. M. William	065
테니슨 Tennyson, Alfred	063
테슬라 Tesla, Nikola	118
트럼프 Trump, Donald	325
티칭 Titsingh, Issac	079

| 파, 하 |

파고 Fargo, William G.	108
파치올리 Pacioli, Luca	054
페라 Férat, Jules	057
페르난도 2세 Fernando II	019
페르메이르 Vermeer, Jan	027
포스터 Forster, E.M.	137
포크 Polk, James K.	104
포프 Pope, Alexander	051
푸젤리 Fuseli, Henry	262
푸코 Foucault, Michel	330
프랑코 Franco, Francisco	303
피오라토 Fiorato, Marina	061
피츠제럴드 Fitzgerald, F. Scott	151, 295
피케티 Piketty, Thomas	090, 147, 234
필리프 2세 Philippe II	034
하라리 Harari, Yuval Noah	265
하멜 Hamel, Hendrik	084
하오징팡 郝景芳	339
하트넷 Hartnett, Josh	267
할리 Harley, Robert	047
할스 Hals, Frans	026
해리스 Harris, Robert	267, 340
해서웨이 Hathaway, Anne	265
해즐릿 Haslett, Adam	233
행크스 Hanks, Tom	269
헌팅턴 Huntington, Agnes	123
헤스텔룬 Hestelund, Lea	347
헨델 Händel, Georg Friedrich	050
호가스 Hogarth, William	074
호머 Homer, Winslow	288
호지스 Hodges, Charles H.	077
홈즈 Holmes, Elizabeth	295
효종 孝宗	084
휴스 Hughes, Charles Evans	119
흄 Hume, David	188
흥선대원군 興宣大院君	084

개츠비의 위험한 경제학

초판 1쇄 발행 | 2025년 7월 10일
초판 3쇄 발행 | 2025년 11월 17일

지은이 | 신현호
펴낸이 | 이원범
기획 · 편집 | 김은숙
마케팅 | 안오영
표지 · 본문 디자인 | 강선욱
펴낸곳 | 어바웃어북
출판등록 | 2010년 12월 24일 제313-2010-377호
주소 | 서울시 강서구 마곡중앙로 161-8 C동 808호 (마곡동, 두산더랜드파크)
전화 | (편집팀) 070-4232-6071 (영업팀) 070-4233-6070
팩스 | 02-335-6078

ⓒ 신현호, 2025

ISBN | 979-11-92229-64-5 03320

* 이 책은 어바웃어북이 저작권자와의 계약에 따라 발행한 것이므로 본사의 서면 허락 없이는 어떠한 형태나 수단으로도 책의 내용을 이용할 수 없습니다.
* 잘못된 책은 구입하신 서점에서 바꾸어 드립니다.
* 책값은 뒤표지에 있습니다.

| 어바웃어북의 '美미·知지·人인' 시리즈 |

이성과 감성으로 과학과 예술을 통섭하다
미술관에 간 화학자
| 전창림 지음 | 372쪽 | 18,000원 |

- 한국출판문화산업진흥원 '이달의 읽을 만한 책' 선정
- 교육과학기술부 '우수과학도서' 선정
- 행복한아침독서 '추천도서' 선정
- 네이버 '오늘의 책' 선정

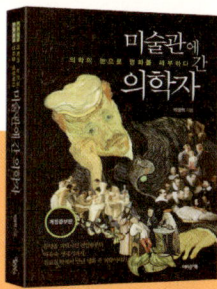

의학의 눈으로 명화를 해부하다 | 개정증보판 |
미술관에 간 의학자
| 박광혁 지음 | 424쪽 | 22,000원 |

문명을 괴멸시킨 전염병부터 마음속 생채기까지
진료실 밖에서 만난 명화 속 의학 이야기

- 서울대 의대 한성구 명예교수 추천 '의대 MMI 면접 대비 필독서'
- 서울대 의대 19학번 김○○ '의대 생기부 작성 대비 필독서'

명화로 읽는 인체의 서사 | 개정증보판 |
미술관에 간 해부학자
| 이재호 지음 | 452쪽 | 23,000원 |

- 서울대 영재교육원 '추천도서' 선정
- 과학기술정보통신부 '우수과학도서' 선정
- 문화체육관광부 '세종도서' 선정
- 행복한아침독서 '추천도서'

화가의 날선 붓으로 그린 판결문
미술관에 간 법학자
| 김현진 지음 | 424쪽 | 22,000원 |

- 행복한아침독서 '추천도서' 선정

법은 사회현상에 대한 전체적인 조망도 필요하지만 구석구석을 바라보는 섬세함이 요구된다. 그림 또한 그렇다. 전체와 부분, 밝은 쪽과 어두운 면을 오래도록 깊이 들여다보는 안목이 있어야 한다. 그런 눈으로 그림과 법을 엮어서 들려주는 저자의 이야기는 무척이나 깊고 풍성하다.

_ 박시환 (인하대학교 석좌교수, 전 대법관)

| 어바웃어북 지식 교양 총서 |

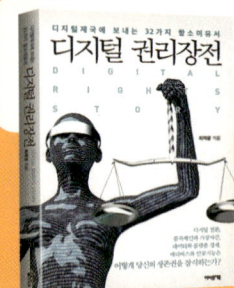

디지털제국에 보내는 32가지 항소이유서
디지털 권리장전

| 최재윤 지음 | 338쪽 | 18,000원 |

- 문화체육관광부 '세종도서' 선정

블록체인과 가상자산, 데이터와 플랫폼 경제, 메타버스와 인공지능 등 혁신의 아이콘을 앞세운 빅테크들이 우리의 생존권을 어떻게 잠식하고 있는지를 규명한다. 아울러 플랫폼 경제가 갈수록 승자독식 형태로 굳어지는 이유를 데이터 독점화 현상에서 찾고 그 해법을 모색한다.

생각의 급소를 찌르는 다르게 읽는 힘
오독의 즐거움

| 남궁민 지음 | 334쪽 | 18,000원 |

이 책은 정독의 대열을 이탈한다. '정면 사진'을 찍으려고 몰려있는 군중 사이에서 당신의 소매를 살짝 끌어당겨 숨은 포토 존으로 데려간다. 그곳엔 세계 경제, 패권 갈등, 화폐와 에너지 흐름 같은 웅장한 주제부터 인간의 복잡 미묘한 심리까지 다룬 46권의 명저가 있다. 저자는 대가들의 책을 비틀어 읽으며 바로 지금 우리에게 필요한 관점과 문장으로 안내한다. '정독'의 굴레에서 벗어나 책 속에 나만의 길을 내는 작업, '오독'의 즐거움이다.

과학의 시선으로 주거공간을 해부하다
아파트 속 과학

| 김홍재 지음 | 413쪽 | 20,000원 |

- 과학기술정보통신부 '우수과학도서' 선정
- 서울대 영재교육원 '추천도서' 선정

아파트의 뼈와 살을 이루는 콘크리트에는 나노과학이, 건물 사이를 흐르는 바람에는 전산유체역학이, 열효율을 높이고 층간소음을 줄이는 벽과 바닥에는 재료공학이 숨어 있다. 이 책은 과학의 시선으로 아파트를 구석구석 탐사한다.

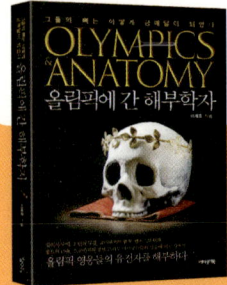

올림픽 영웅들의 유전자를 해부하다
올림픽에 간 해부학자

| 이재호 지음 | 408쪽 | 22,000원 |

- 문화체육관광부 '세종도서' 선정

올림픽을 향한 세상의 시선이 승패와 메달의 색깔에 모아진다면, 해부학자는 선수들의 몸에 주목한다. 올림픽 영웅들의 뼈와 살에는 인간의 한계를 뛰어넘는 해부학적 코드가 숨어 있다. 저자는 하계 올림픽 중에서 28개 종목을 선별하여 스포츠에 담긴 인체의 속성을 해부학의 언어로 풀어낸다.